家庭农场内涵式发展：基于浙江省的实证研究

何红光 著

中国原子能出版社

图书在版编目（CIP）数据

家庭农场内涵式发展：基于浙江省的实证研究 / 何红光著.
—北京：中国原子能出版社，2020.11（2023.1重印）
ISBN 978-7-5221-1106-3

Ⅰ. ①家… Ⅱ. ①何… Ⅲ. ①家庭农场–农业经济发展–研究–浙江 Ⅳ. ①F324.1

中国版本图书馆 CIP 数据核字（2020）第 221738 号

家庭农场内涵式发展：基于浙江省的实证研究

出版发行 中国原子能出版社（北京市海淀区阜成路 43 号 100048）
责任编辑 张书玉
装帧设计 崔 彤
责任校对 冯莲凤
责任印制 赵 明
印 刷 河北宝昌佳彩印刷有限公司
经 销 全国新华书店
开 本 787 mm×1092 mm 1/16
印 张 14
字 数 242 千字
版 次 2020 年 11 月第 1 版 2023 年 1 月第 2 次印刷
书 号 ISBN 978-7-5221-1106-3 定 价 78.00 元

网址：http://www.aep.com.cn E-mail：atomep123@126.com
发行电话：010-68452845

前 言

家庭农场的培育与发展一直受到党中央、国务院的高度重视，习总书记也多次对其作出了重要指示。近年来，家庭农场生产经营的规模化、标准化、集约化程度得到不断提高，经营效益也稳步提升，截至 2020 年 4 月底，全国家庭农场名录系统填报数量超过 87 万家（赵阳，2020），而浙江省登记注册的家庭农场从 2013 年年底的 9 401 家到 2018 年 6 月的 36 417 家，经营的土地面积高达 289.5 万亩，每个家庭农场年度销售的农产品金额达到 44.7 万元。可见，家庭农场不仅是解决“三农”问题的重要途径，也是农村产业结构调整和农村经济发展的新动能；越来越多的家庭农场在保障重要农产品有效供给、提高农业综合效益、促进现代农业发展、推进乡村振兴等方面发挥着重要作用。然而，随着家庭农场数量井喷式增长的同时，家庭农场功能弱化，内部管理水平参差不齐差异化严重，应有作用未得到完全发挥等问题日益凸显。以往家庭农场发展的研究中，从系统的学科视角对家庭农场发展动力的理论与实践研究相对缺失，致使家庭农场的相关扶持政策的针对性与精准性相对不足。本研究在内涵式发展的视角下对浙江省家庭农场的发展进行本土化的解读，尝试构建家庭农场内涵式发展的理论框架，剖析家庭农场内涵式发展的作用机制，找准家庭农场内涵式发展的新路径，探索家庭农场发展的浙江经验，为中国家庭农场发展提供理论支撑和实践指导。

家庭农场未来的发展需要进一步深化制度改革，激发农场要素活力，增强农场经营实力，提高产品（服务）竞争力，从家庭农场内生性因素对其经营绩效的影响出发，规范运营机制、不断调整家庭内在资源禀赋之间互相适应、优势互补、有机配合、耦合促进，不断提升家庭创业能力，实现以“要素驱动”到“能力驱动”的转变，从“量变”到“质变”的转型，从而最大限度地实现家庭农场发展性、协调性和持续性的内涵式发展。本研究分为四个部分。

第一部分包括四章：第一章主要阐述研究背景、意义与目标、研究方法、研究内容与创新点；第二章主要阐述国内外相关家庭农场基本理论与研究进展，基本理论包括企业成长理论、效率理论、资源禀赋理论与创业能力理论等，研究进展包括了家庭农场内涵、规模效率、影响发展的因素、国际经验借鉴和发展对策等；第三章在介绍浙江省家庭农场的发展历程基础上，重点对浙江省家庭农场发展的基础、现状及困境进行描述；第四章通过对浙江省家庭农场经营效率的调查实证分析，找出浙江省家庭农场经营效率中存在的问题，如资源配置不合理、投入冗余与产出不足等问题。本部分通过采用定性与定量的研究方法对浙江省家庭农场发展现状进行全面分析，来阐述家庭农场内涵式发展的必要性，这是属于基础性研究工作内容。

第二部分包括两章：第五章主要对家庭农场内涵式发展的概念进行剖析，并对其核心变量进行界定，从而构建家庭农场内涵式发展的理论模型；第六章主要是通过典型案例研究对理论模型进行检验，在案例分析中对家庭农场内涵式发展的检视条件进行界定，并选取四个典型案例对内涵式发展过程中核心构念之间的作用机理进行评价，以初步验证第五章的理论模型。

第三部分包括三章：第七章主要对家庭农场内涵式发展的实证研究设计，包括了问卷设计与调查、核心变量的测量与因子析出，为后面实证研究奠定基础；第八章和第九章为家庭农场内涵式发展内在作用机理的检验，以阐述家庭农场内涵式发展中核心变量对家庭农场经营绩效的影响，以及内在作用机理，找出家庭农场内涵式发展中存在的问题。实证研究发现：家庭农场资源积累均对经营绩效产生积极的影响，家庭资源获取在资源积累与农场经营绩效之间发挥部分中介作用，且调节效应不显著；家庭资源积累对农场运营管理能力产生显著的正向影响，家庭资源获取对创业能力产生显著的积极影响，家庭创业能力对农场经营绩效产生显著的积极影响，创业能力在家庭资源禀赋与农场经营绩效中大多都存在部分中介作用；创业能力仅在“家庭运营管理能力在服务资源获取与农场经营绩效关系”和“家庭机会相关能力在产业资源获取与农场经营绩效关系”中存在正向调节效应。

第四部为第十章和第十一章，主要为研究结论与政策建议及研究展望。基于前文的结论研究，提出家庭农场内涵式发展的政策建议、研究不足与后续研究展望。

本研究的创新之处主要体现在以下三个方面：

（1）构建了家庭农场内涵式发展的理论框架。认为家庭农场内涵式发展不能仅仅从从业人员、经营规模、经营方式、经营资本等“量”上来界定，还需要结合家庭成员的资源禀赋与能力差异上来考虑家庭农场“质”的升华；同时，还得结合当前乡村振兴战略和农业现代化的背景和区域农业经济发展差异，从家庭资源禀赋、创业能力等要素相协调的适度发展原则和角度进行再认识。在此基础上构建了从资源禀赋、创业能力对家庭农场经营绩效影响的理论框架，通过创业能力为资源禀赋和经营绩效之间的关系纽带，实现家庭农场从“量”到“质”的内涵式发展，为家庭农场培育与高质量发展提供了理论借鉴。

（2）完善了家庭农场发展制约因素的内容体系。现有研究往往局限在制约家庭农场发展的人力资源、自然资源、经济资源、社会资源等资源积累的角度，忽视了家庭资源禀赋的资源获取角度，来探讨家庭资源禀赋对经营绩效的影响；同时，虽有相关研究开始关注家庭创业能力对农场经营绩效的影响，但却忽视了资源禀赋、创业能力对经营绩效的内在作用机制探讨。本研究在全面梳理家庭农场制约因素的基础上，全面构建了家庭农场发展制约因素的内容体系，有效呈现了家庭农场发展要素之间的内在关联，弥补了当前学术界对其研究内容研究的不足。

（3）拓展了家庭农场内涵式发展的政策指向。由于家庭农场发展制约因素研究内容的不足，使得已有对家庭农场扶持政策的政策指向往往基于家庭农场发展中的单一层面来考察相关制度影响，缺乏全面精准的政策指向，使得相关家庭农场发展政策指向过于狭隘。本研究基于内涵式发展的理论与实证研究，从家庭农场资源积累、资源获取、创业能力提升及经营环境优化等方面来探讨家庭农场内涵式发展的路径，这为家庭农场内涵式发展的政策指向提供了多元式的立体研究维度。同时，通过典型案例与调查的经验证据，也有效确保了家庭农场发展的政策制定的精准和落地。

目 录

第 1 章

绪 论

家庭农场在 2013 年的中央 1 号文件中正式提出后，家庭农场如雨后春笋般在各地农村涌现，并得到了不断的壮大与发展。近年来，各级各地政府从土地流转、政策体系、示范引领、服务指导等方面进行积极探索实践，进一步推动了家庭农场健康有序的发展，并成为农业现代化建设的中坚力量。截至 2018 年年底，进入到农业农村部门名录的家庭农场有 60 万家，而浙江省家庭农场数量至同年 6 月就已达 36 417 家，经营的土地面积高达 289.5 万亩，每个家庭农场的劳动力约 3 个、年度销售的农产品金额达到 44.7 万元[①]。可见，浙江省的家庭农场已经成为新型农业经营主体的重要组成部分，对促进农民增收就业、实现农业规模化与集约化生产发挥着重要作用，是浙江农业现代化发展进程中的重要中坚力量。然而，家庭农场对浙江而言，并不是一个新词汇，早在 1985 年就出现了家庭农场的雏形——宁波慈溪市横河镇苗圃，随后浙江家庭农场经历了探索、起步、快速发展，直至现在的转型升级等四个阶段，在家庭农场的发展中，不仅聚集了浙江美丽乡村建设中的真正主体，也壮大了浙江美丽乡村建设中的经济实体，在一定程度上推动了浙江乡村振兴战略的实施。浙江的美丽乡村建设已成为中国乡村振兴的样板，那么家庭农场作为一种新型农业经营主体，显然也承担着这种新型生产关系调整的重任。如何让浙江省家庭农场在转型升级中树立中国家庭农场的样板，这不仅关系到浙江整个农业现代化的全局，也关系到社会的稳定、城乡融合与乡村振兴的进程，是一个非常值得深入探讨的理论和实践课题。

---

① 浙江省多措并举培育家庭农场，http://www.sohu.com/a/292019297_801979

1.1 研究背景与问题的提出

1.1.1 研究背景

国民经济的重要基础是农业，人民美好生活的基本保障也是农业（刘启明，2014）。20 世纪七、八十年代，我国农业开始实施双层经营体制，土地的集体所有权与经营权得到了科学的分离，广大农民生产的积极性和主动性被空前激活。然而，伴随工业化、城镇化等战略的不断实施与深入，农村耕种规模的碎片化、农民的外来化和老龄化、经营方式的粗放化等严重制约了农业经营效益的提升，阻碍了现代化农业的发展。特别是随着大量农村劳动力转移，“年轻一点的、有本事（技能）的除了过年过节那几天外，基本看不到”“386199250部队”“空心村”“农地抛荒”“70 后不想种地、80 后不懂种地、90 后更不谈种地”“老龄化”和“后继无人”等现象正成为许多农村的真实写照，农业接班人危机甚是堪忧（肖娥芳，2017）。因此，如何培育现代化农业中的新型经营主体、健全农业经营体系、创新农业经营机制等是推进传统农业转型升级的关键，在乡村振兴战略实施进程中日趋迫切。

近年来，家庭农场受到党中央、国务院及相关部委的高度重视，相关政策文件不断出台。2013 年中央 1 号文件首提“家庭农场的规模化经营”；2014 年中央 1 号文件再次强调“要扶持家庭农场的发展”，随后，农业部下发了“关于促进家庭农场发展的指导意见”；2015 年中央 1 号文件再次“鼓励适度规模的农户家庭农场发展”；2016 年中央 1 号文件指出“培育壮大农村新产业新业态，推动产业融合发展”；2017 年中央 1 号文件进一步指出“要大力培育家庭农场等新型农业经营主体及相应的服务主体”；2018 年中央 1 号文件强调要“实施新型农业经营主体培育工程，其中将家庭农场培育放在首位”；2019 年中央 1 号文件对家庭农场提出了新的要求“坚持家庭经营基础性地位，突出抓好家庭农场经营主体，启动家庭农场培育计划，建立健全支持家庭农场发展的政策体系和管理制度”；2020 年中央 1 号文件强调要“重点培育家庭农场等新型农业经营主体，并以合适的方式融入产业链”，同年 3 月，农业农村部发布了《新型农业经营主体和服务主体高质量发展规划（2020—2022 年）》。可见，家庭农场的发展已经受到国家层面的高度重视，且已成为破解“三农”问题的重要突破口。

为配合与落实国家相关家庭农场的政策，各省、市及地方政府积极推动家庭农场的创办，并相继出台了相应的扶持政策。在各级政府的扶持优惠政策的激励下，我国家庭农场得到了迅速的发展，在数量、类型、规模和经营绩效等方面均取得了较好的成绩。截至目前[①]，全国家庭农场数量超过 87.7 万户，其中纳入农业部门名录管理的家庭农场达到 44.5 万户；依法在工商部门登记注册的农民合作社数量达到 190.8 万家，实有成员 11 448 万户，占农户总数的 46.6%；各类农业产业化龙头企业数量达到 13 万家，以龙头企业为主体的各类产业化经营组织，辐射带动全国 1.27 亿户农户；各类农业公益性服务机构达到 15.2 万个，农业经营性服务组织超过 100 万个。可见，以小规模农户为主的传统农业生产主体格局重构已初步形成，各类新型农业经营主体得到了健康有序的发展，并有效地支撑农产品市场的供给（杜志雄，2018）。近年来，浙江省也相继出台了《关于大力培育新型农业经营主体的意见》（浙政办发〔2012〕73 号）、《浙江省示范性家庭农场创建办法（试行）》（浙农经发〔2013〕15 号）、《浙江省家庭农场登记暂行办法》（浙工商企〔2013〕16 号）等政策措施，并在这些政策措施实施过程中不断地进行修改和完善，极大地推进了浙江省家庭农场的壮大与发展。根据浙江省农业厅相关统计资料显示，登记注册的家庭农场从 2013 年年底的 9 401 家到 2018 年 6 月的 36 417 家，这些农场的经营土地面积高达 289.5 万亩，而年度销售的农产品金额达到 44.7 万元。可见，在家庭农场的发展实践中，家庭农场不仅有效弥补了家庭联产承包责任制带来的农地“碎片化”不足，而且也弥补了集体化土地经营中过于集中与不灵活等诸多缺陷；同时，家庭农场还有利于农业规模化和集约化生产的实现、促进农业现代化的快速发展，是新型农业经营主体中不可或缺的中坚力量，更是撬动农业农村经济的重要载体。

然而，家庭农场在实际生产经营中，并非我们看到的数据那样光鲜，在发展中也面临诸多困境：家庭自身资金不足而融资太难、家庭经营者自身综合胜任能力较低、农产品社会化公共信息服务平台不健全、种养等农业专业技术不足且难以聘请到合适的专业技术人员或者代价太高、支农惠农政策难以落实、相关政策覆盖面较窄或者力度不够、农业经营风险较大而保险体系尚不完善，等等。这些困境不仅降低了家庭农场的经营效率，而且也抑制着广大农户家庭从事农场经营的意愿；从长期来看，这严重制约了家庭农场群体的发展和壮大（肖娥芳，2017）。因此，如何厘清浙江省家庭农场发展中的

① 转引自：中国家庭农场网、农业部农村经济体制与经营管理司，http://jiuban.jgs.moa.gov.cn/chinafamilyfarm/dcyj/llyj/201712/t20171206_5966444.htm

制约因素，揭示家庭农场发展制约因素及其之间的内在作用规律，探索家庭农场内涵式发展的有效路径，实现家庭农场相关扶持政策的精准落地等问题是浙江省家庭农场转型升级的根本所在，对家庭农场的可持续发展、农业现代化与乡村振兴战略实施具有十分重要的意义。

1.1.2 问题的提出

对农业的内涵式发展，张晓山（2007）指出，农业发展的规模化要强调内涵式规模发展，不要一味考虑土地规模的扩张，同时应考虑市场、服务、技术、资金等生产要素在土地规模效益发挥中的作用。薛亮（2008）也强调要从社会大市场、城镇化发展、农业技术提升等语境中全面地对农地规模的内涵进行思考。近年来，随着农业经济的快速发展，“内涵式”发展理念在农业发展中的融合已形成人们的共识，可以说是属于农业生产主体发展到一定阶段的必然性结果，它不仅能够促进农业生产主体的发展，也能增进农业生产要素之间的有效配置。“内涵式”发展理念作为一种新型发展理念，既要充分利用政府、产业、市场等外在因素，也要注重经营主体自身资源禀赋条件与自身能力等内在因素作用的发挥。在乡村振兴背景下，家庭农场如何走“内涵式”发展之路，我们要遵循家庭农场自身的特征与发展规律，把握好“内涵式”发展理念的系统性，全面扫描影响家庭农场的发展要素，厘清各要素对家庭农场内涵式发展的影响机理，让家庭农场朝着更好、更快、更强的方向成长，真正实现家庭农场可持续的高质量发展。

虽有学者对相关约束家庭农场发展瓶颈进行了大量研究，如易朝辉和段海霞（2020）认为合法性、创业资源和政治环境是约束家庭农场创业的主要瓶颈，但从现有制约家庭农场发展的相关文献中发现主要表现为两种类型：外部的环境因素和内部的生产要素。家庭农场的外部环境要素一直受到众多学者重视，虽然这些要素对家庭农场的发展会产生重要影响，但对家庭农场来讲往往难以掌控，因此，家庭农场的内部生产要素自然也就成为众多学者关注的焦点。家庭农场内部生产要素主要有两种观点：其一，认为家庭农场生产要素主要集中在土地与环境等自然资源、资金与农机设备等经济资源、技术与人员数量等人力资源和网络关系等社会资源 4 个方面（苏昕等，2014；张朝华，2018；曹铁毅等，2020），这些生产要素是家庭农场正常开展生产经营活动的重要基础性条件，也是其他影响要素发挥作用的基础，因此，家庭农场拥有的生产要素对家庭农场成长的影响十分重要；其二，认为家庭农场的组织资本要素决定了家庭农场内在经营的水平和外部资源获取的能力，是其创新性开展生产经营活动的重要前提，是农场主如何整合相关生产要素、战略性把握农场发展方向的关键（平瑛等，2015），要加快培育家庭农场并实现高质量发展，其关键是全面提升家庭农场经营者素质和能力，培育造就家庭农场自身在市场经济中的经营活力（何秀荣，2020）。

遗憾的是，虽然现有研究对影响家庭农场成长的相关要素做了一些回应，但并没有对“不同家庭农场之间产生经营绩效差异的原因及内在作用机制”找到较好的答案。鉴于此，本研究在对现有文献梳理的基础上，拟从家庭农场自身微观层面对经营绩效的驱动力进行探索。根据资源基础理论，从两个方面来考虑家庭农场的经营绩效的驱动力，一种驱动力来源于“资源禀赋”，并根据家庭资源的不同来源将其分成来自家庭内部的“资源积累”与家庭外部的“资源获取”；另一种驱动力来源于“能力”，即家庭创业能力主要从“机会相关能力”和“运营管理能力”两个方面。首先从理论上分析家庭农场内涵式发展的机理，并通过典型案例对机理模型进行初步检验；然后利用调研的一手数据，对家庭农场内涵式发展机理进行实证检验，以探索家庭农场经营绩效的影响要素，并揭示其内在作用机理；最后，在理论与实证研究的基础上提出家庭农场内涵式发展的具体政策建议。

1.2 研究意义和研究目标

1.2.1 研究意义

新型农业经营主体之一的家庭农场已成为学术界重点关注和研究的焦点。就目前而言，虽然从理论、宏观、定性、定量等方面对我国家庭农场发展问题进行了大量的研究，也有少数学者开始关注不同资源禀赋对家庭农场经营绩效的影响；但传统要素驱动对家庭农场经营绩效的解释在现实实践中遭受到一些质疑与挑战，如家庭农场在规模扩大的过程中并没有给家庭农场带来必要的经营绩效。然而，家庭农场“内涵式”发展理念不仅考虑了国家政策、市场和产业对家庭农场经营的影响，同时还从其自身内在的要素进行挖掘，这进一步延伸与拓展了家庭农场研究的新视野。基于上述研究背景的分析，本研究以内涵式发展为视角，在构建家庭资源禀赋与创业能力指标测量框架的基础上，重点研究家庭资源积累、资源获取和创业能力对农场经营绩效的作用机制及内在影响机理，以及深入分析家庭农场内涵式发展路径，这不仅完善了现有对家庭农场理论研究的不足，还可以为家庭农场实践提供必要的支撑，具有十分重要的理论和现实意义。

（1）理论意义

1）拓展了家庭农场资源禀赋的研究视野。通过对家庭农场资源禀赋研究的梳理发现，现有研究主要集中在资源积累的角度对家庭资源禀赋进行考察，且基本零散分布在一些研究中，很少系统地分析家庭资源禀赋对农场经营绩效的影响，但资源积累仅是家庭资源禀赋的一个方面，家庭资源禀赋还有另外一个重要的渠道就是资源获取，因此，本研究将从资源积累和资源获取两个维度进行家庭资源禀赋的测量框架的构建，既弥补了现有文献研究的不足，又进一步拓展了家庭资源禀赋的研究视野。

2）深化了家庭农场内涵式发展的内在机理研究。现有文献中主要文献虽然从理论、宏观、定性、定量等方面对我国家庭家庭农场发展问题进行了大量的研究，但更多集中于从外延式视角来探讨家庭农场的发展，缺乏从家庭农场内涵式发展的探讨，且对内涵式发展中相关影响要素的内在作用机理剖析不足。本研究以资源禀赋与创业能力作为家庭农场内涵式发展的核心要素，并通过选取资源获取和创业能力等要素作为重要的中介变量，找出了家庭农场内涵式发展中核心要素之间的内在影响机理。这不仅为新时期家庭农场内涵式发展提供了较好的理论与实践路径，而且还进一步指明了在相同区域经济环境下，家庭农场经营绩效产生差异的根本原因。

3）丰富了家庭创业理论。中国作为典型的“家”文化为基本单元的国家，家庭创业是“双创”背景下最基本的主体，理应受到学界和实践界的重视，但从现有文献来看，家庭创业研究文献较为匮乏，无论在理论层面、还是在实践层面仍处于起步阶段。本研究选取了家庭成员的资源禀赋及创业能力来综合考量“家庭”这一创业主体，克服了仅从家庭户主或家庭关键成员来考量“家庭”创业主体研究的片面性，并深入探讨了家庭农场经营过程中的资源禀赋和创业能力的问题，这不仅能够弥补当前家庭农场研究的不足，更为家庭创业理论提供了必要的研究素材。

（2）现实意义

1）为家庭农场生产经营中资源积累指明了路径。本研究通过对家庭农场资源积累维度的自然资源积累、经济资源积累、社会资源积累和人力资源积累等四个方面的各指标变量对农场经营绩效的作用效应分析，进一步明确了家庭资源禀赋积累的路径和方向，为家庭农场经营决策及生产经营活动中资源积累的取舍和匹配指明了有效的路径。

2）为家庭农场的经营决策和政府政策制定提供了理论基础。通过全面、深刻剖析家庭资源积累与资源获取、创业能力对农场经营绩效影响的内在机制和作用效应，这不仅为家庭经营决策提供了有力的证据支撑，也为激活市场活力、优化政府服务功能及相关家庭农场支持政策的制定等方面提供相关的决策依据和政策参考。

3）为农业农村产业的融合发展提供了决策依据。通过对浙江家庭农场经营影响要素的全面扫描，特别是对家庭资源获取中的产业资源获取的深入剖析，为进一步寻求产业政策及相关制度的差异化制定提供了依据，不仅有利于促进家庭农场可持续发展，更有利于家庭农场与相关产业的融合发展，为“三农”产业规划与政策制定的决策者们提供依据。

1.2.2 研究目标

为更好地回应“家庭资源禀赋的构成究竟是什么”“家庭资源禀赋是否影响农场经营绩效”“家庭资源禀赋究竟如何影响经营绩效”“如何解决家庭农场发展中动力不足”等问题，本研究基于内涵式发展视角展开对家庭资源禀赋的探讨，深入研究家庭资源禀赋、家庭创业能力与家庭农场经营绩效之间的关系，以期从理论与实证层面对上述问题给出回应，并达成如下目标：

（1）完善家庭农场经营影响因素的构成指标体系

由于家庭资源禀赋一直以来更多关注的自然资源积累、经济资源积累、社会资源积累和人力资源积累等资源积累，随着相同区域经济环境影响下相同资源积累却对经营绩效带来较大的差异，究其原因，可能是家庭资源获取、创业能力等差异所致，而且该结论也逐渐被众多学者所接受。因此，本章基于内涵式发展视角尝试从资源积累、资源获取和创业能力三个维度来完善家庭农场经营中的关键影响因素体系，并广泛借鉴国内外的相关研究成果的基础上，构建影响家庭农场资源禀赋、创业能力各维度的变量指标，形成了较为完善的影响因素指标体系。

（2）构建家庭农场内涵式发展的理论模型

在家庭农场经营影响因素指标体系构建的基础上，构建家庭资源积累、资源获取和创业能力对农场经营绩效影响的研究框架，从现有文献中找出资源积累、资源获取和创业能力各维度的指标变量对家庭农场经营绩效影响的相关文献，归纳出了资源积累、资源获取和创业能力对家庭农场经营绩效影响的作用机制，构建家庭农场内涵式发展的理论模型，为后续的实证研究提供理论支撑。

（3）实证检验资源禀赋与创业能力各维度对家庭农场经营绩效的影响

在理论构建的基础上，利用调查所得数据，在描述性分析、因子分析、聚类分析的基础上，通过构建实证模型，采用回归分析、中介和调节效应检验等，分别检验资源禀赋、创业能力各维度对家庭农场经营绩效影响的相关研究假设，揭示各维度之间对家庭农场经营绩效的内在影响机理及效应，并深入探讨各维度中的指标变量对家庭农场经营绩效的作用路径，为后面政策研究的精准性服务。

（4）提出激活家庭农场经营的政策及配套措施

对家庭农场内涵式发展研究的最主要目的是优化家庭资源禀赋配置，在挖掘现有资源积累和资源获取对家庭农场经营绩效影响的效应基础上，充分发挥资源禀赋的应有的价值，同时从提升家庭创业能力、激活市场多元主体活力，消除家庭农场创业中存在的深层次壁垒等方面给予家庭农场的发展进行精准性支持，为推进家庭农场经营主体培育建言献策是本研究最终的落脚点。

1.3 研究方法与技术路线

1.3.1 研究方法

（1）参与性评估法。采用大量的问卷调查、访谈、座谈等，并进行实地考察与资料分析等参与性评估法对家庭农场的资源禀赋、创业能力与经营绩效进行大量调研。了解家庭农场经营中的资源禀赋积累、获取，创业能力状况与经营绩效水平等，以发现家庭农场经营中面临的问题、约束、机会和重点关心的农场潜在发展需求，找出家庭资源禀赋积累与获取、创业能力等核心要素的影响变量，最终提出解决问题的办法。

（2）数理统计分析方法。本研究拟采用 SPSS 20.0、STATA12 等软件进行数理统计分析。运用主成分分析和描述性分析等方法对影响家庭农场发展的核心要素及绩效差异进行分析；构建资源禀赋、创业能力与经营绩效之间的机理模型，并运用回归分析实证相关变量之间的作用机制，采用中介效应和调节效应分析检验三者之间的内在作用机理。

（3）情景分析法。在“两山理论”的新形势下，家庭农场将发生深刻的变化，结合新型农业经营主体培育的需要，从特色农业产业培育、土地碎片化重整、农场主培训工程、金融支持政策问题等方面入手，将典型家庭农场案例的研究与实证研究结果有效结合，运用情景分析法，来考量在不同地域、不同时间和不同经营基础下家庭农场的发展策略，提炼和总结出家庭农场内涵式发展的浙江经验。

（4）理论与实证相结合。理论研究是实证研究的依据，实证研究是理论研究的支撑，两者互相支撑；理论研究离开了实证研究则缺乏研究的说服力，实证研究离开了理论研究则失去研究的实际意义。因此，本研究将这二者结合起来，首先对现有文献和资料分析的基础上，提出了本研究的研究框架，在理论上解决“为什么”的问题；其次，结合典型案例分析与实际调研结果，从实证上解决“怎么样”的问题；最后，根据理论与实证研究的结果，提出相关的精准性政策建议，主要解决“该如何”的问题。

1.3.2 技术路线

本研究通过对国内外文献的阅读与整理，提炼出资源积累、资源获取、创业能力与家庭农场经营绩效关系的理论模型，通过案例分析和问卷调查的方式对理论模型进行检验，并根据数据分析结果提出关于家庭农场在经营实践的启示。具体地技术路线如图 1－1 所示。

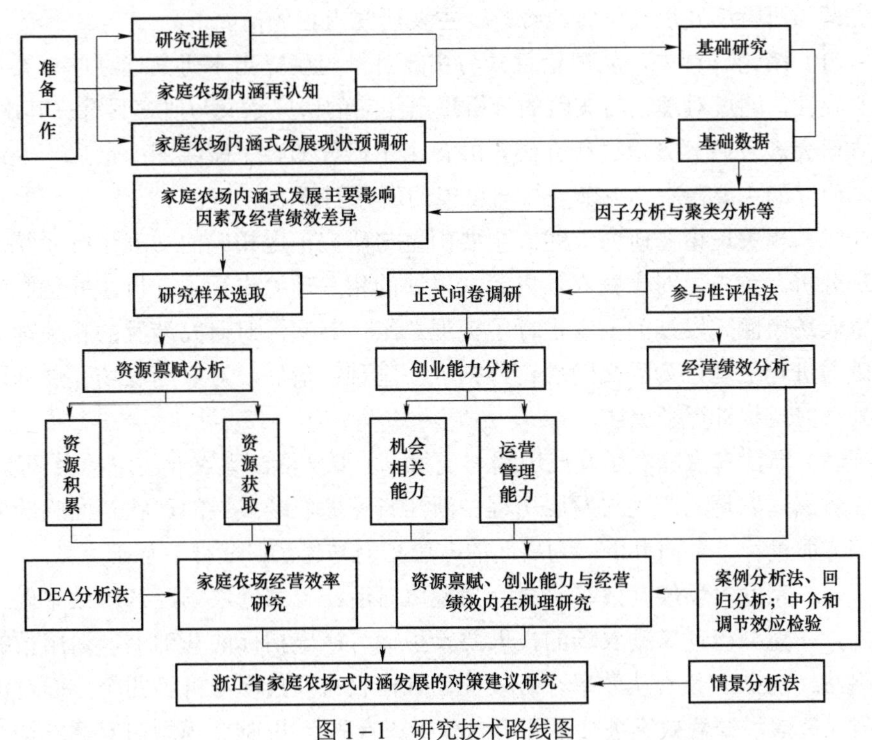

图 1－1 研究技术路线图

1.4 研究内容与创新点

1.4.1 研究内容

本研究以 2015 年认定与保留的浙江省级示范性家庭农场为主要调查对象，以寻求家庭农场内涵式发展路径为目标，主要回答家庭农场“是什么”“为什么”“怎么样”与“怎么办”四个问题。针对家庭农场“是什么”问题，在探究家庭农场的内涵的基础上建构家庭农场内涵式的核心构念，并对其进行测量，以全面扫描浙江省家庭农场的现实状况；针对家庭农场“为什么”问题，需探索制约家庭农场内涵式发展的关键要素，结合已有研究和理论基础，并形成本研究的理论分析框架和机理模型；针对家庭农场“怎么样”问题，在理论框架基础上，结合调研的一手数据，从实证角度完成家庭农场内涵式发展要素之间的作用效应研究；针对家庭农场“怎么办”问题，主要是总结和提炼家庭农场内涵式发展的浙江模式，为浙江省乃至其他地区的家庭农场的经营与可持续发展提供实践经验。主要研究内容包括如下：

（1）绪论。首先，从理论背景与实践背景角度提出本研究选题的重要性与必要性，通过对理论与实践的分析提出相应的研究意义与研究目标；其次，对本研究涉及研究方法进行介绍，并提出本研究的技术路线图；最后，介绍了本研究的主要内容、章节安排与可能的研究创新。

（2）相关理论与研究综述。主要围绕与研究主题相关的文献进行系统的整理分析。首先，对家庭农场内涵式发展的相关理论进行了分析，并就影响家庭农场内涵式发展的要素进行了梳理总结；其次，对研究涉及的相关理论基础与进行梳理，为后文的理论依据打下基础；最后，对家庭农场发展的国内外研究现状进行了综述。

（3）浙江省家庭农场发展历程与现状。主要从浙江省农业经济社会环境、浙江省家庭农场的产生与发展历程、浙江省家庭农场发展的现状及面临的困境等方面进行了全面分析，为后面的政策指向与建议研究打下基础。

（4）家庭农场经营效率研究。为整体对浙江省家庭农场经营的效率做出预判，在充分梳理家庭农场的投入要素指标与产出指标的基础上，运用数据包络法（DEA）分别从效率、有效性、规模收益及投影分析等四个方面对浙江省家庭农场经营效率进行了评价与分析。首先运用 BC2 模型对家庭农场经营效率进行评价，测度不同类型家庭农场综合效率、纯技术效率以及规模效率，比较不同类型家庭农场经营效率高低，分析经营效率差异原因；其次，判定同一类型家庭农场中DEA有效、弱DEA有效及非DEA有效家庭农场的数量与比重，探究不同类型家庭农场有效性差异；然后通过规模收益分析，判断不同类型家庭农场规模收益情况，进一步分析影响经营效率原因；最后运用投影分析方法，深入分析非DEA有效家庭农场投入冗余和产出不足情况，探究影响家庭农场经营效率的根本原因，找出制约家庭农场经营效率的关键因素，提出家庭农场经营效率改进目标与方案。

（5）家庭农场内涵式发展的理论模型构建研究。首先，在对家庭农场内涵式发展审视的基础上，找出家庭农场内涵式发展要素；其次，就内涵式发展要素中的核心变量（资源积累、资源获取、创业能力与经营绩效）展开阐述，并结合现有研究与家庭经营的特点进行界定；最后，对家庭农场内涵式发展的理论模型进行构建，形成了本研究的理论基础。

（6）家庭农场内涵式发展理论模型的案例检验。首先，结合现有案例检验研究设计的研究，阐述本章案例检验的研究设计，确保案例检验的有效性；其次，选取了四家典型家庭农场进行全面的描述，以把握家庭农场内涵式发展的特征；再次，对典型案例中的核心构念提取、分析，进一步把握家庭农场内涵式发展要素之间的共性特点；最后，综合分析四个典型案例在内涵式发展过程中核心构念之间的作用机理，以初步验证第五章的理论模型。

（7）家庭农场内涵式发展要素的测量与分析。首先，根据前面相关核心要素的分析，全面设计出需要调查维度的相关变量，科学地进行问卷设计，在调查中不断修改完善调查内容；其次，根据调查结果对家庭农场基本情况进行分析，找出农场经营中基本情况的一些问题；再次，根据调查结果优化和调整核心要素的测量变量，保证核心要素测量的信度；最后，对家庭农场内涵式发展要素的各维度进行因子分析，得到本研究的核心要素：家庭资源积累有自然资源积累、社会资源积累、经济资源积累和人力资源积累 4 个因子构成，家庭资源获取有产业资源和服务资源 2 个因子构成，创业能力有机会识别和运营管理能力 2 个因子构成，经营绩效只产生 1 个因子。同时对各因子的测量题项的得分进行了描述性统计分析，以把握浙江省家庭农场内涵式发展的关键要素的基本情况。

（8）家庭农场资源禀赋对经营绩效的影响机制研究。本章从家庭农场资源积累、资源获取对经营绩效的影响机理的概念模型出发，提出了本章研究的相关研究假设，并利用实证分析模型对相应研究假设进行了检验，最终发现家庭资源获取在资源积累与经营绩效中存在积极的中介效应。首先，将家庭资源积累作为自变量，分别将资源获取与经营绩效作为因变量，对其相互关系进行研究；其次，以资源获取作为自变量，经营绩效作为因变量，对其相互关系进行研究；最后，对三者之间的相互关系机理进行综合研究。

（9）资源禀赋、创业能力对经营绩效的影响机制研究。基于前面理论模型的构建，本章重点从对家庭创业能力在资源禀赋与经营绩效的影响机制进行实证检验。首先，基于前面的理论与文献的综述，进一步提出了资源禀赋、创业能力与家庭农场经营绩效内在的作用假设；其次，通过构建回归模型，对各类假设进行实证检验，以期发现资源禀赋、创业能力、家庭农场经营绩效之间的内在作用机理；最后，对这些内在作用关系的结果进行讨论，并就家庭农场经营实践中的问题进行深层次分析，为后文政策建议提供经验证据。

（10）家庭农场内涵式发展的政策建议研究。在前期研究的基础上，结合我国乡村振兴、农业现代化建设的战略需求，从家庭农场发展实际出发，运用情景分析法，重点从家庭农场内涵式发展中家庭资源积累、资源获取、创业能力提升和经营环境优化等方面进行政策探讨，从促进家庭农场高质量和可持续发展等提出相应对策建议。

（11）研究结论与展望。主要就本研究的相关结论进行概括性总结，同时，就本研究的不足和今后研究的方向和重点进行阐述，为后续相关研究指明方向。

1.4.2 研究创新点

（1）构建了家庭农场内涵式发展的理论框架。本研究认为家庭农场内涵式发展不能仅仅从从业人员、经营规模、经营方式、经营资本等“量”上来界定，还需要结合家庭成员的资源禀赋与能力差异上来考虑家庭农场“质”的升华；同时，还得结合当前乡村振兴战略和农业现代化的背景和区域农业经济发展差异，从家庭资源禀赋、创业能力等要素相协调的适度发展原则进行再认识。在此基础上构建了从资源禀赋、创业能力对家庭农场经营绩效作用机理框架，通过创业能力为资源禀赋和经营绩效之间的关系纽带，实现家庭农场从“量”到“质”的内涵式发展，为家庭农场可持续的高质量发展提供了理论借鉴。

（2）完善了家庭农场内涵式发展制约要素的内容体系。现有研究往往局限在制约家庭农场发展的人力资源、自然资源、经济资源、社会资源等资源积累的角度，忽视了家庭资源禀赋的外部获取角度，来探讨家庭资源禀赋对农场经营的影响；同时，虽有相关研究开始关注家庭创业能力对农场经营绩效的影响，但却忽视了资源禀赋、创业能力对经营绩效的内在作用机制探讨。本研究在全面梳理制约家庭农场内涵式发展要素的基础上，全面构建了家庭农场内涵式发展要素因素的内容体系，有效呈现了家庭农场发展要素之间的内在关联，弥补了当前学术界对其研究内容研究的不足。

（3）拓展了家庭农场内涵式发展的政策指向。由于家庭农场内涵式发展制约要素研究内容的不足，使得已有对家庭农场支持的政策指向往往基于家庭农场发展中的单一层面来考察其相关影响，缺乏从全面精准的政策指向，使得相关家庭农场发展政策指向过于狭隘。本研究基于内涵式发展的理论与实证研究，从家庭农场资源积累、资源获取、创业能力提升及经营环境优化等方面来探讨家庭农场内涵式发展的路径，这为家庭农场内涵式发展的政策指向提供了多元式的立体框架。同时，通过典型案例与调查的经验证据，也有效确保了家庭农场发展的政策制定的精准和落地。

第 2 章

相关理论与研究综述

家庭农场内涵式发展的研究应该是基于现有理论对实践进行辨识与分析，同时应对实践进行理论升华与创新。本章将以家庭农场发展的理论基础为研究源点，结合家庭农场内涵式发展实践，在充分把握国内外家庭农场研究现状的基础上，系统全面分析家庭农场研究中的关注点及现有不足，为后面模型构建与假设依据奠定基础。

2.1 家庭农场发展的理论基础

理论基础是进行科学研究的基石，在对已有相关研究成果进行系统梳理、总结与借鉴基础上，对研究问题进行科学的思考。因此，在构建家庭农场内涵式发展的理论框架之前，需要对前期理论基础做尽责回顾与系统梳理，寻找理论间的合理逻辑关系。首先，家庭农场是集生产、消费与决策等角色于一体的农业生产经营形式，并在不断经营中成长与创造农场价值，因此，研究家庭农场必须从企业成长理论进行回顾与梳理。其次，由于家庭农场也属于经济组织的形式，而经济组织的成长当然少不了对效率的追求，因此，效率理论也是不可缺少的基础。同时，由于本研究从内涵式发展的视角对家庭农场进行研究，因此，本研究还系统地分析家庭农场外延式扩张和内涵式发展中的关键影响因素，这主要涉及资源禀赋理论与创业能力理论进行适当梳理，以找出经济组织在成长中相关理论对其影响的内在联系，为本研究的理论框架分析奠定基础。

2.1.1　企业成长理论

企业成长理论最早源于经济学领域，亚当·斯密最早在《国富论》中阐释了分工合作产生的生产力而带来的规模经济利益。他认为，这种分工的规模效率既能为企业带来利益，且这种利益会随规模扩大而扩大，从而为企业带来规模的扩张，促进企业成长。之后，约翰·穆勒和马歇尔也分别从联合的劳动、专业化的分工和规模经济等更深层次对其进行了阐述，并将竞争均衡、企业家相关的特质等方面与企业的成长问题相结合进行了系统的分析，从而奠定了企业成长理论的基础。从目前研究来看，主要包括了企业外生、内生成长的相关理论。

（1）企业外生成长相关理论。该理论认为企业的外部影响因素是企业成长的主要动力源，外部影响因素主要包括了企业所处的环境及外部可获取的资源，持这种观点的主要由新古典经济学与新制度经济学（周键，2017），代表性的相关理论如下：

1）企业成长相关的新古典经济学理论。该理论把企业视为一个完整的生产函数，并抽象掉企业内在的复杂性，排除掉了企业之间的实质性差异，视影响企业成长的要素均来自外生的，并在企业成长过程中不断调整企业的生产量以达到最优生产规模的过程（李军波等，2011）。该理论得到了较多观点的支持：用人行为与企业（产业）特征两者的关系模型（Marten Coos，2000）、宏观政策对企业的影响（S. Makino，2004）、市场供求对企业规模的影响（Nixon，2005）等。

2）企业成长相关的新制度经济学理论。科斯（1937）的《企业的性质》提到的交易成本是企业获取市场信息的基础，节约交易成本能促进企业不断成长。Williamson 认为要解决资产专用性带来的机会主义行为，会增加交易成本，从而表现出企业纵向边界的扩张。Grossman 和 Hart（1986）则指出企业物质、人力资产的专用性会对纵向一体化产生一定的影响。杨小凯、黄有光（1993）指出在企业成长中要充分考虑各类经济主体之间产生的交易效率，让企业与市场共同成长。

3）企业成长的竞争优势理论。Poter（1985）首次提出竞争优势理论，认为企业成本优势理论、差异化优势理论和集中化优势理论是企业获取竞争优势的关键。之后，波特提出的价值链理论，指出企业所获取竞争优势源自对价值链进行优化，认为企业应该在五力模型中寻找自身所处产业的竞争结构，从而增进自身成长的竞争优势。

（2）企业内生成长理论。该理论则认为企业成长的主要动力源自内部要素，认为不同的企业，拥有的资源、经营管理方式、核心能力和成长阶段等所呈现出的差异化，导致了不同的成长方式，该理论的支持者更加注重对企业内部的资源和能力进行挖掘。主要包括如下：

1）企业资源成长理论。该理论以彭罗斯为代表，彭罗斯（1959）提出的了“企业的实质就是资源束的组合”的观点，且这一观点被很多研究者所引用，Prahalad 和 Hamel（1990）研究表明企业在对资源优化整合过程中通过积累会形成各自独有优势，这种独有优势为企业成长奠定了基础。

2）企业经营成长理论。该理论以德鲁克为代表，德鲁克在此基础上进一步指出，企业不仅需要对资源进行组合与优化，更需要对企业运营过程中的各类经营要素进行优化配置，主要包括人员配置、流程优化、战略选择等，从而实现企业成长。

3）管理者理论。该理论以销售收益最大化模型（鲍莫尔，1962）、管理者效用函数模型（威廉姆森，1964）、企业稳定增长的模型（马里斯，l964）为代表，认为随着企业所有者和管理者的分离，经营管理者实际把控着企业的控制权，企业目标可能不再是对企业所有者利润的追求，而是对经营管理者效用的追求。

4）企业制度变迁理论。该理论以钱德勒和威廉姆森为代表，钱德勒（1977）通过在企业成长路径研究的基础上，指出企业两项重大的制度变迁：其一是所有权与管理权的有效分离，其二是企业内部层级制的管理结构逐渐形成。威廉姆森（1985）则以理论思维为视角，系统对不同企业成长中组织结构的变迁和不同企业形态的运行效率进行了阐述。

5）创新视角理论。该理论以熊彼特作为典型性代表，从创新的角度进一步阐述了企业成长的内涵，指出企业成长实质上是非连续的、快速的、创造性破坏的创新性过程，这一过程需要对各类要素进行重新优化与整合。

6）企业生命周期理论。该理论以格雷纳和弗莱姆兹为代表，格雷纳（1972）从企业组织的年龄、规模、演变阶段、变革阶段与产业成长率等方面构建了组织发展模型，并对组织进行了详细的五阶段性描述和划分；同时，弗莱姆兹（1998）借鉴生物学理论将组织看作一个生命体，形成了企业生命周期的七阶段理论。

2.1.2 效率理论

（1）古典经济学时期的效率理论

在古典经济学中主要从分工与竞争效率两个方面进行效率思想的分析。亚当·斯密（1776）指出，“看不见的手”在提升市场效率中起到了正向促进作用，这也意味着在日常经济活动中市场地位的重要性。由于在经济活动中“效用最大化”的个人动机支配着个人目标，从而经过价格的自由竞争机制不断进行资源的调节与优化配置，最终促进社会福利整体上升。该论断认为社会福利是个人效用的叠加（总和），这在一定程度上与社会现实有所出入，从而带来一些学者对其产生诸多质疑，但亚当·斯密的思想却完全可以视为竞争效率的一种。随后，亚当·斯密在《国富论》再次指出，富国裕民是政治经济学研究的核心任务，而通过劳动分工促进生产效率提升与通过财富积累来增加劳动力数量是实现国民财富增长的重要途径。随后，David Ricardo（1817）在亚当·斯密的基础上，提出了比较优势原理，认为劳动分工是社会发展的必然趋势，既有利于生产效率提升，也能促进贸易活动的多方主体实现共赢。这些为后面的分工效率理论提供了很好的研究基础。

（2）新古典经济学时期的效率理论

自古典经济学时期的效率理论遭受一些质疑来，资源配置效率成为效率思想研究的重要内容，该时期更多主张在政府不进行干预的前提下进行完全竞争以实现最优的资源配置。这些学者们摈弃掉传统的生产效率，他们潜在假定了企业内部结构是有效率的（事实可能不是如此），主张利用“边际”“均衡”等对资源配置效率进行研究，认为只在边际收益与边际成本两者均衡状态下可实现社会资源的最优配置（肖娥芳，2017）。该理论中的均衡价值论（Marshall，1920）一直为多数学者所接受，Arthur Cecil Pigou（1920）在 Marshall 的研究基础上，认为当个体边际净产出与社会边际净产出相等，同时各部门间的边际净产值都相等的情况下，经济资源配置的效率才能最优；在个体拥有相等的货币收入，同时货币边际效用均相等的情况下，收入分配效率才能达到最优。随后，Vilfredo Pareto 提出的最优效率标准对推进效率理论产生了较大影响，该标准强调：如果没有可替代的配置来促进某一经济系统中至少一人的福利上升，且其他人员的福利并不下降，则认为该系统的资源配置已达到最优标准；同时，Kenneth J. Arrow 和 Gerard Debreu（1949）采用数学推导方式对完全竞争中的竞争性均衡的最优效率标准进行了严格的证明。Paul A

Samuelson（2008）在最优效率标准的提出相似标准：只要不降低某一产品的产出就不可能增加其他任意产品的产出时，经济系统的资源配置就达到了均衡。同时，因为存在“市场失灵”，为了达成福利的理想状态，政府干预一直为新古典经济学派所推崇。在该阶段的效率思想更多关注聚焦在既定资源约束情况下如何实现最优的配置问题上，由于多方主体偏好、技术等均被既定与静态的假定，这也导致对组织发展中的动态效率很难做出相应解释。

（3）现代经济学时期的效率理论

随着相关研究的深入，效率理论得以不断丰富，其中以企业效率（经济效率）、X 效率理论和动态效率理论为典型代表。Farrell（1957）较早提出了企业效率，认为企业综合效率分成技术效率和配置效率，并用技术与配置效率的加总来表示综合效率，Whitesell（1994）采用既定目标约束下企业的生产能力来反映经济效率，得到了同样的结论。樊纲（1994）从资源利用效率的角度提出了经济效率概念，认为社会在一定资源条件的约束下进行生产活动，进而保障了相关效用或福利在一定程度上的满足。厉以宁（1999）则认为效率应为相关资源有效的使用与配置。自 Harvey Leibenstein（1966）提出 X 效率理论以来，博弈论被大量运用于组织内部的行为与心理方面。Shelling（1960）、Rapoport（1970）、Scgitter（1981）、Nelson 和 Winter（1982）以及 Sugden（1989）等的研究证实，组织中的非正式制度（如习俗、惯例等）对约束内部冲突与提升效率具有显著的作用，对不同组织的效率差异产生重要的影响。张维迎（1995）认为 X 效率是由于经济组织内在原因而不能对已有资源或机会进行充分利用的效率状态。肖娥芳（2017）也认为该理论将企业效率与资源配置效率有效进行分离，通过大量行为主体在努力（工作）程度方面的心理和行为选择的研究，来探讨有关组织产生低效率的根源。同时，动态效率理论也是该时期的一个研究重要，主要包括适应性效率（Alchian，1995）和创新效率（Joseph Alois Schumpeter，1912）等。Richard. R. Nelson 和 Sideny G. Winter（1982）在完善该理论的基础上指出，影响企业组织成长最深远的因素主要是组织、创新与路径依赖的进化，同时，为企业提供成长界限的是外部环境，该界限与企业组织的成长和发展中存在动态的密切相关。

2.1.3 资源禀赋理论

（1）资源基础理论

企业资源理论思想源于张伯伦和罗宾逊对企业专有资源的论述，他们认为企业利润的获取主要影响因素是企业专有的资产和企业能力，例如，张伯伦（Chamberlin，1933）就曾列举了几种重要的企业资源，如技术、品牌、专利、商标等，但一直未得到学术界的公认。彭罗斯（Edith Penrose，1959）在《企业成长理论》中认为企业的实质就是一系列资源束的有机组合，同时，通过管理对这种组合提供一定的约束，即企业成长是有效协调其资源和实施职能管理约束下获得的结果。Wernerfelt（1984）在《企业资源基础论》一文中首次从企业资源的角度对企业竞争优势进行了系统阐述，这也标志着资源基础理论的正式诞生；Barney 先后发表系列文章对资源基础理论进行了研究，如在《战略要素市场：远见、运气和企业战略》（1986）中重点分析了创造竞争优势的各类条件，随后的《企业资源与持续竞争优势》（1991）一文中又分析了企业维持竞争优势的各类条件，并进一步强调了企业资源对企业竞争优势的重要作用。Peteraf（1993）的《竞争优势的基石：基于资源的观点》的贡献在于将前述有关竞争优势的资源论的所有分散内容进行逻辑统一，这标志着企业资源观的真正成形。此后诸多学者就企业资源理论进行了全面系统的分析，但基本的核心主张均为企业独有的异质性资源是企业经营绩效的差异源。Barney et al.（2011）在整合前期研究成果的基础上，建立了资源基础观的分析框架：首先，将企业资产、知识、信息、属性及其组织过程等纳入企业资源的范畴，认为企业资源是其生存与发展的关键，如何提升这些资源运行的效益和效率对企业来讲至关重要；其次，从企业资源特征入手分析了其价值、稀缺、不便模仿、无法替代等特性，并强调企业可持续竞争优势来自企业资源，这为企业资源基础观提供了很好的研究框架。

（2）资源依赖理论

随着市场竞争加剧，企业在实践中发现企业的竞争优势不仅仅在对内部资源的占有，更要重视对外部资源的获取与控制。Pfeffer 和 Salancik（1978）在《组织的外部控制：资源依赖的观点》中更多地强调企业生存与发展过程中获取和保持资源的能力。这种能力是企业与外界环境在不断的互动中形成，并通过这种能力最终达到预期目的。资源依赖理论尽管对企业资源获取与外部资源控制的重要性进行了关注，但缺乏对如何获取与控制外部资源的能力进行深入剖析，忽视能给企业带来竞争优势的其他资源，如对资源的整合能力，这也反映出资源依赖理论对企业资源认识的不足。

（3）资源理论的扩展

正是基于对企业基础理论和资源依赖理论研究的不足，很多学者在有效融合前面理论研究的相关成果的基础上进一步对企业资源理论进行了扩展，以更好适应全球化竞争需要。企业资源理论的扩展主要是对企业资源的边界，将企业资源范畴扩展到企业与其他利益相关者之间的关系上，包括与股东、债权人、政府、供应商、分销商、消费者等。扩展后的企业资源理论在强调企业对外部资源的积极获取与控制的同时，更强调企业对内、外部资源的整合与协同，以更好提升企业资源的利用率，促进企业价值的增值空间与企业的成长。可见，资源理论的扩展更好地延伸了资源依赖理论的不足，并对企业资源的获取和保持能力提出了新的路径，即强调内部的积累与外部的获取是企业竞争优势的关键。

（4）资源拼凑理论

资源拼凑进一步很好地完善了资源依赖中对资源获取与控制的路径，因此，资源拼凑理论在企业资源理论中颇受关注。自 Baker 等（2003）在“Research Policy”上撰文，研究拼凑对新企业创业资源整合的影响效应后，拼凑理论在企业创业研究中得到了广泛的认同与应用。Baker 和 Nelson 对资源拼凑理论形成了即刻行动、组合资源、凑合利用资源等三个关键构念，从而奠定了资源拼凑理论的基础（方世建、黄明辉，2013）。Domenico 等提出资源拼凑“不屈从于约束和即兴而作”的另两个构念，并提出三个资源获取途径：一是无中生有，即市场与服务的开发；二是根据新的目的组合利用他人不利用的资源或闲置废弃的资源；三是开发他人未能充分认知潜在价值的资源（高静，张应良，2014）。Duymedjian 和 Rüling（2010）从组织理论视角指出拼凑需要介入情景之中，需要采用柔性控制系统和非制度化的组织设计，是一种对组织实践的重新配置，这可视为制度拼凑或管理拼凑。同时，Miller 等（2012）对企业资源拼凑方式进一步的研究指出企业在拼凑过程中可以采用并行拼凑、连续拼凑和选择性拼凑等方式。资源拼凑理论认为，通过不同的方式进行资源拼凑会产生不同的资源利用效果，根据资源配置方式的不同，创业者应当选择不同的资源拼凑方式。

2.1.4 创业能力理论

（1）创业能力理论提出背景

自 20 世纪 80 年代以来，在管理科学的发展历程中，经历了经验管理、科学管理、行为科学、定量管理、权变管理后出现了管理理论的丛林状态。其中，以 Michael Porter 的竞争战略理为代表的战略管理理论虽然为企业获取持续超额利润时的战略制定提供了较好的解释，但仍然存在一些缺陷（臧学运，2008)：第一，“五力模型”局限于将企业视为“黑箱”，很难突破。波特认为，在企业进行战略选择时既定的自身力量是关键，而忽视了未来企业的成长与变化。其二，该理论将产业作为实际研究对象。波特在研究中侧重于产业特性、发展趋势、相关内外企业的关系和力量的相互对比，忽视了企业成长的分析视角，使得在企业实践中战略制订与实施明显乏力。鉴于以上原因，有些学者开始关注企业成长中的内在特殊能力，从而创业能力理论开始产生。

(2) 创业能力理论的发展

对创业能力的探论源自《企业增长理论》(Penrose，1959)，彭罗斯将企业视为一个资源集合体，虽然“能力”概念未被明显使用，但却革命性地将“资源”和“服务”进行了有效区分，这为创业能力理论的丰富与发展奠定了很好的基础（克努森，1996)。企业能力是理查德森率先提出的，Richardson（1972）指出能力主要是企业在知识、经历与技能方面的积累，是创业活动的重要基础。Prahalad 和 Hamel（1990）的《企业核心能力》中指出，企业的积累性学识即为企业核心能力，并就核心能力的相关要素进行了系统的研究。随后，国外学者围绕核心能力展开了大量研究，如，Grant（1991）认为企业能力是指获取和利用企业资源的能力，其实质是企业能拥有（甚至控制）的一种特有智力资本。同时，能力论（Langlois，1992)、核心能力论（Foss，1993)、激励能力论（Pisano 和 Shuen，1990)、企业能力基础竞争论（Hamel 和 Heene，1994)、动态能力（Teece，1997）等，这些观点与理论的提出进一步加速了创业能力理论的发展。随着创业能力研究的不断丰富，国内学者也进行了大量的本土研究。如，陈劲、王毅和许庆瑞（1999）在总结国外关于企业能力观点的基础上，将企业能力从整合、网络、协调、组合、知识载体、元件架构、平台和技术能力等八个类型上进行划分；王国顺（2006）在此八类的基础之上，又增加了过程观和资本观；康建中（1999）指出，企业能力是企业发展中的必备基本素质和潜能；王锡秋和席酉民（2002）指出，企业能力是企业认知、行为与文化之间相互作用，知识、结构与文化之间相互耦合的结果，对企业效率（效果）产生直接影响。许广义、胡军（2004）指出创业能力在企业运用相关资源要素创造产品的过程中形成。

综上，企业在运行过程中生产的不仅仅是产品，还有能力。因此，企业本质上是通过长期积累和学习，最终形成一个特殊的能力体，企业能力是企业竞争优势的不断源泉，只有通过不断积累、保持、运用能力才能保持企业长期性的竞争优势。

2.2 家庭农场研究现状

目前，家庭农场研究成果已较为丰硕，但由于国内外家庭农场的发展阶段不同，同时由国情、气候、环境等差异的存在，国内外学者对家庭农场研究的侧重点也不尽相同，当然两者在相关研究的广度和深度上仍有一定的差距。但整体来看，主要聚焦于家庭农场的内涵、规模效率、影响因素、国际经验借鉴和政策建议等方面。

2.2.1 家庭农场内涵的研究

（1）国外对家庭农场内涵的研究

在追溯国外对家庭农场内涵的研究时发现，美国农业部 USDA（United States Department of Agriculture）对家庭农场的界定标准普遍受到多数国家的认可，主要包括有以下几个方面（郭家栋，2017）：其一，能做好农产品的产销，且农场产品的销售需要得到本地社区的认可，同时销售必须超出本地社区范围；其二，能获取足够收入，以维持家庭及其农场的基本运行；其三，农场的劳动力主要源于家庭成员；其四，农场主不仅要负责农场产销方面的决策，还必须负责农场管理的全过程；其五，适当可雇佣季节性或长期稳定的工人。国外相关家庭农场认定也普遍基于本国相关法律法规进行研究，俄罗斯在土地私有制基础上，根据其《家庭农场法》认为家庭农场是以农户与家庭成员构成的，从事农业生产、加工、销售的独立经营主体，且享有法人权利。荷兰家庭农场的认定通常主要基于以下条件（杜志雄，肖卫东，2014）：① 生产、销售农产品；② 生产经营规模须达到一定标准且稳定；③ 以家庭成员为主要劳动力，允许季节性雇工；④ 以自有土地为主，产权归农场主所有；⑤ 农场主自主管理运营农场；⑥ 农场要切实负责自然和环境的保护、食物安全保障、物种多样性维持。法国家庭农场则呈现出私有化的土地产权、集中化、规模化和专业化的经营，多样化的组织形态等特征（朱学新，2013）。

（2）国内家庭农场内涵的研究

家庭农场源于欧美，在国内的实践与研究相对滞后。在官方正式提出家庭农场之前，顾建洲（1995）、房慧玲（1999）、黎东升等（2000）、关付新（2005）等给出家庭农场的定义，但对家庭农场内涵的理解主要集中在基于农地流转的规模化、市场化经营和农业企业、与家庭农场与农户特征的比较等方面。

自2008年在十七届三中全会报告中首次提出将家庭农场作为农业规模经营主体之一以来，郭亚萍等（2009）、徐会苹（2013）、高强等（2013）、黄新建等（2013）等更多的从家庭农场经营主体、土地规模、发展模式、经营目标等角度对家庭农场的内涵进行了界定，朱启臻等（2014）讨论了家庭农场的内涵、特征、规模和经营主体，高帆等（2013）指出了家庭农场与其他经济主体在中国语境中的“异质性”，黄祖辉（2014）进一步强调需要科学辨析家庭农业、家庭农场与农业规模经营，家庭农场推广不能操之过急。可见，对家庭农场的内涵界定在学界并未形成一致。而按照我国农业部（2013）的解释，家庭农场是以家庭成员为主要劳动力，从事农业规模化、集约化、商品化生产经营，且以此收入作为家庭收入主要来源的新型农业生产经营主体；但各地方在家庭农场实践中的认定标准却各有差异。基于此，有必要结合我国国情、区域农业经济发展水平和城镇化对家庭农场的内涵进行再认识。

2.2.2　家庭农场规模效率研究

（1）国外家庭农场规模效率研究

国外学者在家庭农场规模与效率问题上一直没有得到一致的结论。John Mailer、Michael P. Todaro、A.J.Rayner 和 David Colman 等认为经营规模与生产技术效率呈现出正相关。John Mailer（1990）认为，土地规模大小与农业生产效益的关系是密切的，但也和生产过程有直接关系，会随着生产过程而发生变化；但总体看，规模大取得的经济效益肯定比规模小的要大。Michael P. Todaro（1998）则认为，规模经营无论是对于发达国家还是欠发达国家而言，均是农业发展的基本方向，农业的专业程度与土地规模大小是直接相关的。A. J. Rayner 和 David Colman（2000）与前两位学者也持相同的观点，基于固定农业投资难以分离，随着生产规模的扩大其单位成本必然会下降，大的农户比小的农户更容易取得更多的收益。而 Bardhan（1973）利用近 1 000 个印度农场的数据进行分析发现，虽然以小麦为主的地区表现出规模收益不变，但在以水稻为主的地区，收益递减现象似乎普遍存在；但是，在水稻和小麦农业中，观察到的每英亩产量与规模之间的负相关，更可能是规模与其他投入间的负相关，而不是规模不经济的结果。且这种负相关结论在后续相关研究中被一些学者证实（Berry 和 Cline，1979；Carter，1984；Heltberg，1998）；特别是，舒尔茨（2000）认为，家庭农场经营的核心要素是人力资本，而不是土地规模，对农民进行教育提升其素质是关键。而土地规模、大型农具等生产要素投入，将会使得生产成本提升，如果规模超出了家庭农场的劳作范围，需要雇佣工人的时候，规模效益的边际递减现象就开始出现。波普金（1979）的观点也与舒尔茨相似，并不是规模越大就效益越高。此外，Hoque A.（1988）等的研究表明，家庭农场的规模与效率之间呈现出动态变化关系。Gorton 和 Davidova（2004）汇总了六个中欧和东欧国家的农业效率研究结果显示：家庭农场的规模和效率两者具有非线性的关系。当然，也有学者指出农场的适度规模可能会更有效，并非越大越好。Hall 和 LeVeen（1978）等在对加州（State of California）的家庭农场进行研究时发现，中等规模的农场更容易实现在特定产出中的投入最小化，特别是在节约成本等方面尤为突出。Hoque（1988）认为孟加拉国的家庭农场最佳规模是 7 英亩，一旦超出了这个规模其效率可能会出现相应下降。安妮・布思，等（1985）在研究中认为，家庭农场的经营规模必须要充分考虑其在相同投入下的单位产出率，农场规模偏大或偏小均不利于提升农场的产出率。

在众多学者关注土地规模与经济效益两者之间关系时，也有学者展开了对影响家庭农场规模的因素的探讨，如土壤质量、地区的经济环境、国家的土地制度及产权配置、农业技术、农场收入变化趋势、生产要素价格变化趋势等要素对家庭农场规模大小会产生影响。安德烈・齐摩尔曼（2009）等指出，农场的规模与集约化程度、专业化水平、机械化生产程度也有关系，世界上并没有一个统一的家庭农场规模模式，各国应该按照各自的自然条件和社会条件来发展家庭农场的具体模式。罗布・伯顿（2010）等指出，尽管农场规模被视为是农业现代化的标准之一，但家庭农场真正效益的取得并非全部依赖于土地规模之大小，还与农场主的勤奋程度、生产计划执行程度、土地流转速度等有着密切的关系。伊丽莎白・亨德森（2007）认为，家庭农场的规模与效益的关系并不绝对，必须还要考察一国的农业产业化发展程度。

（2）国内家庭农场规模效率研究

推进土地规模经营是必要的，这点大部分学者能够达成共识，但土地经营规模到底应该是多大，是否存在着规模报酬递增的规律却有着较大争议的。张忠明、钱文荣（2008）认为，就我国当前的农业生产技术、土地制度、资本投入等因素的限制，土地规模经济的效应几乎是难以存在的，而且就现有的研究看没有证据表明规模经营比小农户更具有单产优势或是生产要素节约的优势，甚至这两者之间是没有直接关系的。许庆等（2011）在实证研究中，通过翔实的数据，比较了在粮食总产规模不变的前提下，通过扩大土地面积对单产量的影响是负面的，不如小农户精耕细作带来的单产量高。李潇（2012）

对我国的土地流转效应分析发现，农村劳动力大量涌向非农部门，农业兼业化趋势明显的情况下，土地规模经营既是已有的客观规律，也是农业产业化发展的必然趋势。

随着家庭农场规模研究的深入，更多的学者从家庭农场土地规模之“度”和农户收入增加、作物产出率之间的关系展开了系列研究，并为实践中土地的规模经营提供一些理论上的支撑。如刘秋香等（1993）按照粮食产量、劳动力付出量、劳动报酬量、单位面积纯收入值等作为指标变量，对河南南阳地区的农地规模与产出关系进行了定量的研究，最后得出结论，在 1993 年的技术、资本和条件下，南阳地区的土地适度经营的最佳规模应该是 0.33～0.47 公顷。他们认为，适度规模是通过生产要素与土地面积的合理配置，通过经营投入和劳动力投入所能够获得最佳产出的最大土地面积。许治民（1994）采取抽样调查的方法，研究了安徽省霍邱县经营规模在 50 亩以上的种植户的生产数据，运用道格拉斯函数进行分析，最终发现，这些专业大户的经营规模所带来的效益只是相对的，按照生产要素的额投入情况，55～65 亩是最佳的土地规模，只有在这样的条件下，其规模经营才能取得最大的生产效益。张侠、葛向东、彭补拙（2002）在研究中选取的指标更多，包括经济发展水平，作物结构、集约化程度、劳动素质、农业技术等，将全国行政区划分了三类地区种类：耕地资源丰富的地区、耕地资源较少但工商业发达地区、耕地资源不足但经济落后地区，按照上述指标总结了不同地区的最佳规模数值。吕晨光、杨继瑞、谢菁（2013）的研究也比较具有特色，通过收集山西省 1991—2012 年的农业生产整体数据，按照成本 – 收益理论，设定了人均收入、劳动力付出量、现金支出、经营费用支出、生产资料支出等指标，分析了单位面积内的投入与产出的最佳搭配，最后得出结论是山西省的适度规模范围应是 0.227～0.428 公顷。倪国华、蔡昉（2015）则认为，适度规模的土地集中可以有效提升单位面积的产出率，也能够看到生产成本的明显降低，在当前城镇化快速发展的情况下，城市二、三次产业吸纳能力劳动力提升的前提下，实现适度规模来扩大土地规模效应是可能的，也是客观存在的。郜亮亮（2020）通过全国 31 省份家庭农场 5 年（2014—2018 年）监测数据进行全面分析发现：5 年间，家庭农场土地规模呈现出逐年上升态势，2018 年平均规模约 400 亩；农场的土地处于分割状态，且呈现出跨村跨镇经营趋势；2/3 的农场土地来源均为中介流转，且土地租金呈现逐年上涨态势；同时实际经营面积未能达到理想规模，多数家庭农场有缩小规模或保持规模不变的准备。这些研究为各地在推进土地规模经营方面的政策、激励措施等方面提供了理论支撑，也为后续研究的方法、思路、模式等提供了重要的借鉴参考。

农地规模的内涵问题关涉到家庭农场内涵式发展的核心问题，故此农地规模内涵的研究是对于家庭农场研究的意义非常重大。从学者们早期的研究看，农地规模的内涵主要是侧重于扩大农地规模上，认为只要扩大了农地规模就会明确农地内涵的实际内容。周诚（1995）认为农地规模的内涵体系在两个方面：第一，是尽量扩大农地的规模，保证规模效益要高于当地家庭的平均效益；第二，将农地集中在某些大户手中经营，可以提升农地单产量，进而提升农地总体产出效益。随着农地规模研究的不断深入，农地经营规模的内涵被逐渐丰富与发展。杨素群（1998）通过研究发现，农地规模的内涵并非一味扩大规模，而是一种适度式的，适度规模是其内涵的最佳选择，可以保证自然要素、生产要素对各类资源的组合与利用，能够保障在有限要素投入下获得经济利益的产出最大化。可见，这一概念的表述是从规模与效益的对比中去挖掘的，农地规模并不仅仅是土地面积的大小，更是劳动力、资金、技术等生产要素的规模配对，即要求投资额度、技术水平及劳动力人数需要与土地规模相匹配，可以追求适度规模下既可实现效应最大化，也能实现生产要素配置的最优化。

2.2.3 家庭农场发展影响因素研究

（1）国外家庭农场发展影响因素

1）聚焦家庭农场的内生需求方面的影响因素。Dolev（2010）指出在产业结构转型升级、农业技术不断发展、劳动生产效率逐渐提升的背景下，由于既有的资源禀赋受限，农户为更好实现生产效益的最大化，会主动寻求适合自身的发展模式，从而不断产生发展中的各类内生需求。包括经济周期（Anne Gadomski et al.，2005）、农业产品价格及其波动、农业产品流通（如产销信息与资源、物流状况与交易成本等）的渠道类型及其通畅程度、农业社会化服务体系的完善（Allen & Harris，2005；Nick Evans，2009；Gallego，J.R.，2010；Marsden et al.，1989；Blandford，2006）等。如 William P.Browne 和 Mark H.Lundgren（1987）的研究表明，农场互助组织对家庭农场发展过程中的自身利益保护、风险抵御有积极影响。众多研究表明，受到农业经营主体发展规律的影响，家庭农场对其规律有特殊的适应性，从而也促进了广大农户不断加入家庭农场的行列（张馨，2015）。

2）聚焦于家庭农场的制度与技术创新方面的影响因素。自科学技术是第一生产力（邓小平，1988）被提出以来，诸多经济组织都受到技术和制度创新的影响，家庭农场也不例外。Robert 和 Frank（2012）指出家庭农场的关键发展动力在于制度的创新；Hopper（2010）指出城镇化受到工业化进程的推动，促使了农村剩余劳动力的流动，从而带动了城市周边家庭农场的兴起；同时，众多研究发现，家庭农场在农地流转效率越高地区的发展活力也呈现出较高水平，如 Deininger（2001）研究指出，土地流转是家庭农场实现规模经营最有效率的一种形式。拉坦（1968）就对技术与制度变迁和经济发展三者间的关系进行了充分的论证。因此，在考虑制度创新对家庭农场影响的同时，技术创新也一直为学者们关注，研究显示：农业科学技术水平的发展与推广运用极大地加速了家庭农场的发展（W.Lesser，1990；Garcia－Martinez et al.，2008；Samilton，2014）。如 Radoje Nikolitch（1969）的研究证实，技术进步与家庭农场发展的耦合程度密切相关，影响并决定着家庭农场经营方式的选择。

3）聚焦于家庭农场相关政策方面的影响因素。家庭农场的相关政策在家庭农场发展中起着非常重要的引领作用，特别在发展的初期。众多文献从政策导向、政府补贴、产业结构调整、投融资机制等方面的相关政策来研究对家庭农场成长的影响发现，政府相关政策对农场成长具有直接或间接的促进作用。如，Woldehanna（2004）指出，农会、农业协会等组织受到欧盟政府的大力支持和鼓励，这些组织为家庭农场的产前、产中和产后服务，这在很大程度上激发广大农民的积极性，让其更专注于农业产品的生产；Mladenova（2005）指出要从完善农场配套服务和增加其商业化等方面来发展家庭农场；Bojnec（2006）指出，政策性对农场的支付补贴在某种程度上会降低从事农业的农户积极性，他强调农户的收入水平和政策补贴对农场经营起着决定性影响；Hennessy（2008）也同样发现，爱尔兰政府对农户分配在非农工作中的时间进行补贴支付的补贴政策致使其减少了农业劳动力，而非农劳动力产生了过剩；Ackrill（2007）对欧盟共同农业政策（CAP）进行研究时强调，应采用多元化类型来寻求农业农村发展新思路，多元的农场结构既要支持多功能农业形式的发展，也要兼顾政府补贴在家庭农场发展中的支持与保护；Rob J.F.Burtonetal（2005）和 Andrea Zimmermannetal（2009）研究发现经济、社会环境和政府支持力度能显著性影响家庭农场的规模化和集约化。

（2）国内家庭农场发展影响因素

1）聚焦于家庭农场相关政策方面的影响因素。相关政策因素对家庭农场的影响一直备受广大学者关注，主要体现在土地流转政策、立法规范、产权制度等方面。如，土地流转速度较低（汤文华，2013），立法欠规范、监管缺失与政策扶持欠精准（宋文轩，2014），经营中的产权制度保障缺位、相关制度有待健全（孙中华，2013），相关宏观政策及法律保障的深层次影响（周早弘，2015），登记制度、经营主体地位、财产属性、法律责任、征缴赋税等的合法权益未能有效保护（李双鹏，2014），政策支持、农业科技、经济与社会服务环境以及人才引进政策（吕惠明，2015；郭翔宇，2016），电商环境、政府重视度、农业标准及品牌建设与推广中的政策因素（林中等，2018），这些于家庭农场相关政策因素均在一定程度上会影响家庭农场的成长；从众多相关政策对家庭农场影响来看，随着农业现代化与乡村振兴战略的实施，在新时期对家庭农场发展的相关政策还有进一步研究和优化的空间，如何随着时代的变化来修正和完善相关政策，促进家庭农场高质量发展，可以在现有研究中找到较好的借鉴。

2）聚焦于家庭农场经营土地方面的影响因素。相关农场经营土地对家庭农场的影响主要集中在土地规模、土地权利、土地流转等方面。如，土地规模对家庭农场成长的促进作用（夏少清，1990；罗艳，2012；苏昕，2014，等），土地的承包权、使用权、所有权对家庭农场经营模式选择的影响（黎东升等，2000；田传浩，2004；张辉，2015），土地流转中的地租价格、流转方式（吕煜昕，2013；陈明鹤，2013；岳正华，2013；朱宇轩，2015），土地流转机制的规范（如纠纷调解、价格形成等等）（韩苏，2014），农地产权制度与市场化（流转市场、保险市场等）改革（郜亮亮，2020）；从这些研究中发现，对土地方面的影响因素研究基本指向均偏向于通过农地制度的改革，来化解农地的“碎片化”现象，使家庭农场的经营能达到集中连片、长期稳定的规模效用。

3）聚焦于家庭农场金融方面的影响因素。家庭农场经营离不开金融因素（黎东升，2000）家庭农户由于原始资金积累不足，往往制约着家庭农场经营模式的选择。现有金融方面的影响因素主要集中于资金来源、金融支持、风险防范等方面。如，民间借贷、亲友帮助、银行贷款、惠农补贴、政府买单等来补充家庭农场的资金不足（朱立志，2013；李友艺，2016），税收、财政、金融、保险等金融扶持与服务方面的相关扶持力度（赵海，2013；孙雯，2013；李善民，2014），农业经营的风险机制、农业保险保障（兰勇，2014，2015；刘凯，2015），融资担保与配套政策（任亚军等，2013），甚至是信贷、保险和期货等多元的金融支持体系（兰勇、周孟亮等，2015），相关研究对家庭农场金融影响因素提供了重要的参考。

4）聚焦于家庭农场社会化服务方面的影响因素。家庭农场的发展离不开社会化服务的支持，因此，社会化服务体系的构建也成为众多学者关注的焦点。关付新（2005）就从农合组织、涉农企业与科研院所、政府公共服务等方面为农业经营主体提供必要的服务提出了较好的建议。赵维清（2012）先后从创新农业社会化服务的实现方式和服务水平方面进行了较为深入的探讨；孔祥智等（2013）则从民间、政府、龙头企业、农口的外围部门等服务主体提出了社会化服务体系构建的设想；沈茹（2014）认为要重视政府对市场主体的引导作用，促进市场更好服务农业经济组织；胡宜挺（2014）则从网络平台搭建角度，提出要构建农业信息的收集、发布平台，完善乡村网络建设；骆乐（2015）则通过对日本家庭农场的分析指出系统化的农协网对家庭农场的影响。

5）聚焦于家庭农场主素质方面的影响因素。舒尔茨（1997）认为农民能力对解释农业生产的增长率与增长量之间的异同时至关重要，因此，农场主与家庭成员的素质对家庭农场发展具有重要的影响。S. Dogliottietal（2006）指出农场主的整体素质和拥有的资源对家庭农场的发展模式具有决定性影响。Wolf（2008）等则从现代农业经营的准入制度来提升家庭农场主及家庭成员的文化素质提出了较好的建议。黄桂地（2010）通过对上海松江家庭农场的研究，指出规范土地流转机制、探索多元化粮食生产发展模式、提高家庭农场经营者的整体素质等是未来家庭农场提升的方向。近年来，关于农民素质提升工程一直受到政府的重视，如，通过新型职业农民培育（朱启臻，2013；费强，2014）、职业技能培训（郑佳等，2011）等方式来提升农场主的素质。汤文华（2013）从完善农民教育网络方面认为通过农场主的培育可促进农场发展；于传岗（2013）则从农场主素质化的角度提出了中国家庭农场的标准；张学艳（2015）则提出让高学历的农场主更多选择与其他社会经济组织进行合作经营。同时，从已有研究中发现，农场主具体素质主要包括：学历、务工（商）经历、体力、经验、管理能力等方面（陈超、周宁，2007；李明贤、樊英，2013；邱江等，2016；杨光龙、黄玉芳，2020）。

2.2.4　家庭农场发展的国际经验借鉴

家庭农场起源于欧美，其发展理论与实践在农业相对发达的国家已较为成熟，因此，一直以来，国外的理论与实践经验成为国内学者借鉴的重点内容。例如，方康云（2001）对俄罗斯的家庭农场进行了全面分析，并探讨了其家庭农场发展与俄罗斯政策变化之间的关系。朱博文（2004）从美国、日本、法国三个国家的家庭农场历史发展及现状模式出发，分析了三个国家在政策支持、法律供给、财政补贴等方面的经验。周忠丽、夏英（2014）分析了加拿大、美国等典型国家在家庭农场经营过程中经历的经验与教训，认为我国应在认定标准、土地流转、农业补贴以及科技化和机械化经营方面给予家庭农场更多支持。朱学新（2013）分析了法国家庭农场的发展经验，并提出了从政策支持、社会化服务体系建立等方面的经验借鉴。滕明雨、张磊、李敏（2013）从考察了美国、法国、加拿大等国家的发展经验，提出了我国家庭农场发展需要从法律制度、金融财税、土地流转等方面强化支持。杨大蓉（2014）基于美国、丹麦、加拿大、以色列等国的发展经验，对江苏家庭农场发展提出了建设性建议。杜志雄、肖卫东（2014）分析了美国、日本、法国等家庭农场，提出我国家庭农场需要从政策和制度环境等方面予以支持。沈琼（2014）从政府支持政策、农地产权、农业科技、中介组织等方面总结了美国、日本、法国家庭农场的发展经验。孟莉娟（2015）分析了美国、日本、韩国等国家在集约化、商品化、产业化等方面的经验。何劲、熊学萍、宋金田（2014）分析了日本、法国等三个国家在家庭农场取得的成就，特别是日本在东亚小农传统中得以发展，对我国有较大的借鉴力度。因此，我国应从规范农场用地流转市场，加大科技投入和政策支持力度。曹立杰、徐振宇、胡俞越（2016）从政策、法律、中介组织等方面总结了欧美、日韩等国家家庭农场的发展经验，认为我国家庭农场成长也需要从这些方面加以借鉴。王晓敏、邓春景、王雪钢（2016）按照自然禀赋将国外家庭农场分为三类：资源丰富型（美国、加拿大）、资源一般型（法国、德国）、资源匮乏型（以色列、日本），分别总结了三种不同类型家庭农场发展对国内家庭农场的借鉴性。肖娥芳（2017）也分别美国、法国和日韩为代表对“大规模”“中等规模”和“较小规模”等三大成功模式及发展阶段进行了梳理，并就中国的家庭农场高质量成长提供了较好的借鉴。

2.2.5 家庭农场发展对策研究

1）土地流转制度建设方面。家庭农场不同于普通农户经营，其需要土地的适度规模，必须要求土地要适当集中，要促进土地集中就必须要有适当的制度支持及配套。郭正模（2013）认为，土地流转会直接作用家庭农场成长，要保证农场的长远发展就必须有稳定的土地流转制度，从而遏制家庭农场主的短期投机行为。因此，只有在当前“三权分置”的情况下，推进土地确权体系，明确所有权、稳定承包权、盘活经营权的基础上，为土地流转和家庭农场发展创造条件。刘灵辉、郑耀群（2016）认为，“地从哪来”是家庭农场成长必须解决的首要问题，且必须满足集中成片、持续稳定、适度规模等三个条件。陈明鹤（2016）通过实证的方式考察了辽宁省家庭农场的土地流转情况，发现了不同地方的土地流转政策对土地流转过程有直接影响，有的地方政策甚至是违法的，但家庭农场经营者并没有看到其中的隐忧，为此他提出了辽宁省不同地区的土地流转对策。杨晓（2015）通过分析山东省莱芜市土地流转的 3 种模式以及在这 3 种模式下家庭农场发展的规模效益，通过对比发现，土地流转模式直接影响了家庭农场的适度规模，为此，他提出了要围绕 3 种模式的优劣，综合构建莱芜市家庭农场的土地流转机制。周娟、姜权权（2015）基于湖北黄陂的家庭农场土地流转个案，分析发现外部村庄进入的经营主体在流转土地时会付出较高的交易、社会成本，从而增加其经营过程中的风险；如能得到政府支持的外来经营主体则可能会对村庄内的家庭农场产生空间和社会性挤兑。

2）社会化服务体系建设方面。整体看，家庭农场的社会化服务体系仍不健全，产前、中、后三阶段的服务体系结构简单，无法系统化。为此，很多学者提出了各自的主张和对策。杨汇泉、朱启臻、梁怡（2011）认为，可以通过分类构建社会化服务体系，创新其管理体制，弱化其行政色彩，才能够根本推进该体系的完善。李容容、罗小锋、薛龙飞（2015）通过对浙江家庭农场的社会化服务体系调研发现，家庭农场的社会服务体系有三种形态：政府提供型、事业单位提供型、企业提供型，但三种类型之间的竞争关系激烈，体制不明，因此，他们建议，按照不同的服务类型归属分别完善不同类型的社会化服务体系的管理，分类提供服务，减少恶性竞争问题。陈骐、王小朋、郑彬（2015）认为家庭农场成长的关键环节在于农机社会化服务，其是提升家庭农场生产率及降低生产成本的关键途径；但我国目前农机社会化服务体系规模小、制度不健全、信息不对称等问题突出，需要建立全国性信息平台，通过财政补贴方式促进农机社会化服务体系的发展。孔祥智（2013）指出可以从土地流转服务平台建设、土地流转合同管理以及扩展服务范围等方面来重构农业社会化服务体系。

3）金融、财税及法律支持方面。家庭农场发展需要得到的支持政策虽然是多元的，但更重要还是集中在金融、财税及法律支持等方面。张帅梁（2015）认为，家庭农场作为一种新型组织形态，目前并未形成统一立法。邵桦毅

（2014）认为，家庭农场当前在我国法律地位尚待明确、登记制度面临着无法可依的局面、内部治理结构有待进一步清晰、退出和监管机制缺位，建议全国人大常委会尽快出台“家庭农场法”，明确其法律地位，规范其权属关系，保证其利益。兰勇、周孟亮、易朝辉（2015）认为，家庭农场作为农业现代化的载体，但当前的金融制度无法满足其发展要求，信贷支持严重不足，农业保险和农产品期货发展滞后，需要完善以家庭农场金融支持为目标的信贷、保险和期货体系。吴婷婷、余波（2014）以江苏南通市家庭农场个案，分析了南通市的金融支持问题，如贷款额度和期限无法与其生产匹配、贷款的程序相对较为复杂、内容单一等，并就相应问题提出了具体的改进建议。江维国（2014）在分析金融支持对农场成长的重要性与必要性的基础上，从信贷、保险、财税、财务规范等多个方面构建全面的支持体系。

4）现代家庭农场主的培育方面。农场主是家庭农场的关键核心人物，其素质的高度及职业化程度，对家庭农场成长具有重要影响。赵维清（2014）认为，政府的支持政策中应该拿出部分经费专门用于农场主的培育，各农业院校、职业学校要建立起培育体系；鼓励大中专毕业生踏入农村，实施农场创业等，认为只有加快农场主的培育，家庭农场高质量发展才有保障。刘雪梅（2013）认为，需要从人力资源角度来培养一批文化素质高、技术能力强、经营理念先进、市场意识敏锐、管理水平科学的现代农场主的学习计划和实践方案。郑江平等（2010）对松江区培育农场主的做法和经验，指出其培育的手段内容单一、培养目标不明确等问题，并提出了具体的对策建议。樊英（2014）在研究中，分析了日本、美国、德国等发达国家职业农民和农场主培养的具体经验，提出了我国职业农民和农场主培育的具体框架，包括培育体系、培育内容、政策支持，并从提高培育对象自身实力、提升农业院校的教学水平、营造职业农民和农场主外部环境等方面提出相应政策建议。鲍文、张恒（2015）指出政府层面要创造好外部发展环境、家庭农场层面要展现自身的竞争力，从而不断培养农场主的企业家才能。

2.2.6 文献评析

现有理论基础和相关研究成果对研究浙江省家庭农场的发展无疑具有重要的理论与现实参考价值；但仍存在一些不足：（1）缺乏从系统的学科视角对家庭农场进行理论及实践研究。现有国内外文献虽然从不同视角和不同维度对家庭农场的发展展开了一系列研究，但相对家庭农场发展的全局性、层次性和系统性仍显不足，迫切需要采用新的理论对家庭农场成长进行深入系统的探讨。（2）缺乏对家庭农场内在发展动力的实证研究和典型个案研究。现有研究虽然对家庭农场发展的影响因素进行了大量探讨，但未能将这些因素及因素之间究竟如何影响家庭农场成长，其间的相互作用机理如何，并未深入探讨，导致家庭农场发展动力不足，无论是从实证进行的规范研究还是典型个案的讨论均显不足。（3）缺乏针对性的政策指向。现有文献虽然对家庭农场发展的相关政策制定具有一定的借鉴作用，但由于地域、经营模式与农场间差异性的存在，导致政策指向较为宽泛，且同样存在“头痛医头、脚痛医脚”的尴尬局面，缺乏针对性和精准性；同时虽有一些直接针对某一类型或某一地域的家庭农场的研究，但这些研究由于系统性不足导致了政策指向的片面性。

因此，抓住乡村振兴战略深入实施与推进的机遇，以新型农业主体培育为契机推动浙江省家庭农场内涵式发展是解决乡村产业延伸、农民增收就业最好的尝试。鉴于现有研究的不足，本研究试图对其进行补充和完善：首先，全面准确识别家庭农场发展要素的构成的基础上，从内涵式发展的视角构建家庭农场内涵式发展的理论框架。突破现有理论的不足，弥补现有研究的碎片化特征的缺陷，在深入剖析内涵式发展要素的存在性及其对家庭农场内涵式发展的深层次影响的基础上，考察和描述现阶段存在哪些形式的要素构成，定量识别和检验家庭农场“自然”“经济”“社会”“人力”等资源积累，“产业资源”“服务资源”等外在资源获取和“运营管理能力”“机会相关能力”等创业能力等家庭农场内涵式发展要素，从而构建全面的家庭农场内涵式发展要素框架。其次，从发展要素对农场经营绩效影响的直接和间接角度深入探讨内涵式发展的内在机理。弥补现有文献分散研究的不足，在家庭农场内涵式发展机理框架下，系统考察发展要素在农场经营绩效之间的作用关系及其相互内在作用机理。最后，对传统农场发展的政策制度及现有发展模式进行反思。针对家庭农场内涵式发展政策指向不强、精准性不足等，在乡村振兴视野下全面构建家庭农场内涵式发展的政策框架，从全域性、科学性与适应性等方面全面完善现有政策体系，是亟需深度探究的问题。

第3章

浙江省家庭农场发展历程及面临的挑战

随着农业现代化和乡村振兴战略逐步深入，浙江家庭农场的发展迎来了前所未有的机遇，但也面临着诸多的挑战。本章在对浙江省家庭农场的产生与发展历程进行了全面梳理基础上，就浙江省家庭农场成长中面临的社会经济和制度环境等基础进行考察，剖析浙江家庭农场成长的现状与特征，试图找出了浙江家庭农场发展中面临的现实困境。

3.1 浙江省家庭农场产生与发展历程

（1）探索阶段

80 年代初至 20 世纪末。家庭农场是土地流转的基础上形成的。政府为了解决国营农场的经营困境，在 1983 年发布的《关于完善农垦企业联产承包经济责任制的若干意见》指出“农垦企业要吸取农村联产承包制的经验，结合自己的特点，实行多种形式的联产承包责任制”；在 1984 年，中央 1 号文件就明确的“鼓励土地逐步向种田能手集中”，这进一步使家庭承包经营制度初步确定；随后，1987 年农业部首次开展农村改革试验区活动，1993 年的中央 11 号文中又一次明确“土地承包期再延长 30 年”，1995 年农业部的《关于稳定和完善土地承包关系意见的通知》明确指出“建立土地承包经营权流转机制。”在该时期内，家庭农场开始在全国范围内呈现出探索前行的势头。敢于尝试的浙江人，一向具有敏锐的市场捕捉能力，早在 1985 年注册的慈溪市横河镇苗圃，就成为浙江省第一家农业法人实体，也是浙江省最初家庭农场的雏形（黄平等，2014）。

（2）起步阶段

2000 年至 2009 年。在此期间，土地承包经营权的流转得到了中共中央的大力支持与鼓励，相关的管理、服务与市场机制初步建立，适度规模经营得到了进一步的保障，大量家庭农场也初现规模；同时，随着一系列涉农政策文件的出台，规模化、产业化发展使一批新型农业经营主体获得了较好的政策红利，进一步鼓励和加速了家庭农场的发展。2001 年 7 月 9 日，慈溪市周港镇建鸿果蔬农场正式经过工商注册成为浙江省第一家家庭农场。随后，浙江省家庭农场从慈溪市起步，无论是从注册的农场数量、经营规模、还是与家庭农场相关的配套服务等均得到了较快的发展。

（3）快速发展阶段

2009 年至 2015 年。在此期间，浙江省家庭农场无论从农场规模、土地流转，还是从经营收入等方面来看，我省家庭得到了快速发展。特别是 2013、2014 连续两年中央 1 号文件指出发展适度规模化家庭农场以来，各地政府纷纷制定家庭农场的相关政策，农业主体表现出极大的热情，家庭农场如雨后春笋般在各地兴起，2013 年年底登记注册的家庭农场 9 401 家，2014 年年底登记注册的家庭农场 17 955 家，2015 年年底已登记注册家庭农场高约 23 717 家；同时，2015 年发布的《中国家庭农场监测报告》显示：我国家庭农场已经进入稳定发展期。

（4）转型升级阶段

2016 年起。随着农业供给侧改革的深入，习近平总书记多次强调“走内涵式现代农业发展道路”，浙江省家庭农场数量的非正常“井喷式”增长背后必然会转向提质增效的内涵式发展。杜志雄，肖卫东（2015）在《家庭农场发展现状及前瞻（2014－2015）》一文中提出，有两种现象需要高度警惕：一是忽视地方经济社会现状，盲目追求数量和形式，将家庭农场发展视为政绩，并对其进行不科学的考核；二是农业企业、合作社翻牌“变身”为家庭农场，这有违于发展家庭农场的初衷。同时，农业产业需要在经营模式、经营手段、经营功能和经营结构等方面转型升级，因此在这一背景下，家庭农场迫切需要发挥好“互联网+”进行多元化发展，利用好机械化农业、智慧农业等先进技术与理念，不断拓展农场功能与发展模式，如向休闲农业、旅游农业拓展、全面采取种养、种养休闲、生产加工等多种方式相结合，甚至可以考虑在自身产业链上进行延伸发展。

3.2 浙江省家庭农场发展的基础

3.2.1 浙江省家庭农场发展的社会经济基础[①]

浙江素有“鱼米之乡，丝绸之府，文物之邦，旅游之地”之称，地处我国东南沿海，位于太湖之南，东海之滨，大陆海岸线 1 840 公里。境内有一条最大的河流——钱塘江，因江河曲折，故称浙江。全省陆地总面积 10.18 万平方公里，约占全国的 1.06%，是面积较少的一个省份。其中：山地和丘陵占 70.4%，平原和盆地占 23.2%，河流和湖泊占 6.4%，耕地面积仅 208.17 万公顷，地貌结构为“七山一水二分田”，农业土地资源较为匮乏。

浙江气候多样，种质资源丰富，是农、林、牧、渔各业全面发展的综合性农区，历史上孕育了以河姆渡文化、良渚文化为代表的农业文化。主要产业有粮油、畜禽、蔬菜、茶叶、果品、茧丝绸、食用菌、花卉、中药材等。一直以来，历届省委、省政府都高度重视农业发展，积极推进农业市场化改革，深入实施统筹城乡发展方略，农业农村经济呈现了持续快速发展的态势。2015 年，全省农林牧渔业总产值 2 932.3 亿元，实现增加值 1 865.2 亿元；农村居民人均纯收入 21 125 元，连续 31 年列各省区第 1 位。

产业门类齐全、特色产品丰富。拥有适宜的气候环境、多样性的生物种类，主要产业有粮油、畜禽、渔业、蔬菜、茶叶、果品、食用菌、花卉等，茶叶、蚕桑、蜂、食用菌等特色产品多，在全国都占有较大份额。

农业资源禀赋少、生产水平较高。人均耕地不足 0.5 亩，2015 年，粮食播种面积 1 916.7 万亩，产量 150.4 亿斤。单季晚稻最高亩产达 934.5 公斤。据测算，浙江以占全国 1.1%的国土、1.3%的耕地，创造了全国 6.3%的 GDP、3.1%的农业增加值。

农业市场化程度高、经营机制灵活。全省现有农民专业合作社 4 万多家，年销售收入亿元以上的农业企业 648 家；土地流转面积 955 万亩以上，约占总承包耕地的 50.1%。2015 年全省工商企业投资开发农业 158 亿元。

农村居民收入高、农村集体经济强。2015 年农村居民人均纯收入 21 125 元，连续 31 年列各省区第 1 位。全省界定村股份经济合作社股东 3 568.48 万

① 根据浙江省农业厅网站介绍改动

个，量化资产 1 159.6 亿元，实现村级集体经济总收入 348 亿元，增长 2.4%左右。

3.2.2　浙江省家庭农场发展的制度环境基础

（1）土地流转不断得到规范

为提升家庭农场的规模效应，浙江省先后发布了农村土地流转、农村土地承包制度、农村土地经营权等相关意见与制度，并对土地承包经营权流转合同文本的格式进行了统一，这为规范土地有序流转、完善经营权权能、促进规模经营与农业现代化等方面提供了有力支撑。同时，各地也出台土地流转激励政策，流转服务组织基本进行全域覆盖，加强信息服务，推动流转土地向大户、家庭农场集中，并通过碎片土地重整、推进土地连片集中流转。至 2017 年底，全省流入家庭农场的耕地面积 182.77 万亩。

（2）政策体系不断得到健全

为优化家庭农场发展的制度环境，浙江省先后发布了培育新型农业经营主体及支持其发展的政策体系等实施意见、家庭农场登记办法与培育实施意见等。通过政策引导和钱、地、人、信息等方面的扶持，使大量专业大户、合作社社员农户、农村能人、纯农户、大中专毕业生等不断从事家庭农场创业。相关数据显示[①]：自 2011 年始，对从事现代农业且符合条件的大学毕业生给予每人每年适当补贴：欠发达地区 1 万元、其他地区 0.5 万元，连续补 3 年；2018 年对该标准又进一步上调；2014 年家庭农场登记注册为个体工商户、个人独资企业，有限责任公司、普通合伙企业的比例分别为：78.4%、17.9%、3.3%、和 0.4%；2017 年全省 2 026 家家庭农场共获得财政扶持资金 17 548 万元。

（3）示范引领工作得到有序推进

为引领家庭农场的发展方向，浙江省不断完善了示范性家庭农场创建办法，按照“有资质、有技能、有规模、有设施、有规范、有效益”的创建要求，每年认定一批省级示范性家庭农场，不断强化示范性农场的名录管理，引领家庭农场朝种养结合、生态循环、绿色发展方向转型升级。同时，各地政府也相应发布支持家庭农场发展的政策性文件，并从土地规模、

---

① 来自网络数据搜集。http://www.zcggs.moa.gov.cn/jtncpyfz/201905/t20190521_6313040.htm，浙江省多措并举培育家庭农场；https://www.tuliu.com/read-36016.html，浙江省家庭农场扶持政策及发展情况

生产规范、经营效益等方面引导家庭农场提高生产经营水平，促使家庭农场全面推行标准化生产，完善生产档案制度，建立可追溯体系。截至2018年11月，全省共有省级示范性家庭农场1 204家，县级以上示范性家庭农场3 432家①。

（4）指导服务工作得到不断强化

针对家庭农场发展过程中的困境，浙江省不断优化相关指导服务工作，排除家庭农场发展中的困难。如，对家庭农场贷款难问题，制定和完善了农村土地经营权抵押贷款工作的意见及流转土地经营权登记管理办法。据统计，截至2017年底，10个试点县共记录经营权抵押登记土地3 649宗、登记面积26.64万亩、贷款21.1亿元。针对农产品保险制度缺失，衢州市开展家庭农场综合保险试点，累计为565家示范性家庭农场进行保险，涉及农业设施设备、家庭财产、人身意外、贷款保证、收入等保险内容。针对相关指导、扶持与服务中的不足，在家庭农场中推行规模化、专业化、标准化生产，推广应用先进种养模式和适用技术，实行生产、品牌、财务等方面的管理服务，提高产品质量和生产经营水平。选取适当区域开展农牧结合、生态循环家庭农场培育试点工作，按200亩左右粮田配套2～3亩土地、存栏生猪500头养殖规模，通过定量规划、定向招标、定额扶持方式组建家庭农场（郑娟、张玉洁，2015）。

（5）经营模式与社会组织得以创新完善

引导家庭农场可通过资金参股、承接订单等形式与农民专业合作社、农业龙头企业有效对接，推广“公司+基地+家庭农场”“公司+合作社+家庭农场+农户”等经营模式。2018年2月，由25家规模均在100亩以上的种粮家庭农场联合组建的衢州全旺道米家庭农场专业合作社，为家庭农场联合组建合作社开辟了新路径②。同时，通过农协会、联合会等社会组织的成立，对家庭农场社会服务组织不断创新。如海盐县万好蔬菜农民专业合作社流转土地5 000余亩，引导成员创办家庭农场15个，吸收加盟家庭农场23个，带动非成员农户2.6万户，核心示范基地面积1 500亩，种植面积3.8万亩，打造从生产到消费的全产业链生产模式。

① 数据引自于浙江省农业农村厅.浙江多措并举培育家庭农场［J］. 农村经营管理，2019（3）.

② 数据引自于浙江省农业农村厅.浙江多措并举培育家庭农场［J］. 农村经营管理，2019（3）.

3.3　浙江省家庭农场发展现状与特征

3.3.1　浙江省家庭农场发展现状

根据浙江省农业厅关于家庭农场的统计数据表明（如表 3－1 所示），浙江省家庭农场数量呈现出快速增长态势，从 2013 年的 9 401 家增长到 2018 年 36 417 家，增长了接近 4 倍。可见，家庭农场在浙江的发展呈现出较好态势，具体情况分析如下。

表 3－1　2013—2018 年浙江省家庭农场工商注册数据

年	工商注册/家	种植业/%	畜牧业/%	渔业/%	种养结合/%	其他类型/%	平均家庭劳动力数	平均经营面积/亩	平均销售总值/万元
2013	9 401	65.2	9.9	7.5	9.8	7.7	2.54	142.6	93.67
2014	17 955	69.6	8.3	6.6	8.8	6.7	2.55	106.1	60.68
2016	29 172	67.8	7.1	6.4	11.0	7.7	4	89.2	46.9
2018	36 417	—	—	—	—	—	3	79.5	44.7

注：2018 年数据截至 2018 年 6 月，同时由于家庭农场经营类型在近年实践中更多采用多元结合的方式，所以在 2018 年数据中没有做严格区分。

（1）家庭农场注册数量分析

通过 2013—2018 年的数据显示，2014 年家庭农场数量是 2013 年数量的近一倍。2013 年已注册家庭农场不足一万个，2014 年增长为 17 955 个，2016 年增长为 29 172 个，截至 2018 年 6 月，浙江省共有 36 417 家，可见，浙江省家庭农场注册数量增长势头迅猛，近 5 年间增长率高达 300%。

（2）家庭农场经营类型分析

从浙江省家庭农场经营类型的分布来看，家庭农场经营类型呈现出较多元的变化，特别是对种养结合型家庭农场，近年来发展较好。数据显示，种植业一直在浙江家庭农场中占较大比例，虽然在近 5 年间的占比稍微有些变化，但从整体来看种植业还是现有家庭农场的主要类型；畜牧业的家庭农场在近年呈现出较大的下降趋势，从 2013 年的 9.9%下降至 2016 年的 7.1%，这可能与行业对畜牧业的要求门槛较高，同时需要有较强的控风险能力等有关系；渔业家庭农场近年基本趋于稳定，虽在 2013 年至 2014 年间有所下降，但基本稳定在 6.0%以上；种养结合家庭农场在近年来家庭农场数量中呈现出较大增长，虽在 2014 年略有下降，但到 2016 年却上升至 11%，这也可以看出，家庭农场在经营的产品结构方面发生了一些变化；其他类型家庭农场由 2013 年的 7.7%下降为 2014 年的 6.7%后又上升至 2016 年的 7.7%；由于 2018 年统计口径上没能找到类型占比，这也可能与家庭农场的经营类型多元化有关。可见近年来随着家庭农场的深耕发展，从单一类型可能开始向多元化类型进行延伸。

（3）家庭农场经营状况分析

家庭成员劳动力数量情况：2014 年的 2.55 人左右，与 2013 年的 2.54 人相当，虽然 2016 年在 4 人左右，但到 2018 年基本又回归至 3 人；家庭农场平均经营面积：2014 年为 106.1 亩，比 2013 的 142.6 亩有较大下降，近年来通过不断对家庭农场规模的调整，基本实现了适度规模的状态，至 2018 年家庭农场的平均经营面积在 80 亩左右；家庭农场销售产品总值在近年间呈现出下降态势，从 2013 年平均 93.67 万下降为 2018 年的 44.7 万元，这可能与农场平均经营规模的下降有关，但也足以看出家庭农场在近年转型升级中可能存在诸多发展中的瓶颈。

3.3.2 浙江省家庭农场发展的特征

近年来，随着家庭农场在浙江乡村的不断壮大，家庭农场对农业转型、乡村改造、设施配套、生态治理、文化复兴等方面作出了较大的贡献，为我省现代农业的发展提供了有力支撑，并形成了浙江家庭农场较为鲜明的特征。

（1）家庭农场经营的主体特征。近年来，越来越多的农户加入农场创业中，调研发现农场创业主体中，创业成功的农场主基本具有以下特征：一是系农情结，农场主基本了解农业特点、农村情况和农民特征，对乡村有着特殊的系农情结；二是扎农情怀，农场主深知农业投资的高门槛、长周期、大风险，但更看重其广阔的前景，往往不太注重当下的利益，这些农场主基本有着一种扎根农村的情怀；三是惠农情义，农场主基本认为农场创业离不开当地农民，只有通过潜移默化的组织农民、富裕农民，让农场与农民形成利益共同体，才能实现农场与农民的共存共赢的长期发展。

（2）家庭农场经营的路径特征。家庭农场经营的路径主要有三种：一是以土地经营者的角色直接从农民手中租用土地，或者采取土地反租倒包的形式，从村集体组织中承包土地，然后再配置劳动力等生产要素，进行规模化种养殖活动；二是以间接方式进入农业生产环节，主要有“公司+农场”“合作社+农场”等形式；三是通过参与农村产业融合发展，在农村发展一、二、三产业及多种新产业新业态。他们通过以上三种路径，对农村土地和劳动力等生产要素进行重新整合，并引入现代化生产和管理方式，实施改造传统农业，达到发展现代农业的效果。

（3）家庭农场经营的模式特征。家庭农场在经营特征集中体现在以下四个方面：一是经营品牌化。在所调研的农场中，基本全部注册了自己的产品商标，并形成了一定的区域品牌，有效提升了产品附加值。二是产业特色化。绝大多数家庭农场都专注于发展休闲农业、绿特产业，有别于普通农户的传统作物种植，如安吉鲁家村的 18 个家庭农场，根据区域功能划分，量身定制各自的面积、风格、位置、功能等，分别以野山茶、特种野山羊、蔬菜果园、绿化苗木、药材等产业为主，没有一家重复，这是鲁家村家庭农场的特色。三是定位差异化。家庭农场的产品根据不同消费群体进行差异化定位。四是营销电商化。大多数家庭农场利用电子商务，打破了农产品“出不去”“走不远”的局面。如丽水市建设了市－县－乡（镇）－村四级农村电商服务网络，实现了全市农村电商服务的全覆盖，有效地解决了家庭农场产品的销售问题。

（4）家庭农场发展的融合特征。随着浙江家庭农场转型升级的深化发展，家庭农场在积极发挥自身优势的基础上，以专业化、规模化、商品化的生产经营方式克服了家庭经营中低、小、散的弊端。同时，不断融合当地农业产业资源，不断创新家庭农场的发展模式，逐渐形成了“家庭农场+”的融合发展趋势，这种融合发展趋势主要是家庭农场与“合作社、农业公司或龙头企业、市场（商超）、其他农合组织等，以及互联网和新型科技服务公司等”以各种形式组合在一起的一种融合发展模式，将家庭农场融合到“家庭农场+”的农业产业链中，运用现代科技和扩大经营规模来提高家庭农场的经济效益和市场化程度，既可兼顾多方的利益，又有助于实现农业全产业链的形成，从而加快实现农业现代化发展。如江山蜜蜂全产业链、黄岩区水果产业全产业链等省农业示范性全产业链；西湖区通过引入专业机构，把这些土地复耕，打造成为集种植、休闲、观光、体验为一体的“农业体验观光区”；湖州的田版里乡村休闲项目，将形成“渔、耕、乐”三大主题区域，建成一个全新的“农业+旅游综合体”项目等。

3.4 浙江省家庭农场发展现实困境

从调研过程中的结果显示，浙江省家庭农场的发展在推进乡村振兴中虽然带来诸多利好，但在经营过程中仍受到资源、经营水平、社会服务和政策规范等方面的制约。

3.4.1 家庭农场发展的资源受限

从众多的研究文献和实际调研中发现，浙江省家庭农场在发展中主要受限资源是土地、资金、劳动力等。具体表现如下：

（1）土地是家庭农场开展经营活动的根本保障，虽然浙江省土地流转制度得到不断完善，规模也得到了较大的优化，但从目前的状况来看，效果并不太理想，根据浙江省 2014 年对浙江家庭农场的统计调查结果表明，经营规模的最大值是 1 300.5 亩，最小值为 69.0 亩，平均经营规模是 225.0 亩。近年来，随着土地流转政策的不断完善，但仍有很多家庭农场在发展中土地流转年限不稳定，价格水涨船高，特别是流转过程中出现的碎片化依然存在。调查显示，2013—2015 年间的土地流转租金每年将近 10%左右的涨幅，同时在接受调查的家庭农场中，以土地流转“集中连片难”和“价格上涨快”的农场主占比 43.1%，以“土地流转难”“流转周期短”的占比在 29%左右，有将近 56%的家庭农场反映存在临时用地审批困难、设施用地跟不上等问题。可见，土地流转机制仍有待进一步优化，土地要素依然是制约了浙江家庭农场规模扩张的重要因素。

（2）资金是家庭农场从事经营活动的必要条件。目前，由于农业投资周期长、见效慢、资金周转慢，致使金融机构不愿为其提供融资服务，家庭农场贷款乏力；同时，由于农村土地确权制度并未全面展开，农场主缺乏相应抵押担保物品，考量到贷款风险问题，农村贷款机构对家庭农场融资的并不会积极响应。据浙江家庭农场融资渠道调查的结果显示，76%的家庭农场主要从农村信用社进行融资，而 18%的家庭农场主要靠从民间借贷。在接受项目调查的家庭农场中有 88.2%的农场主有过借款经历，其借款途径主要从信用社、亲友、银行和民间借贷等渠道解决，其占比分别 60.2%、31.4%、20.3%和 18.4%。其中，70.1%的农场主认为在银行贷款中面临授信担保难、贷款额度受限、贷款手续复杂等诸多困境。

（3）临时性用工是季节性经营中的最大障碍。由于农业生产的季节性较强，而近年来农村劳动力大量外流，致使农场在一些季节性生产活动中用工短缺，延误生产活动，影响其效益。大量资料和调查显示，在临时性用工强度大时，即使以高倍数工资也很难找到合适的劳动力。有关调查数据显示：临时性用工大概 4～20 人，平均以 160 元/人/天；而有 80.5%的农场主表示“找不到好的工人”，56.8%的农场主表示“工人坐地要价”；也有少部分农场主表示“用工年龄偏大”和“技术性用工人员流动太快”（张世云、龙文军、刘洋，2016）。

3.4.2　家庭农场的经营水平不高

从调研结果来看，浙江省家庭农场在经营中普遍存在创业能力不足和技术水平亟待提升等，这严重制约了家庭农场的转型升级。

（1）创业能力是家庭农场经营中不可或缺的重要能力。家庭农场在从无到有、从小到大、从弱到强的成长过程中，需要具备一定的创业知识、创业技能和创业精神，以提升其经营过程中相关信息的获取、决策和计划的有效制订等能力，解决发展中的一些瓶颈问题，促进家庭农场提升经营效率并增加收入。相关调研发现，接受调查的家庭农场中有 80%的农场主普遍存在创业能力不足问题，其中 35.1%的农场主从未参加过相关创业培训，经营中决策与计划等创业能力均来自实践，而只有 25.6%的农场主参加过政府组织的一些创业培训、职业农民培训等。同时，调研发现，很多农场主均有各自的强项，有些依靠经验积累将农场做大，也有些靠市场化运作来提升自己产品的价格，可见，家庭农场经营中的能力需求确实非一般务农者所能胜任的。

（2）技术水平是提升家庭农场经营效率的有效手段。家庭农场经营除了具备一定的创业能力外，还需要能与之发展相匹配的技术，然而，当下农村大量会管理、懂技术的精英向城镇转移，家庭农场整体文化水平有待提升，先进农业生产技术掌握仍显不足，在一定程度上制约了家庭农场的规模化和集约化发展。相关统计数据表明，初中及以下文化程度农村劳动力占比高达的 36.7%，高中及以上文化程度的农村劳动力占比为 13%，系统接受过专业技能培训的劳动力占比仅为 5%。相关家庭农场调研发现，接受调查的农场中农场主学历为小学及以下、初中、高中、大专及以上的比例分别为 1.9%、17.1%、60.9%、17.7%，农场主的受教育年限平均不足 12 年；同时，具有一定农业技术资质的农场主占比仅为 15%。可见，家庭农场中的劳动力技能水平不足、教育程度不高在一定程度上对浙江省家庭农场的发展仍有较大影响。

3.4.3 家庭农场社会化服务机制滞后

发展家庭农场需要社会力量的参与、帮助和扶持。虽然浙江省的农村社会化服务系统近年有很大改观，但实际调研中发现农村社会化服务系统不完善，服务程度不高，体系建设相对滞后，并存在较多“短板”，较难满足家庭农场转型发展的实际需求，使家庭农场经营支撑乏力。主要表现为社会服务机构职能定位不清晰、服务能力不足、组织发育不完善等，不能较好满足家庭农场在产前、产中、产后的个性化需求（王建华，2016）。具体表现为，其一，信息不对称是普遍农场主反映的，调研中较多农场主感叹“市场瞬息万变，各类农业信息良莠不齐，很多东西摸不着、吃不准、看不透，有些信息掌握不及时，有时我们不知道，等知道了追上去已经晚了。”可见，专业人员、专业信息渠道、专业的市场研判等缺失，致使农场主更多凭经验和主观判断来进行决策，产生产销不对路的问题。其二，农村社会化服务中的机构不健全、人员不精干，能力不强；同时，服务中表现出短视行为，更多重创收轻服务。其三，现有的社会化服务组织间各自为政现象较为普遍，相互间缺乏有效的协调与沟通，服务盲点多，服务效率低下。

3.4.4 家庭农场扶持政策不完善

在健全政策体系方面，虽然浙江省先后出台了不少指导性意见，各地方也出台了很多支持性的政策文件，但政策中仍有针对性和适应性不强的问题，这也制约了我省家庭农场的发展。如，过高土地流转费给家庭农场带来的成本压力，缺乏更新生产设备、改善基础设施等方面的资金投入，农业保险政策不能有效满足家庭农场的需求等等。同时调研发现，相关部门在农业补贴、主地流转、奖励补助等方面未能考虑到家庭农场在一些政策需求上的差异性：相关扶持政策缺乏可操作性、难以落地，示范家庭农场存在敷衍与“包装”成分，相关政策缺乏多部门联动，难以形成合力，用水用电等缺乏相关政策支持，农业用水用电与工业用水用电进行等同，未能实现差别化对待等。可见，对家庭农场的相关政策未能得到系统的、全面的、精准的实施，这也在一定程度上制约着浙江家庭农场的发展。

3.4　本章小结

本章基于浙江省家庭农场发展历程及面临的挑战进行剖析发现，浙江省家庭农场经历了探索、起步、快速发展和转型升级四个发展阶段，就目前的社会经济和制度环境方面为浙江家庭农场发展奠定了较好的，同时，浙江省家庭农场发展现状较好，呈现出较为鲜明的浙江特征；但也面临着资金受限、经营水平不高、社会服务机制滞后、相关扶持政策不完善等困境，为后文的实证调查和政策建议研究提供了较好的经验证据。

第 4 章

浙江家庭农场经营效率研究[①]

近年来，浙江省家庭农场无论从农场规模、土地流转，还是从经营收入等方面来看，均已得到快速发展。特别是家庭农场数量呈现出“井喷式”增长，这种非正常增长背后的经营效率如何？众多学者虽然对家庭农场的规模与效率做了大量的研究，但由于资源、政策、经济发展水平等地域差异，这些研究结论很难具有广适性；而且从现有研究来看，家庭农场规模与效率的研究更多集中在不同种养类型经营结构的家庭农场方面，很少从家庭农场的不同经营模式入手对其规模与效率进行探讨。显然，从农业供给侧改革的角度来看，家庭农场经营结构的调整仅仅是农业供给侧改革的一个方面，而另一个方面则表现在家庭农场经营模式上。因此，本章主要探讨不同经营模式下的浙江家庭农场的经营效率是否存在差异，其根源是什么？为家庭农场提升经营效率、政府部门制定并实施相关政策提供一定的理论依据，同时也为后文的研究打下伏笔。

4.1 相关文献回顾

4.1.1 家庭农场规模的相关研究

家庭农场规模与效率的研究主要源于国外学者对农业规模与效率的研究。国外学者对农业规模与效率问题主要存在两种观点：一种是 Sen（1962）、Bardhan（1973）等学者认为的农业规模与效率之间存在反向关系，另一种是

① 本章内容基于作者已发表的期刊文章，有所改动，详见：俞博，何红光. 不同经营模式家庭农场经营效率分析——基于浙江省的实证研究［J］. 湖北农业科学，2019，58（03）：158-163.

Cornia（1985）等学者认为的农业规模与效率之间是正向关系。同时，还有学者认为农业规模与效率之间存在其他关系，如 Townsend et al.（1998）认为两者之间的关系不显著，Carter 和 Wiebe（1990）认为两者之间是“U”型关系，Anne Booth（1985）则认为农业适度规模经营更有效率。自陈锡文提出“家庭农场规模是由我国国情决定的，规模适度非常重要”的观点以来。朱启臻（2014）指出，农场规模的大小应以适应实际情况为准，即农场规模应足以承担家庭生活开支同时又不超出现有要素能力的水平。姜丽丽等（2017）的研究发现，家庭农场效率的提升离不开信贷资金和农业保险的支持。钱忠好和李友艺（2020）以上海松江家庭农场为例，运用 DEA 模型估计家庭农场的效率发现，全部家庭农场效率值均不高，无论是纯技术效率还是规模效率均有着较大的提升空间。对提升家庭农场经营效率，众多学者也给出了较好的一些建议，如采用适度规模经营（冀县卿等，2019）、优化资本配置（张岳，2019）、提升人力资本（王丽霞、常伟，2017）；完善相关补贴政策和农业保险、金融体系（刘同山、徐雪高，2019；陈金兰、胡继连，2019）。可见，对家庭农场适度规模的衡量与测度是目前学者们关注的热点问题，但由于环境、地域、资源等禀赋的不同，测度方法的差异，学者们研究得出的家庭农场最适规模也存在区别。国内学者对我国不同区域不同种养类型的家庭农场分别进行了测度，并得到了不同的结果（见表 4－1）。

表 4－1　不同学者对家庭农场最适规模研究结果

序号	作者	年份	区域	类型	最适规模
1	刘维佳等	2009	辽宁省	机械化	133.33 hm^2
2	罗艳等	2012	安徽金安区	种植业	8.40 hm^2
3	黄新建等	2013	江西省	水稻种植	4.67～10 hm^2
4	张晓萍等	2013	海盐县	粮食类	6.67～26.67 hm^2
				果蔬类	2～4 hm^2
5	陈泓嘉	2014	金华市	养猪产业	中等规模
6	张祖桥	2015	荆州市	种植业	20～26.67 hm^2
				水产养殖类	3.33～13.33 hm^2
7	王玲娜	2015	浙江省余姚、临安市	葡萄种植类	25～35 亩
8	高阔等	2015	鄱阳湖生态经济区	水稻种植	7.79 hm^2
9	李静	2016	安徽省及河南省息县	粮食种植型	水稻 110～130 亩， 小麦 400～500 亩

续表

<table>
<tr><th>序号</th><th>作者</th><th>年份</th><th>区域</th><th>类型</th><th>最适规模</th></tr>
<tr><td rowspan="6">10</td><td rowspan="6">杨红等</td><td rowspan="6">2016</td><td>北方地区</td><td>种植业</td><td>66.67～133.33 hm²</td></tr>
<tr><td rowspan="5">南方地区</td><td>种植业</td><td>6.67～13.33 hm²</td></tr>
<tr><td>蔬菜种植</td><td>1.33～2 hm²</td></tr>
<tr><td>水产养殖</td><td>3.33～13.33 hm²</td></tr>
<tr><td>龟鱼养殖</td><td>3.33～5.33 hm²</td></tr>
<tr><td>生猪养殖</td><td>6.67～10 hm²</td></tr>
</table>

4.1.2 家庭农场经营效率的相关研究

随着家庭农场的规模化、集约化程度要求的提高，国内学者近年来开始关注家庭农场经营效率，并采用定性和定量的方法进行了分析与评价，但由于研究视角不同，在家庭农场经营效率评价指标和方法方面也不尽相同。王树进等（2013）运用土地产出率、劳动生产率、资源耗用系数等指标对蔬菜家庭农场进行了分析发现蔬菜型家庭农场总体效益、土地产出率、劳动生产率均较高，资源耗用系数也较小；何劲等（2014）利用农业劳动生产率、土地生产率、农产品成本收益率、农产品商品率、家庭人均收入水平和农业科技进步贡献率等构建了家庭农场经营绩效的评价指标体系；张悦等（2016）用典型家庭农场案例方法对家庭农场生产效率进行研究发现，与小农户相比，家庭农场劳动生产率显著提升，土地生产率略有下降。但更多的是采用家庭农场规模经营过程中对土地、资本、劳动力等要素的匹配，运用 DEA 方法来对家庭农场经营效率进行评价。蔡键（2014）运用数据包络方法分析了家庭农场的运行效率发现，家庭农场具有运行效率高于小农家庭和雇工农场，但也存在投入冗余与产出不足的低效率现象；时悦（2014）基于 DEA－TOBIT 模型分析了家庭农场的技术效率发现，农场主务农经验、受教育程度、适度规模扩大、良好的合作和社会化服务都对家庭农场技术效率起正向作用；曹文杰（2014）基于 DEA－Tobit 模型对山东省家庭农场经营效率进行分析发现，山东家庭农场的总技术效率、纯技术效率及规模效率普遍偏低；杨鑫等（2016）运用 DEA 法分别测算了浙江省不同经营类型家庭农场的经营效率，结果表明，种植类家庭农场因纯技术效率较低导致技术效率水平偏低，粮油类家庭农场之间的技术效率、纯技术效率和规模效率差距较小，蔬菜类家庭农场之间的技术效率和规模效率差距较大，水果类家庭农场之间的纯技术效率差距最大；桑鹤翔（2016）对东北粮食主产区的家庭农场发展效率进行研究发现，产区内达到发展效率最优的家庭农场比重较低，规模报酬不变的农场比重低，且规模报酬变化具有明显的个体差异；钱忠好和李友艺（2020）通过对上海松江 943 户家庭农场实证研究发现：土地经营面积与家庭农场效率之间呈现出“倒 U 型”的关系，土地经营规模过小或过大都不利于家庭农场效率的提高；家庭农场劳动力投入、家庭农场是否购买农机作业服务负向影响家庭农场效率；不同类型家庭农场效率及其关键影响因素存在一定的差异。

4.2　浙江省家庭农场经营模式发展现状

2012 年，赵维清等将浙江省家庭农场的经营模式主要分成 5 种类型，即“粮食生产型”模式、“家庭农场+合作社”模式、“家庭农场+龙头企业”模式、“家庭农场+市场”模式和“家庭农场+合作社+龙头企业”模式。随着互联网以“分享经济”和“内容社交”为特征的农村电商的发展，浙江家庭农场经营模式也发生了一些变化。笔者在借鉴赵维清等划分的 5 种经营模式基础上，结合目前浙江省家庭农场发展的实际，将浙江省家庭农场经营模式主要分成 4 种类型。

（1）“家庭农场+订单”模式。这种模式的家庭农场采用订单农业的生产方式，与国有农业收购企业、农业龙头企业等一些农业经销企业建立稳定的供货关系，农场自身只需要做好农场生产，市场销售具有可靠的保障。

（2）“家庭农场+市场”模式。这种模式是一直是家庭农场经营中较为常见的一种模式，该模式直接以市场为导向，能够对市场的变化作出快速的反映。近年来，该模式随着市场的变化有较大创新与发展。比如典型的衢江区积极探索“市场+农场”“信息+农户”的经营机制，形成的“田园超市”型家庭农场，集种植、销售、观光、游览为一体的一条龙服务；充分发挥互联网的“分享经济”思维建立“认种认养”式家庭农场，也就是 QQ 家庭农场的现实版；还有“电商式”家庭农场，随着农村电子商务的出现，有些家庭农场开始注重自身品牌打造，利用微信、淘宝、京东等直接进行网络销售。

（3）“家庭农场+合作社+市场”模式。这种模式一直是浙江家庭农场主流的经营模式，家庭农场联合成立合作社，家庭农场成为合作社的主体力量。家庭农场负责生产环节，合作社统一品牌和标准化生产服务，进入城市社区、街道直销农产品，或者由合作社与学校和企业食堂、餐饮企业、超市、直销展会签订供货合同，从而保证了稳定的货源供应，建立了农产品质量的可追溯机制。这种以规模化、专业化、商品化的生产经营方式克服了传统家庭农场经营过程中出现的“低、小、散”等弊端。

（4）“家庭农场+X”模式。这种模式是家庭农场与“合作社、龙头企业、其他农业服务体系成员等”以各种形式组合在一起的一种综合经营模式，将“X”完善的产业链优势及农业服务体系成员中强有力的组织优势有效结合起来，既可兼顾多方的利益，又有助于实现农业全产业链的形成。

4.3　模型选择与指标说明

4.3.1　家庭农场经营效率测算模型

数据包络分析（Data Envelopment Analysis，DEA）是著名运筹学家 A. Charnes 和 W. W. Cooper 等学者在“相对效率评价”概念基础上发展起来的一种新的系统分析方法，由于 DEA 法在多输入、多输出情况下评价决策单元相对效率方面的优势而广泛应用于农业生产上对经营效率、成本比较等方面进行评价。其原理是通过保持决策单元的输入或者输出不变，借助线性规划法估算生产可能性边界，再对各决策单元的相对效率进行测度，最后依据结果判断其是否在生产可能集的前沿面上，并通过比较决策单元偏离 DEA 前沿效率面的程度来评价它们的相对有效性。

本章运用数据包络法（DEA）分别从效率、有效性、规模效益及投影分析等方面对浙江省家庭农场整体经营效率和不同经营模式的家庭农场经营效率进行了评价与分析，并通过比较不同经营家庭农场各种经营效率高低差异找出产生差异的原因，最后根据实证分析的结果提出了相应的政策建议。

4.3.2　指标选取与数据描述

（1）指标选取

运用 DEA 方法评价规模经营效率主要考虑家庭农场投入及产出两个维度。在参照目前国内外家庭农场经营效率评价指标的基础上，遵循指标的全面性、准确性、合理性和可得性的原则，最终选取了以下指标来表示家庭农场生产的投入产出情况。

投入指标主要包括农场生产经营中的各项生产要素如土地、资金、劳动力等方面的投入。土地投入是指家庭农场进行生产经营的土地面积，以亩为单位。资金投入主要包括购买或培育种苗、播撒化肥、喷洒农药的费用及其他费用等。劳动力投入量主要是从事农业生产过程中劳动力投入，包括家庭成员劳动力投入以及雇工投入，考虑到雇工与家庭成员之间的博弈关系，其中家庭成员一年每个以 1 计，长期雇工以一年每个 0.9 计，短期雇工以雇佣天数 × 0.8 ÷ 300 计。

产出指标即总收入指标。由于家庭农场经营成本、经营品种、产出水平、产品价格等的差异性化，采用产量、销售额、销售收入、总收入等很难从整体上反映家庭农场经营的综合效益，同时，鉴于农场主对经营过程中的数据一般都只知道大概，很少有人能提供准确数据，因此，本研究将家庭农场经营中一年的纯收入作为产出指标来测算其整体效益。

（2）数据描述

为了更准确地测算出浙江省家庭农场的经营效率，力求选取样本尽可能反映浙江农场的普遍经营效率情况，该部分对杭州、宁波、温州、嘉兴、绍兴等浙江 11 个地区的家庭农场的 300 多家农场进行了调查，经过对数据最终的审核、筛选，最终选取 193 家数据较为完备的农场作为样本。农场具体数据描述见表 4－2。

表 4－2　浙江省家庭农场经营投入产出数据

经营模式		纯收入	劳动力	资金	土地
家庭农场+订单（46 家）	极小值	8.2	1.8	3.5	15
	极大值	150	89.9	130	450
	均值	48.687	17.533	20.426	112.41
家庭农场+市场（26 家）	极小值	6.0	1.8	0.7	10
	极大值	180	26.5	74.5	260
	均值	46.150	7.362	12.365	64.69
家庭农场+合作社+市场（62 家）	极小值	8.2	2.0	0.6	10
	极大值	305.6	85.3	215.6	420
	均值	57.126	15.837	26.358	123.00
家庭农场+X（59 家）	极小值	7.0	2.2	1.2	17
	极大值	505.0	89	210.0	500
	均值	53.302	12.941	22.292	103.98

续表

经营模式		纯收入	劳动力	资金	土地
总计（193家）	极小值	6	1.8	0.6	10
	极大值	505	89.9	215.6	500
	均值	52.467	14.214	21.816	106.81

4.4 浙江省家庭农场经营效率的实证分析

4.4.1 实证结果的处理

运用DEAP2.1软件，计算193个决策单元的经营效率，得到样本农场经营的综合效率、生产技术效率及生产规模效率（由于样本过多，且受限于篇幅，具体结果略去），整体经营效率描述如表4－3所示，同时，采用SPSS19.0对193个样本决策单元的纯技术效率、规模效率、综合效率进行了个案汇总处理，处理结果如表4－4所示。

表4－3 浙江省家庭农场整体经营效率评价结果

	家庭农场+订单式	家庭农场+市场	家庭农场+合作社+市场	家庭农场+X	均值
纯技术效率	0.565	0.830	0.587	0.576	0.611
规模效率	0.770	0.786	0.810	0.771	0.785
综合效率	0.416	0.654	0.473	0.442	0.474

表4－4 不同经营模式的家庭农场经营效率个案汇总表

经营模式	效率评价		综合效率		纯技术效率		规模效率	
			农场数/家	比重/%	农场数/家	比重/%	农场数/家	比重/%
家庭农场+订单	差	0.2以下	6	13.0	2	4.3		0.0
	较差	0.2～0.4	24	52.2	16	34.8	2	4.3
	一般	0.4～0.6	8	17.4	7	15.2	13	28.3
	较好	0.6～0.8	1	2.2	9	19.6	6	13.0
	好	0.8以上	7	15.2	12	26.1	25	54.3

续表

经营模式	效率评价		综合效率		纯技术效率		规模效率	
			农场数/家	比重/%	农场数/家	比重/%	农场数/家	比重/%
家庭农场+市场	差	0.2 以下	1	3.8		0.0		0.0
	较差	0.2～0.4	4	15.4	1	3.8	3	11.5
	一般	0.4～0.6	7	26.9	3	11.5	2	7.7
	较好	0.6～0.8	4	15.4	5	19.2	6	23.1
	好	0.8 以上	10	38.5	17	65.4	15	57.7
家庭农场+合作社+市场	差	0.2 以下	6	9.7	3	4.8		0.0
	较差	0.2～0.4	26	41.9	18	29.0	3	4.8
	一般	0.4～0.6	8	12.9	13	21.0	6	9.7
	较好	0.6～0.8	12	19.4	10	16.1	15	24.2
	好	0.8 以上	10	16.1	18	29.0	38	61.3
家庭农场+X	差	0.2 以下	6	10.2	2	3.4		0.0
	较差	0.2～0.4	26	44.1	13	22.0	3	5.1
	一般	0.4～0.6	13	22.0	20	33.9	8	13.6
	较好	0.6～0.8	8	13.6	12	20.3	16	27.1
	好	0.8 以上	6	10.2	12	20.3	32	54.2
总计	差	0.2 以下	19	9.8	7	3.6		0.0
	较差	0.2～0.4	80	41.5	48	24.9	11	5.7
	一般	0.4～0.6	36	18.7	43	22.3	29	15.0
	较好	0.6～0.8	25	13.0	36	18.7	43	22.3
	好	0.8 以上	33	17.1	59	30.6	110	57.0

4.4.2 纯技术效率分析

（1）样本总体的纯技术效率分析

从样本总体的纯技术效率评价来看，样本总体的纯技术效率表现为一般，平均值为 0.611，其中，纯技术效率差的 7 家，占样本农场总数的 3.6%；较差的 48 家，占样本农场总数的 24.9%；一般的 43 家，占样本农场总数的 22.3%；

较好的36家，占样本农场总数的18.7%；好的59家，占样本农场总数的30.6%；纯技术效率系数为1的有24家，占所有样本农场总数的12.44%。可见，浙江省家庭农场的纯技术效率并不理想，只有24家农场达到了纯技术效率有效的水平，这些农场的生产投入比例合理，到达最佳的要素组合，其余家庭农场对农业技术运用推广效率和农场对现有技术的把握、利用能力有待进一步提高，同时，从总体样本的纯技术效率的平均值0.611低于规模效率的平均值0.785，也反映出浙江省家庭农场综合效率较低的主要原因是纯技术效率偏低产生的，这也说明浙江省家庭农场亟需通过引入新技术、强化管理、优化资源配置等方式来提高家庭农场经营的纯技术效率水平。

（2）不同经营模式农场的纯技术效率分析

从不同经营模式的纯技术效率来看，采用“家庭农场+市场”经营模式的家庭农场纯技术效率最高为0.830，远高于平均值，其余三种经营模式的农场纯技术效率的平均值相当，但从纯技术效率评价来看各有差异。采用“家庭农场+订单式”经营模式的农场更多表现为较差，有16家，在该模式中的占比为34.8%；采用“家庭农场+市场”经营模式的农场更多表现为好，有17家，在该模式中的占比为65.4%；采用“家庭农场+合作社+市场”经营模式的农场更多表现为较差和好，均有18家，在该模式中的占比均为29.0%；采用“家庭农场+X”经营模式的农场更多表现为较差，有20家，在该模式中的占比为33.9%。这表明浙江省不同经营模式的家庭农场在生产运行过程中对各类资源配置不尽合理，而采用“家庭农场+市场”经营模式的纯技术效率的具有绝对优势，结合调研情况分析发现，该模式下的农场主大部分学历较高、年龄普遍在40岁以下，容易接受新生事物。

4.4.3 规模效率分析

（1）样本总体的规模效率分析

从样本总体的规模效率来看，浙江省家庭农场的规模效率整体较好，平均值为0.785。其中，规模效率表现好的共110家，占样本农场总数的57.0%；表现较好的共43家，占样本农场总数的22.3%；表现一般的共29家，占样本农场总数的15.0%，而其他均表现为较差仅有11家，占样本农场总数的5.7%，没有出现表现差的；规模效率系数为1的家庭农场共有8家，占样本农场总数的4.15%。可见，浙江省家庭农场的规模效率总体表现较好，但仅有8家农场达到了最佳经营规模，说明大部分家庭农场还没有在合适的规模下进行生产经营，农场的规模效率还有提升空间。

（2）不同经营模式农场的规模效率分析

从不同经营模式农场的规模效率来看，采用“家庭农场+合作社+市场”经营模式的农场规模效率最高，为 0.810，其余三种经营模式的农场规模效率的平均值相当。采用“家庭农场+订单”“家庭农场+市场”“家庭农场+合作社+市场”和“家庭农场+X”四种不同经营模式的农场规模效率更多表现为好，分别有 25 家、15 家、38 家和 32 家，分别在各自模式中的占比为 54.3%、57.7%、61.3%和 54.2%。结合调研情况分析发现，近年来浙江省家庭农场的农场主大部分均在想办法扩大农场规模，虽然规模效率有所提升，但规模与其他要素配置的不合理性依然存在，使得整个规模效率处在非有效状态。

4.4.4　综合效率分析

（1）样本总体的综合效率分析

从样本总体的综合效率来看，浙江省家庭农场整体的综合效率偏低，平均为 0.474，其中，综合效率系数为 1 的家庭农场仅有 6 家，占样本农场总数的 3.11%；综合效率系数大于 0.4 的有 94 家，占样本农场总数的 48.70%；综合效率较差的有 80 家，占样本农场总数的 41.50%；综合效率较差的有 19 家，占样本农场总数的 9.8%；可见，总样本农场中仅有 6 家农场的资源配置状况及投入要素的技术使用状况合理，其余 187 家农场均在生产投入中存在资源浪费现象，没能使投入要素得到最有效的发挥，农场没能通过其目前的投入量来实现农场利润最大化的目标；同时，浙江省家庭农场的经营效率处于较低水平，相对于规模效率而言，纯技术效率对农场生产经营效率的影响较大。

（2）不同经营模式农场的综合效率分析

从不同经营模式来看，采用不同经营模式的农场的综合效率差异明显，其中，采用“家庭农场+市场”经营模式的家庭农场综合效率最高，为 0.654，其余依次是“家庭农场+合作社+市场”“家庭农场+X”“家庭农场+订单式”经营模式的农场综合效率相对最低，为 0.416；从综合效率评价结果来看，采用“家庭农场+订单式”经营模式的农场更多表现为较差，有 24 家，在该模式中的占比为 52.2%，采用“家庭农场+市场”经营模式的农场更多表现为好，有 10 家，在该模式中的占比为 38.5%，采用“家庭农场+合作社+市场”经营模式的农场更多表现为较差，有 26 家，在该模式中的占比为 41.9%，采用“家庭农场+X”经营模式的农场更多表现为较差，有 26 家，在该模式中的占比为

44.1%,。可见，“家庭农场+市场”经营模式的综合效率在比其他三种经营模式具有较好的优势。

4.4.5 规模效益分析

利用 SPSS 对规模效益与经营模式进行交叉制表来对规模效益分析，判断家庭农场的规模效益情况，进一步分析家庭农场规模效率偏低的原因，结果如表 4－5 所示。

表 4－5 农场经营规模效益分析结果

规模效益		家庭农场+订单式	家庭农场+市场	家庭农场+合作社+市场	家庭农场+X	合计
递减	计数	13	5	14	12	44
	规模效益中的占比	29.50%	11.40%	31.80%	27.30%	100.00%
	经营模式中的占比	28.30%	19.20%	22.60%	20.30%	22.80%
不变	计数	3	2	2	3	10
	规模效益中的占比	30.00%	20.00%	20.00%	30.00%	100.00%
	经营模式中的占比	6.50%	7.70%	3.20%	5.10%	5.20%
递增	计数	30	19	46	44	139
	规模效益中的占比	21.60%	13.70%	33.10%	31.70%	100.00%
	经营模式中的占比	65.20%	73.10%	74.20%	74.60%	72.00%

（1）样本总体的规模效益分析

在 193 家样本农场中，规模效益递减的农场较少，共 44 家，占样本农场总数的 22.8%，说明这些家庭农场可以适当减少经营投入，以寻求合理的投入资源配置。规模效益不变的农场仅有 10 家，占样本农场总数的 5.2%，即 10 家家庭农场达到规模有效，处于最佳规模收益点。规模效益递增的农场有 139 家，占样本农场总数的 72%，表明这些农场在经营投入方面存在改善空间，增加适量投入会带来产出更高比例的增加，这些家庭农场规模效率偏低主要是由经营投入过少造成的。

（2）不同经营模式农场的规模效益分析

在“家庭农场+订单”“家庭农场+市场”“家庭农场+合作社+市场”和“家庭农场+X”四种经营模式的农场中，规模效益递减的分别有 13 家、5

家、14 家和 12 家，分别占相应模式农场总数的 28.3%、19.20%、22.60%和 20.30%，分别占规模效益递减农场总数的 29.5%、11.4%、31.8%和 27.3%；规模效益不变的分别有 3 家、2 家、2 家和 3 家，分别占相应模式农场总数的 6.5%、7.7%、3.2%和 5.1%，分别占规模效益不变农场总数的 30%、20%、20%和 30%；规模效益递增的分别有 30 家、19 家、46 家和 44 家，分别占相应模式农场总数的 65.2%、73.1%、74.2%和 74.6%，分别占规模效益递增农场总数的 21.6%、13.7%、33.1%和 31.7%。从四种经营模式的规模效益比较发现，浙江省"家庭农场+市场"经营模式的家庭农场的整体的规模效益较为理想。

4.4.6　投影分析

通过上述分析，结合判定决策单元技术有效和规模有效的原则，得到四种经营模式类型家庭农场经营有效性分析结果，如表 4－6 所示。

表 4－6　不同经营模式的家庭农场经营有效性分析

经营类型	家庭农场+订单	家庭农场+市场	家庭农场+合作社+市场	家庭农场+X	合计
DEA 有效	1	2	1	2	6
弱 DEA 有效	7	4	7	4	22
非 DEA 有效	38	20	54	53	165

从表 4－6 的分析中发现，不同类型经营模式的家庭农场均存在较多的非 DEA 有效决策单元，其中"家庭农场+市场"非 DEA 有效决策单元相对较少，这些非 DEA 有效农场主要是由于土地、劳动力、资金等投入量均存在冗余导致。需要强调的是，这里的投入冗余是指在农场现有经营规模水平下的相对冗余，而非绝对冗余。根据规模效益分析中"导致浙江省家庭农场综合效率偏低的主要原因是经营投入偏少"这一结论，这里投入指标的相对冗余则意味着各指标投入量过少，而造成各投入量的比例不合理，进而导致农场的非 DEA 有效及综合效率偏低。

为进一步造成家庭农场综合效率偏低的根本原因，本章剔除了 DEA 有效、弱 DEA 有效的样本农场，对非 DEA 有效样本农场的投入冗余与产出不足进行了投影分析，提出了非 DEA 有效家庭农场的投入与产出调整目标和方案，如表 4－7 所示。

表 4-7　非 DEA 有效家庭农场经营投入产出调整目标和方案

经营模式	产出调整			土地调整			劳动力调整			资金调整		
	初始值	目标值	调整幅度	初始值	目标值	调整幅度	初始值	目标值	调整幅度	初始值	目标值	调整幅度
模式 1	44.808	44.808	0.000	116.47	43.491	62.7%	17.45	5.143	70.5%	21.497	7.203	66.5%
模式 2	46.665	46.775	-0.002	69.8	44.342	36.5%	7.5	4.84	35.5%	14.495	8.025	44.6%
模式 3	57.117	57.122	0.000	131.96	54.373	58.8%	17.206	5.547	67.8%	28.881	11.156	61.4%
模式 4	42.045	42.048	0.000	100.47	42.292	57.9%	12.743	4.808	62.3%	19.425	7.474	61.5%
总计	48.174	48.19	0.000	110.75	46.771	57.8%	14.652	5.131	65.0%	22.399	8.683	61.2%

由表 4-7 可知，非 DEA 有效家庭农场经营产出调整情况不明显，仅“家庭农场+市场”经营模式农场存在少许产出不足现象；但经营投入指标的平均幅度普遍较高，均在 57.8%以上。投入调整方面，“家庭农场+订单”经营模式非 DEA 有效农场的土地、劳动力和资金的投入调整幅度分别高达 62.7%、70.5%和 66.5%，土地调整幅度最高；“家庭农场+市场”经营模式非 DEA 有效农场的土地、劳动力和资金的投入调整幅度分别高达 36.5%、35.5%和 44.6%，资金调整幅度最高；“家庭农场+合作社+市场”经营模式非 DEA 有效农场的土地、劳动力和资金的投入调整幅度分别高达 58.8%、67.8%和 61.4%，劳动力调整幅度最大；“家庭农场+X”经营模式非 DEA 有效农场的土地、劳动力和资金的投入调整幅度分别高达 57.9%、62.3%和 61.5%，劳动力调整幅度最大。从四种经营模式的比较来看，“家庭农场+市场”经营模式各投入指标的调整幅度均相对较小，这也说明该模式经营过程中资源配置比其他模式更合理。

4.5　结论与政策建议

本章运用 DEA 方法对浙江省 193 家家庭农场的经营效率行了综合评价与分析，得到以下结论：

（1）从效率评价结果来看，浙江省家庭农场的规模效率较好，纯技术效率一般、综合效率偏低，不同经营模式的家庭农场综合效率差异较大，综合效率由低到高依次为：“家庭农场+订单”模式、“家庭农场+X”模式、“家庭农场+合作社+市场”模式、“家庭农场+市场”模式。整体的纯技术效率过低是导致家庭农场综合效率偏低的主要因素。

（2）从规模效益来看，浙江省家庭农场中愈七成的农场表现为规模报酬递增，适度增加投入会带来产出更高比例的增加，经营过程中投入不足是导致浙江省家庭农场规模效率偏低的主要原因。同时，在四种经营模式中，“家庭农场+市场”模式表现出较好的规模效益。

（3）从非 DEA 有效的投影分析来看，193 家样本农场中，非 DEA 有效企业共有 165 家，对其投影分析，结果表明：这些非 DEA 有效的农场中，土地、劳动力、资金投入的相对冗余是导致农场非 DEA 有效的主要原因，同时，从四种经营模式的比较来看，“家庭农场+市场”经营模式各投入指标的调整幅度均相对较小。结合规模效益分析结果可知，土地、劳动力、资金投入过少，土地、劳动力、资金投入比例不合理，是导致浙江省家庭农场经营效率偏低和非 DEA 有效的根本原因。

根据以上结论，为切实提升浙江省家庭农场经营效率，从政府和农场两个层面，提出以下政策建议：

（1）政府层面：第一，加快家庭农场土地流转制度建设，细化对农场规模的界定标准，根据家庭农场经营实际，做到精准扶持，提高家庭农场经营者的积极性；第二，强化农村基础设施建设，改善家庭农场经营条件，优化农场经营环境，增强抵御自然灾害能力，为家庭农场发展营造良好的外部环境；第三，切实搭建好产学研合作的平台，加大对农业技术引进和改造，提高现有资源的利用率，以提升家庭农场的纯技术效率。

（2）家庭农场层面：第一，不可一味追求家庭农场规模，而应该根据自身农场经营状况，优化土地、劳动力和资金的投入比例；第二，加强自我创业能力的提升，不断提高农场生产经营和管理水平，优化各投入要素的使用效率，提升自身的经营效率；第三，关注自身家庭农场经营中的农业技术的发展和生产设备的更新，尽可能提高劳动生产效率。

第 5 章

家庭农场内涵式发展的理论模型构建

基于前一章的研究不难发现，浙江省家庭农场经营中的经营效率还存在一定的问题，特别是在投入冗余和产出不足方面，需要引起社会各界的重视，这其中的深层次原因是什么？这是本研究重点关注的内容。因此本章将在内涵式发展相关理论梳理的基础上对其核心资源积累、资源获取、创业能力和经营绩效等变量进行界定，并从理论上构建了家庭农场内涵式发展的框架模型，对内涵式发展要素及其之间对农场经营绩效影响提出初步假设，为后面的研究内容奠定理论基础。

5.1　家庭农场内涵式发展

对家庭农场内涵式发展所涉基本概念的厘清有助于回溯研究对象的演变历史，也能在与相关概念的甄别基础上明晰研究对象的探讨范畴以及进一步研究的操作尺度，因此，本小节在进一步明确家庭农场内涵的基础上，就家庭农场内涵式发展及其发展要素进行系统总结和梳理。

5.1.1　家庭农场内涵再审视

“家庭农场”在 2013 年首次出现中央 1 号文件中，主要从稳定农村土地承包关系、提高农户集约经营水平和加大农业补贴力度等方面作出了明确的要求①。同时，从已有的文献来看到，大多学者对家庭农场进行界定

① 中共中央、国务院 2013 年 1 号文件.关于加快发展现代农业进一步增强农村发展活力的若干意见[Z]. 2013.

的时候主要考虑的以下几个问题：其一，家庭农场作为社会化生产体系中的一种组织形式，已经超越自给自足的小农经济范畴，是现代市场经济体系的一个组成部分；其二，家庭农场可以雇佣各类雇工，但家庭成员必须是家庭农场从事生产经营活动的主要劳动力来源；其三，家庭农场必须适度规模，同时需集专业化、社会化、商品化为一体的一种新型农业组织形式。

在2013年以前，家庭农场的内涵界定并未形成统一标准，各地方在实践中也呈现出不一致的认定标准，这些标准虽不尽相同，但也有些差异（表5－1）。2013年5月，在《浙江省家庭农场登记暂行办法》中明确了家庭农场登记机关、注册形式、注册名称以及规范管理等诸多指导性意见。随后，各地区家庭农场得到了快速发展，在发展的过程中，各地区也相继制定了家庭农场规范化认定标准、省、市（县）示范性家庭农场认定标准。2019年，浙江省在《浙江省示范性家庭农场创建办法（试行）》中明确指出，家庭农场是农户家庭为基本经营单位，以家庭成员为主要劳动力，从事农业规模化、集约化、商品化生产经营，以农业收入为家庭主要收入来源，并经工商注册登记的新型农业经营主体。办法中明确指出：创建省示范必须是县级以上示范性家庭农场、专业从事农业生产3年以上，并“六有”条件，即有资质、有技能、有规模、有设施、有规范、有效益。

表5－1 浙江省家庭农场各地方实践中的标准

认定标准	海宁	衢州	绍兴
注册主体	海宁市户籍、从事农业生产发展的农户，年龄在男性55岁以下、女性50岁以下	衢州市户籍	具备相应的生产创业能力和一定的农业生产经验，掌握必要的农业技术，能熟练使用农机具
家庭从业人员	不少于2人	不少于2人	2人以上（含2人）
土地流转	土地流转年限不得低于5年	土地流转年限不得低于5年	拥有从事农场生产经营的场地，经营租期（流转期限）在5年以上
农业收入	以农业收入为主要经济来源	家庭农场收入占家庭总收入的80%以上，农业收入占家庭农场总收入的80%以上	农业（种植业、林业、畜牧业、渔业）净收入占家庭农场总收益的85%以上

续表

认定标准	海宁	衢州	绍兴
经营规模	水果、花卉苗木、设施蔬菜、种养结合综合性农场（蚕桑等）50 亩以上，水产养殖 60 亩以上，水稻 100 亩以上，生猪、湖羊年出栏 500 头以上，家禽年出栏 20 000 羽以上	设施果树、花卉苗木、设施蔬菜、瓜果、水产养殖、特种种养业 10 亩以上，露地蔬菜、瓜果、食用小竹 20 亩以上，露地果树、花卉苗木 40 亩以上，粮油、茶叶、种养结合综合性农场 50 亩以上，毛竹 80 亩以上，流水、设施水产养殖 2 000 平方米以上，生猪年出栏 50 头以上，家禽年出栏 500 羽以上，食用菌 10 万袋以上	粮食作物面积 100 亩以上，蔬菜瓜类、茶叶、果树、苗木 15 亩以上，生猪年存栏 500 头以上，兔子存栏 1 000 只以上，奶牛存栏 30 头以上，羊存栏 500 只以上，蛋禽存栏 2 000 只以上，肉禽存栏 10 000 只以上（鹅存栏 1 000 只以上），鸽子存栏 3 000 对以上，养殖水面面积 20 亩以上，种养业结合参照种植业或养殖业的规模标准

资料来源：浙江海宁市示范性家庭农场认定管理办法（试行），海宁，2012；衢州市家庭农场注册登记办法（试行），衢州，2013；绍兴市农业局关于鼓励发展家庭农场的通知，绍兴，2013

从相关文献关于家庭农场的研究进展和地方实践调查来看，本研究在农业部关于家庭农场的界定标准基础上对家庭农场界定标准应该包括：家庭农场是指以长期从事农业生产的农户家庭为组织单位，以家庭成员为主要劳动力，以适当规模的农、林、牧、渔或与之相融合的产业为劳动对象，以科学技术和管理进行商品化生产经营，以此收入为家庭主要收入的小微企业经营实体。具体特征如下：

（1）以农户家庭为基本组织单位。作为一个组织单位，其一，组织的人员必须农民，即不具备农村户籍的家庭成员不应该纳入家庭农场的范畴，以确保家庭农场是为了解决“无人种地”和“农民增收”的初衷；其二，家庭农场主须具备相应的农业生产经营能力和经验，掌握相关农业技术，熟练农机器具的使用，以确保农场的正常稳定运营；其三，家庭成员必须是农场生产经营的主要力量，且以亲缘，血缘，地缘关系结合在一起，能有效降低农场内部治理成本、谈判成本，形成同舟共济、共担风险的稳定经济体。

（2）以农、林、牧、渔或与之相融合的线管产业为劳动对象。随着科学技术的发展，现有家庭农场显现了生产、加工、销售一体化发展趋势，甚至是搭上了“互联网+”便车与观光、科教等二、三产业有效融合发展的态势，因此，家庭农场的劳动对象不能仅仅局限在农、林、牧、渔产业，而应该放大到与其相关的融合产业中，形成“农业+”的产业融合发展格局。

（3）动态适度规模标准。对家庭农场规模的界定学术界和实践中界定标准不清，实践中一直鼓励地方探索适度的规模标准，以让家庭农场主全身心投入生产经营，以防粗放式经营带来的低效率。因此，在规模标准上，应该根据不同地区、不同经营主体、不同类型农业生产的家庭农场采用动态的适度规模界定标准。

（4）商品化的现代经营。家庭农场区别于小农生产的突出特点之一是家庭农场不再是单纯自给自足的农业生产活动，它更注重将专业化、机械化，标准化、科技化等因素组合起来，面向社会采用科学的经营管理方式组织生产、销售，最后达到高效率生产、高效益回报的商品化的集约经营目的。

（5）以家庭农场经营收入为家庭收入的主要来源。这主要是强调农场应该坚持“一业为主”，很多地方实践中将这一标准界定为“农场收入占家庭总收入的 80%以上”。作为新型农业经营主体的培育，应该在“干、爱、专、精”上下功夫，要有效杜绝农民兼业发展，使农民真正朝职业化方向发展，真正解决“谁来种地”和“种好地”的问题。

5.1.2　家庭农场内涵式发展

（1）有关发展的阐述。根据相关学科的解释，发展多指事物前进的状态，主要包括由小及大、由简及繁、由低级向高级、由旧质向新质状态发生变化的过程，既有数量上的变化，也有质量上的变化。按发展速度分，有快速与稳步发展等；按发展品质分，有特色、高质量与高水平发展等；按发展模式分，有转型式、外延式与内涵式发展等；按发展动力分，有自然延伸与主体选择性等（别敦荣，2018）。而就目前经济发展的要求方面更多的是从发展要素方面来对发展进行阐述。自 2015 年以来中国经济已步入内涵式发展新常态，从国富到民富、从规模到效益、从传统动力到新型动力的内涵式发展新常态[①]。结合当前家庭农场发展的实际，浙江家庭农场的发展正处于转型升级的关键阶段，而在这一阶段如何改变过去粗放式的数量增长，追求集约化的质量提升，是当前乃至今后家庭农场发展的重中之重。

（2）有关内涵式发展的阐述。对事物内涵式发展与外延式发展最早来自经济领域研究，Hayami Y 和 Ogasawara J.（1999）认为内涵经济增长主要基于全要素生产率提高，而外延式经济增长主要靠资本和要素积累。同时，马克思在《资本论》中针对企业指出：如果企业生产规模扩大，则认为是外延的扩大；如果生产效率提升，就是内涵的扩大。内涵式发展指以客观事物内在要素属性的发展及其之间的相互作用推动其发展，更多强调规模适度、提

① 中国经济正在进入内涵式发展的新常态 .http://www.xinhuanet.com/politics/2015-07/18/c_128033641.htm

质增效、要素协调、结构优化，更多通过理念思想、创新和制度改革等方式实现从“量变”到“质变”的跨越，从而实现规模、质量、效率（效益）、结构等的统一。与内涵式相对应的是外延式发展，更多表现为以客观事物外在要素的数量增长和规模扩张等作为驱动的发展，往往通过人力、资金、物质资料的投入来推动事物的发展。就企业而言，内涵式发展更主要依靠自身的资源积累，技术与管理创新、人员素质与技能提升等促进生产效率（效益）的提高，进而使企业做大做强。综上，学术界对内涵式的研究更多强调有质量的发展，强调内涵与外延的统一，以实现可持续性发展等。内涵式发展往往需要组织注重挖掘内在潜力以提高劳动效率，同时需要优化结构、降低成本，强调将组织做强；外延式发展则往往更多注重组织规模的快速扩张，强调将组织做大。

（3）家庭农场内涵式发展。就家庭农场而言，家庭农场内涵式发展其核心在于“质”的提升而非“量”的延展，通过质的改变来推动边界外延，资源稀缺性的存在说明不能单纯依靠数量上的大规模投入和低下的生产效能，因此，家庭农场内涵式发展就要求从农场生产运营本身入手，在“量”的提升中更应考虑“质”的优化。首先，应主要考虑内生性因素对其经营绩效的影响，而内生性因素主要来源于家庭农场自身能够拥有的资源禀赋；同时，应兼顾家庭农场在生产经营中对外资源获取对其经营绩效的作用。其次，家庭农场内涵式发展强调的是不同资源禀赋之间互相适应、优势互补、有机配合、耦合促进，还须强调家庭农场在发展过程中以创业能力为核心来驱动各个资源要素的配置达到更合理优化的配置结果，进而达到更加优化和合理的生产模式，由单纯的量累积到达质的改进水平，以实现家庭农场的发展性、协调性和持续性的统一（孙运科，2016）。

（4）家庭农场内涵式发展的特征。结合有关发展、内涵式发展及家庭农场内涵式发展的内涵阐述，本研究认为，家庭农场内涵式发展应具备以下特征：其一，家庭农场发展不再是粗放式的规模扩张，而是集约式的提质增效为目的；其二，家庭农场发展以家庭成员为本，更好地增强家庭成员创业能力和更好地获取发展中的相关资源；其三，就家庭农场而言，内涵式发展是指家庭农场在产业规模、经营形式、生产范围、产品结构、生产效益与效率在“质”和“效”上有显著提升；其四，家庭农场内涵式发展最终追求发展性、协调性与持续性的统一。发展性是家庭农场发展的第一要务，只有其真正发展了，才能对周边小农经济产生辐射与带动作用，才能处理好发展过程中资源要素统筹和协同共进等诸多问题，进而实现家庭农场发展的内在作用力和发展的长久性。

5.1.3　家庭农场内涵式发展要素研究

家庭农场作为农业（农村）系统的一部分而存在，其发展在受社会、经济、政治、技术、文化等宏观环境因素影响外，但这些宏观环境对家庭农场来讲，自身无法控制，因此家庭农场内涵式发展更多需要考虑的是自身微观的资源禀赋和创业能力。因此，本研究从内涵式发展“家庭农场”自身主体的角度切入，将构建要素分为“家庭资源禀赋”及“家庭创业能力”两大系统。其中，家庭资源禀赋系统主要由“家庭资源积累”“家庭资源获取”两个子系统构成，这两者相互支撑。家庭资源积累子系统主要包括家庭所拥有的自然资源积累、经济资源积累、社会资源积累和人力资源积累四类资源积累，家庭资源获取子系统主要是家庭从农场所在产业链中获取的相关产业资源，以及从政府与相关机构中获取的相关资源。家庭创业能力系统主要是家庭农场在生产经营中表现出来的各种创业能力，主要包括机会相关能力和运营管理能力，因为家庭农场从创建到运营的每个环节都经历了从无到有的过程，且在该过程中家庭农场主需要不断地识别、把握各类机会，并将机会变成满足人们生活中需要的各类产品，同时，家庭农场一旦创建，需要不断地整合各类资源并充分发挥其要素的潜在价值，从而获取经营绩效。

（1）家庭资源积累子系统

按资源基础理论的观点，他们认为家庭获得竞争优势的基础性条件是其拥有的独一无二、别具特色、难以复制、无法替代的异质性家庭资源禀赋。家庭农场实质是家庭资源禀赋的集合体，其发展离不开家庭拥有的资源积累，家庭资源积累必然是家庭农场内涵式发展最为基础的因素，因此，分析家庭农场内涵式发展系统要从家庭资源积累角度开始分析。事实上，纵观产业与组织发展来看，家庭农场的发展也同样是遵循家庭资源积累特点及相对的比较优势原则，这不单反映了家庭农场的生产形态与经营模式选择中的资源约束；且在一定程度上也体现出家庭农场发展须基于家庭资源禀赋所具有的相对比较优势。根据现有文献对家庭资源禀赋的分类来看，更多集中在对农户资源禀赋的考察中，如李尚蒲、罗必良等（2015）通过将农户资源禀赋分为土地资源、人力资本和物质资产等三种；李向荣（2017）将家庭资源禀赋分为了人力资本、社会资本、经济资本与自然资本四种来分析对农民回流的影响。而对中国农村家庭而言，农户与家庭之间联系非常紧密，可以说处于等同的位置，很多学者的划分也未对农户与家庭做出严格的区分，如张朝华（2018）在研究资源禀赋与家庭农场信贷获得时，根据“可持续性生计资产”的相关理论，通过自然、人力、物质、金融和社会等五种资本来考虑家庭农场的资源禀赋。马小勇（2017）认为家庭禀赋是指由整个家庭的人力资源（人口规模及结构）、土地资源和社会资本。因此，本研究认为探究家庭的资源积累对家庭农场决策或经营绩效的影响，其基本的逻辑是家庭农场的经营决策主要取决于自身发展的预期，而决定农场自身发展关键因素主要是其自然资源、经济资源、社会资源和人力资源等家庭资源积累。

1）自然资源积累。“靠山吃山，靠水吃水”深刻揭示了农业生产的特点，因此，家庭农场的发展很难脱离农场既定自然资源禀赋，农场所在地域的自然资源禀赋特点在一定程度上决定了家庭农场的生产方式与发展路径。我国农学家贾思勰的《齐民要术》中强调自然资源和环境对农户行为的有效制约，并提倡要不误农业生产时机，应因地制宜，耕种过程中要深耕细作、轮作、套作、混作，适当注意合理密植（侯婧等，2011）。家庭农场要生产出满足市场需求的产品和服务，就须尽可能地将自然资源禀赋转化到农产品和服务中，这就要求家庭农场的生产经营不能随意安排所积累自然资源禀赋，相反家庭农场应根据所处地域的气候和资源条件来安排特定的农作物耕种及服务产品的结构。

2）经济资源积累。在家庭农场经营中，土地流转价格、临时雇工工资、原材料采购等成本不断上升，同时，还必须不断更新生产、加工、包装和运输中的机械设备，加大固定资产投资等，所以没有一定经济基础，家庭农场发展将可能步履维艰。相对处于劣势的农村家庭而言，“经济基础决定了上层建筑”这确实一定程度上直接影响家庭决策。在不少研究中已充分表明，有相对雄厚的物质资本、金融资本、人力与社会资本，往往更容易获取金融信贷资金（徐璋勇等，2014），可见，充裕的家庭经济资源积累不仅能为家庭生产生活提供保障，还能为家庭成员自身水平和能力提升提供便利条件，更能为农场更新设备、增加固定资产投资、雇佣专家、技术人员及临时雇工以提升产品质量及经营绩效，甚至为家庭农场品牌建设、推广、维护等提供支撑，进而提高家庭农场品牌知名度、产品附加值和经营绩效（江永红，戚名侠，2018）。

3）社会资源积累。随着改革开放与互联网的发展，虽然减少了农村与外界的时空间隔，但是农村家庭的社会资源积累更多还是以血缘、地缘等形成的相对比较封闭且稳定的关系型网络结构。虽然自然资源和经济资源积累是家庭农场内涵式发展不可或缺的重要因素，但家庭社会资源积累也能在家庭与亲戚朋友之间的交往互动中解决农场发展中的一些困境。如，当家庭农场资金短缺时，利用熟人的关系网络在邻里、乡亲及朋友之间筹措资金，甚至有些更多是由于足够的信任，能得到一些无形的帮助。特别是在等级制社会，社会资源更多嵌入在行为主体、社会结构、制度与关系中的资源，是个体生活和发展的前提；拥有一定社会资源就很可能意味着能获取更多机会、拓展个体的行为空间，为行为主体更好地发展奠定基础。调查显示，亲友借款是缓解当前家庭农场资金不足的第三大渠道；同时，通过这种关系网络相互沟通能搜集到一些需要的市场、技术、管理等方面的信息，极大地降低农场经营的成本。

4）人力资源积累。人力资源积累是指家庭成员在农场生产经营中运用的知识、技能与实践经验等的总和，它对农场发展的影响在于对资源的有效配置及创业能力提升，从而促进生产经营活动的顺利开展。江永红，戚名侠（2018）认为，高质量的人力资源禀赋能提升家庭成员的农业技术水平、管理经验和能力，从而使家庭农场在生产经营中不断提升资源利用效率，提高农作物的产量，增加家庭农场的收入（周堂等，2009）。家庭成员对农场的管理能力与素质的提高能够有助于在农场生产经营中对相关信息进行准确及时获取，帮助作出相关经营决策与生产计划的及时调整，同时，能更有效地配置相关资源、监管好雇佣人员，达到减少支出，提升农场利润。同时，人力资源禀赋的积累有利于家庭成员对新时代中的技术、技能感知更灵敏和迅速（朱韵洁、于兰，2011），从而提升家庭农场的生产能力与效率，并不断提升对资金、土地等其他生产资料的利用效率，缓解家庭农场生产经营活动中资金不足、土地规模难以扩大和生产资料配置不当等瓶颈问题。

（2）家庭资源获取子系统

诚然，家庭农场的发展离不开家庭资源积累的支持，随着家庭农场的经营模式和生产活动日趋复杂，家庭农场在发展中普遍会受到家庭资源积累不足、经营风险不确定、信息不对称等问题，家庭农场的市场活动仅靠家庭资源积累的辅佐难以为继，家庭农场在依靠自身资源积累支持的同时，还需要从外部来寻求更多资源支持，因此，资源获取成了家庭资源禀赋的另一重要来源。

资源获取主要是指新企业从企业外部获取的各类资源的过程（单标安等，2013），而对资源获取的划分维度，现有文献一般根据研究需求产生的维度也不尽相同，但更多的学者主要从资源获取的途径进行分类。如，叶学锋和魏江（2001）认为资源获取包括内部培育、合作渗透和外部并购三种方式；Maritan和 Peteraf（2010）认为新企业可以通过内部资源开发和外部资源获取两种途径进行资源获取；Starr 和 Macmillan（1990）认为企业资源主要有购买途径和社会网络途径包含两种途径，Zhang 和 Wong（2008）指出在经济转型背景下，新企业资源获取主要包括市场和社会网络两种途径。这与 Starr 和 Macmillan（1990）的观点相类似，购买也被认为是重要的市场途径之一。本研究借鉴现有观点的基础上，将社会网络获取途径直接纳入了家庭社会资源禀赋中考量，认为家庭资源获取更多地依靠家庭农场所在地的产业状况和政府支持程度，所以将家庭资源获取可由产业资源获取和服务资源获取两个方面构成。

1）产业资源获取。实践中，家庭农场通常依附于一家或几家农业型龙头企业或一些农业合作社的纵向上下游产业链上，而家庭成员在经营中会自发地从各产业链中寻求所需资源，从而与其他产业形成匹配、合作与共享。因此，产业资源为家庭农场提供基本物质基础和条件，如，通过资源供给、人才需求、管理技能、技术创新、市场信息等影响着家庭农场的发展，同时可能还根据产业需求调整家庭农场经营业务等行为与外部环境产生良性互动，从而促进家庭农场的发展。

2）服务资源获取。家庭农场希望通过产业来获取主要的资源，但是由于缺少必要绩效记录、同时加之家庭农场与产业（市场）之间的信息不对称，从而阻碍了产业资源的拥有者对家庭农场进行准确评估，迫使家庭农场很难从外部产业或市场机构中获取相应的资源。在此情境下，政府“有形之手”是发挥关键作用的时候，通过对家庭农场提供各种公共服务来化解家庭农场资源获取的难题。如提供农业技术课程培训、农业专家结对、项目咨询、农产品展览、科技开发、信息发布和参与合作等多种方式提供一些服务，甚至可以打造一些平台，让家庭农场在这些平台上实现资源共享、信息互通，有效拓宽农场资源获取的途径。

（3）创业能力系统

家庭农场经营是一个持续的过程，在家庭农场转型升级过程实质是一个创业过程，相比创建之初，更具有挑战性，所需资源更复杂、更多元。因此，家庭成员不仅仅要关注内外部资源的积累与获取，更要注重对家庭农场有效的经营管理。通过增强自身创业能力以获取更好更多有效资源和机会，从而促进家庭农场经营绩效提升。对创业能力的研究，学界的定义与划分也未形成一致。如，Jarillo（1989）认为创业能力就是一种资源整合力，即创业者通过对内外部资源进行有效整合后产生新价值的能力。Chandler 和 Jansen（1992）

将创业能力分为机会识别与预见、概念、人际关系、政治、职能等六种能力；Timmons（1999）认为创业能力是以“创业机会”为中心的一系列行为，唐靖和姜彦福（2008）认为创业能力是一个多维度的概念，并将其分为机会识别与开发、运营管理两个维度多个层面进行界定。Mitchelmore 和 Rowley（2009）认为创业能力是由市场机会的识别、产品和服务的开发、环境要素的考虑、可利用机会的开发等组成的系列能力。张玉利和王晓文（2011）对创业能力的界定与唐靖和姜彦福（2008）的定义基本相似，周键（2017）将创业能力分为网络相关、机会相关和运营管理等三个方面。综合上述观点，考虑到网络相关能力有部分与家庭社会资源积累相关，所以本研究将家庭农场创业能力系统主要从农场经营发展中与机会相关的机会能力以及经营过程中的运营管理能力两个方面来考虑。

1）机会相关能力。根据周健（2017）对机会相关能力的定义，家庭的机会相关能力是指家庭成员拥有发现消费者未被满足的需求，并从中有效识别出相关创业机会，通过创造相关产品或服务来满足这些未被满足的需求，进而为家庭农场创业带来价值提升的综合能力（周键，2017），可见，家庭农场的生产经营活动均围绕着相关创业机会进行，善于发现潜在需求，并能对其进行有效识别与开发将直接影响着家庭农场经营绩效的好坏。首先，创业机会的有效识别能使农场在生产经营中发现新的机会和利润增长点。家庭拥有的资源相对有限，如何充分利用这些有限资源决定着农场成长的成败，具备机会相关能力就意味着家庭成员能发现当前市场空隙、挖掘消费者的市场需求、并识别出创业机会，从而将有限的资源配置到开发这些创业机会上，使家庭农场避开正面的市场激烈竞争，节约竞争成本，为农场带来较高经营绩效。其次，创业机会的有效开发能让家庭农场在市场竞争中打破市场平衡，进行资源的有效整合（王旭、朱秀梅，2010），在开发这些机会时，能让家庭农场能创造出的“新、奇、特、精”新产品或服务更好地满足消费者需求，从而为家庭农场带来新的价值增长点。因而，家庭的机会相关能力（机会识别与机会开发）都能家庭农场生产经营中的资源整合指明方向，并围绕相关的创业机会来加速家庭农场的成长，实现家庭农场的可持续发展。

2）运营管理能力。家庭农场的运营管理能力即农场主能有效带领和激励家庭成员与雇工，通过合理配置家庭资源积累、适时调整农场经营目标和思路，且能有效协调农场生产经营任务与各利益相关者的能力。因此，运营管理能力多指在农场建立后对其内部进行有效管理，既包括家庭农场围绕着既定目标与识别创业机会中的有序运转，充分发挥内外部资源的有效配置与变革创新，协调家庭农场生产经营中的各种关系；也需要根据市场等外部环境的变化对农场经营发展策略进行调整，使家庭农场为客户创造更有价值的产品与服务，从而更好地满足市场需求，以提升农场经营绩效。

5.2 核心变量界定

5.2.1 家庭资源积累界定

家庭农场作为社会经济实体，其经营活动同企业实体一样离不开资源支撑。经济学把资源认为是“为了创造财富而投入生产经营活动中的一切资源要素”（Hoskisson et al.，2000）；资源基础理论指出“资源”是由企业所掌控并能使其提高效益的所有知识、资产、信息、能力和组织流程等等。“可持续性生计资产”的相关理论中将家庭资源积累确定为自然资本、人力资本、物质资本、金融资本、社会资本等（张朝华，2018）。本研究是基于资源基础观点及家庭生计资产等理论来研究家庭农场的资源积累，且其资源积累反映了家庭农场所在地的自然地理环境以及所积累的土地、资本、劳动力、信息、技术等生产要素的丰裕程度；因此，本研究将家庭农场资源积累界定为在家庭农场生产经营中能够支配并能投入到其中的所有资产的总和，主要包括自然资源积累、社会资源积累、经济资源积累和人力资源积累。

（1）家庭自然资源积累

联合国环境规划署（1972）认为自然资源是能够产生经济价值，并能提高人们福利的相关自然环境要素的总和（陈波翀、郝寿义，2005），是一切非人类创造的、但会直接和间接影响到人类生活和生产环境的自然资源。家庭自然资源积累主要是在家庭经营中能被利用的生产性资源和生活性资源，家庭农场生产经营需要顺应自然环境与利用当地资源来规划和发展，逐渐形成与地域所在地的自然资源特点相匹配的农场形态与产品（服务）。因此，本研究认为家庭资源积累是家庭农场经营的重要基础，主要包含了土地、水、阳光、气候等资源数量与质量，其中，最为重要的当属土地资源和水资源。

（2）家庭经济资源积累

经济资源是家庭农场生产经营活动得以持续进行的重要保障，是其他资源发挥作用的基础，其对家庭农场成长有着重要影响。熊彼特（1934）认为，经济资源只有在融通与筹集中，农场才能得以发展，利润才能形成、财富积累以及投资等活动才能发生。Bourdieu（1986）认为，经济资源能够直接迅速转换成金钱财富，是一种以财产权形态被制度化的资本体现，经济资源的构成主要涵盖土地、工厂、劳动等生产要素和收入、遗产、物质资料等经济要素。雷晓燕和周月刚（2010）认为家庭资产主要由总资产、房产、生产性和金融性资产以及风险资产等经济要素所构成。根据前文综述，本研究认为，家庭经济资源积累主要指家庭农场经营过程中的生产性用地和设施用地、生产性机器设备、家庭的经济收入与生活水平中体现财产和货币等资本形态。

（3）家庭社会资源积累

“社会资源”最早由皮埃尔（1980）年从社会学的角度被提出，后来在经济学中被广泛采纳，甚至由于研究需要将社会资源与社会资本进行混用。Bourdieu（1986）和 Putnam（1995）认为社会资本即通过网络来获取的现实或潜在的相关资源；林南（1999，2001）认为社会资本不仅在有目的的行动中可以摄取或动员相关资源，还在具有回报预期的社会网络关系中进行投资的行动；秦剑、张玉利（2013）认为社会资本即为一种嵌入行为主体内外部的关系优势，能较好地帮助行为主体较好地发现创新机会、整合所需资源、推动各项创业活动的开展；王成利（2018）认为农户社会资源表现在宗族、乡邻、同学等之间提供社会保障与经济支持，在信任与合作中提供精神支持等社会属性，同时也表现在关系网络中提供的信息、关系等资源的经济属性。可见，家庭社会资源能给家庭在各种社会活动中带来更高效的整合力。因此，本研究认为，家庭社会资源是指家庭成员以血缘、地缘等关系所形成各种网络社会关系，通过这种关系家庭能不断通过各种手段、方法来获取更多更广的其他资源。

（4）家庭人力资源积累

人力资源在创业理论中一直备受关注，特别在资源禀赋理论指出人力资源可通过机会感知力来驱动创业决策，从而更好地整合资源并持续推动创业企业成长（杨俊，2004）。同时，众多研究表明，家庭的人力资源是农场开展生产经营的重要前提，因为人力资源对于其他资源的发挥有一个很好地带动作用。通常情况下，家庭人力资源更多地被解释为家庭农场管理者的经验、所受培训、雇工数等，但从家庭农场内涵来看，家庭拥有的人力资源积累除农场管理者外，还应该包括家庭成员。因此，本研究认为，家庭人力资源积累是家庭成员所拥有的经验和技能的总和，也包括了长期雇工和临时性雇工的人力资源。

5.2.2 家庭资源获取界定

由于新企业自身资源积累有限，其新生劣势也导致资源短缺问题严重，因此资源瓶颈是创业者在创业过程中需要解决的关键问题（Xiao、Marino 和 Zhuang，2010）。资源获取便成为创业者或新企业在创业过程中的关键创业活动，需要拓展多种途径解决资源困境（Davis 和 Hallen，2016；Zhang 和 Wong，2008）。大量新企业由于缺乏资源，或未能及时获取所需的关键资源而走向失败，成功的创业行为的共性特征之一便是能持续地获取资源。根据资源基础观理论，资源获取可以被定义为企业或者个人通过一定方式获得所需的、必要的关键性资源.现有资源获取途径与分类的研究也并未得到一致结论，Maritan 和 Peteraf（2010）认为，新企业可以通过内部资源开发和外部资源获取两种途径进行资源获取；Starr 和 Macmillan（1990）认为可通过经济交易支付全额费用来获取资源（购买途径）或通过社会交易以较低的经济成本获得资源（社会网络途径）；Zhang 和 Wong（2008）提出在经济转型时期企业资源获取包括市场和社会网络两种途径；也有学者考虑到中国情境下的创业环境的特殊性，提出了利用社会网络进行获取（蔡莉等，2010；朱秀梅和李明芳，2011）。在借鉴现有对资源获取的分类标准基础上，同时，考虑到社会网络途径获取资源在家庭成员的社会资源积累中有所涉猎，因此，在本研究认为家庭资源获取主要渠道有两种，一种是通过家庭农场所处的产业中获取，称之为产业资源获取；另一种是通过政府、机构等获取，称之为服务性资源获取。

（1）产业资源获取

在经济结构转型过程中，经济体对产业的依附越来越强，产业集聚理论认为，一个较好的产业集聚区上会衍生出成千上万的经济体，其中包括了各类孵化器、科技园、大学或研究机构、上游供应商和下游消费者，甚至是相配套的各类展览会、交易会、研讨会等。往往这些较为完整的产业链能为家庭农场提供较好的物质、经济、技术、信息等资源，从而形成匹配、合作与共享。因此，本研究认为产业资源获取不仅包括从家庭农场所在的产业链中获取人力资源、经济资源、技术创新、市场信息等资源，还包括了在家庭农场供给和产业需求调整之间形成良性互动所获取的更多更广的资源。

（2）服务资源获取

在经济转型过程中，政府基本控制了市场经济和关键资源的配置，这就决定了政府机构是家庭农场外部的重要利益相关者，他们可通过相关法律政策及制度来改变市场规模、设置市场规则、征收税费或者提供补贴等（吴吟寅，2016）。有关"政府资源"并未形成统一的定义，卫武（2006）认为，企业政治资源是指企业在参与各种政治活动中获取的各种资源集合。因此，本研究认为，服务资源获取主要是家庭农场从政府中获得的政策、信息、服务、组织等可利用资源，同时，这些资源能给家庭农场发展带来竞争优势或经营帮助的资源集合。

5.2.3　家庭农场创业能力界定

关于创业能力，众多学者已对其进行了多角度探讨，并未形成一致的观点。如，Bird（1995）将创业能力定义为创业者潜在的某些特质；Shane 等（2000）视创业能力为创业者发现、识别和利用机会的能力。Chandler 等（1992）认为创业者需要具备机会识别能力、驱动能力、概念性能力、沟通能力、政策与技术能力等。Man 等（2000）则把创业能力分为机会、关系、概念、组织、战略、承诺和支持等七种能力。唐靖等（2008）则基于创业的关键任务把创业能力分对机会识别和利用的机会能力和管理、战略、关系与承诺的运营管理能力。马鸿佳等（2010）则更多强调新创企业运营过程进行计划、组织、实施和控制的管理能力。彭莹莹和汪昕宇（2017）、易朝辉等（2018）分别从机会能力和运营管理能力两个方面对新生代农民工和家庭农场的创业能力进行了划分。同时，还有一些学者从创业能力形成的角度对创业学习进行了研究，如，MAN（2012）还认为创业能力的形成和提升本质上是一个学习的过程。St-Jean 等（2012）认为创业学习不仅可影响创业者的认知，还能有效弥补其经验、知识和技能等方面的不足。因此，借鉴已有研究的观点，本研究认为家庭农场在经营中必须面临的创业能力有两种：一是感知、选择、塑造和利用的机会相关能力，二是对经营中的计划、组织、协调、控制等运营管理能力。

（1）机会相关能力

机会相关能力的研究来看主要包括了机会感知、选择、塑造和利用等能力。Zahra 等（2011）指出机会感知能力包括审视、搜索、试验和想象四个方面，机会选择能力包含解释、判断和评价三个方面，机会塑造能力包含重构、置换和意义建构三个方面，而机会利用机制反映了新创企业实现内外部资源的同步化从而把握机会实现的节奏、程序和顺序的能力。同时，结合

Abdelgawad 等（2013）对机会相关能力的研究，本研究认为，家庭机会相关能力只要是致家庭农场能预见或想象在所处产业边界内外的市场和技术机会，并结合家庭已有的和可获取的资源以选择可行的机会，从而促使快速实现内外部资源与所识别的机会的匹配，并通过开发一些创意或创造一些新产品和服务，以满足这种机会需求的能力。

（2）运营管理能力

结合前面相关综述，运营管理能力主要体现在两个方面，一是维持创业正常运行，二是具备战略柔性能力。因此，本研究中的家庭运营管理能力指家庭农场创建后对于内部的有效管理，其中既包括了常规的计划、组织、领导和控制等管理能力，又包括了对家庭农场内外部资源的优化配置与变革（创新）能力，使农场管理具备柔性，能根据内外部资源、环境等变化及时调整农场经营方向，以更好满足消费者需求，最终提升家庭农场经营绩效。

5.2.4 家庭农场经营绩效界定

经营绩效是衡量家庭农场生产经营活动的结果，是家庭农场期望的重要目标。多数文献在研究农民创业绩效时沿用对企业绩效的衡量指标，主要采用了企业生存与否、销售增长、销售利润、企业总体表现和竞争力提高等方面来衡量企业绩效（Covin and Slevin，1991；Murphy and Trailer，1996；Wiklund et al.，2003；邵俊岗等，2009）；但对于农民创业来说，其企业规模一般较小，财务制度不够完善，财务数据难以获得等原因，一些学者普遍采用了“创业企业利润”来衡量农的创业绩效（黄洁等，2010；赵德昭，2016）；也有部分学者尝试采用主观评价方式来判断其创业绩效，主要包括了对创业企业和对创业目标达成度的主观评价来测量农民创业绩效（Covin et al.，1994；Cooper and Artz，1995；郭红东，2013）。本研究认为，家庭农场经营绩效主要指家庭农场从创建开始及在生产经营活动所产生各种结果，既要体现出家庭农场初创期的生存性特点，也要体现出家庭农场的成长性及获利性特点。

5.3 理论模型构建

资源禀赋理论认为企业的资源和能力是影响经营绩效的关键因素，而资源的主要来源是企业自身积累和对外获取，对外获取的途径在一定程度上依赖于自身积累，因此，资源积累和资源获取是获得经营绩效回报的基础。同时，创业能力理论认为在创业过程中创业者能否善于捕捉和识别有价值的机会，并能有效将资源进行匹配时创业绩效获取的关键。对家庭农场而言，其生产经营也同样面临与创业企业类似的特征，因此，本研究在借鉴资源禀赋理论、创业能力理论和相关创业模型的基础上提出资源积累、资源获取与创业能力是成功获取经营绩效的关键路径，并构建三者之间内在的相互作用于家庭农场内涵式发展的理论框架模型（如图5-1所示）。

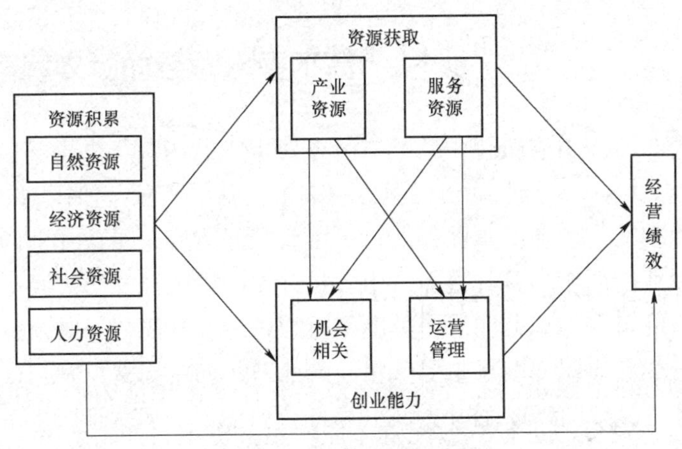

图5-1　本研究的理论模型

5.3.1　资源禀赋对家庭农场经营绩效的作用机理

资源禀赋理论认为，资源禀赋是家庭农场经营活动的基础。在已有家庭农场经营中，众多研究与实践发现，新创家庭农场往往受限于自身资源条件，家庭成员内部之间的不和谐，对客户、供应商、银行等利益相关者的信用记录相对匮乏，导致农场经营步履维艰，甚至有些农场不得不以失败终结；相反那些资源禀赋相对充足的家庭农场，更有利于克服经营中的一些困境，弥补经营中的一些缺陷，从而提升农场经营绩效。可见，家庭农场在生产经营中的一些关键性资源对经营绩效发挥着极其重要影响，甚至决定着家庭农场的生存和发展。而根据前面的相关研究综述，家庭资源禀赋包括了已有的资源积累和可以利用的资源获取，相关理论与实践同样证实了家庭农场通过获取关键性资源，可以更好地提升农场经营绩效，且这种正向作用会随着家庭农场经营活动的持续而呈现出正态强化态势，从而促进家庭农场的发展进入一个良性循环的过程（Premarantee，2002）。因此，在资源禀赋与家庭农场经营绩效的理论模型中，笔者认为家庭的资源积累和资源获取均对农场经营绩效产生正向影响，同时，两者的交互作用可能促进农场产生更好的经营绩效。在资源积累、资源获取与家庭农场经营绩效之间内在关系的相关研究发现，家庭资源积累能有效地促进家庭资源获取。因此，本研究认为家庭资源获取可能是资源积累向家庭农场经营绩效转化的关键路径，即资源获取在资源积累与经营绩效关系间中具有中介作用。从而形成资源积累、资源获取与经营绩效之间的作用机理的理论研究框架（如图5-2所示）。

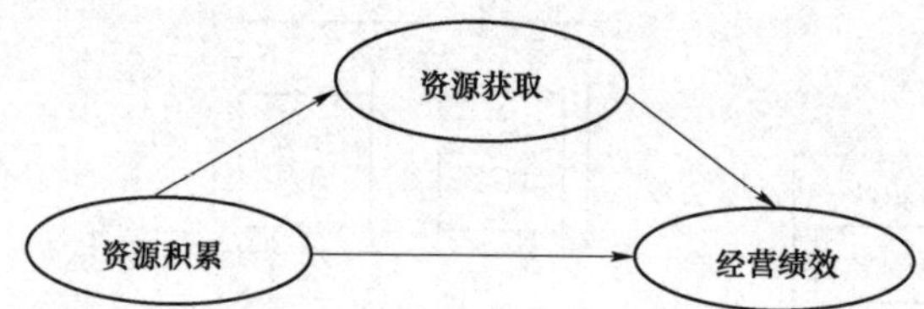

图5-2 家庭资源禀赋与农场经营绩效的关系模型

5.3.2 创业能力中介效应的提出

创业能力理论强调创业资源几乎不具有任何生产能力，生产能力需要在创业过程中对资源进行有效配置才能产生，资源与能力两者之间存在紧密互动关系。一方面，家庭资源禀赋是创业能力的源泉，创业能力在一定程度上依赖于家庭内外部资源的积累与获取，即家庭资源禀赋对创业能力有积极的影响，比如机会相关能力依赖于家庭成员在经营实践的经验积累、运营管理能力得对家庭资源进行有效的配置等等；另一方面，家庭经营过程中的机会相关能力和运营管理能力同样对家庭农场经营绩效也会产生积极的影响，甚至两者之间的交互也会促进家庭农场经营中寻求最优绩效。因此，创业能力在资源积累与资源获取对家庭农场经营绩效的正向影响中，可能均存在一定的中介效应，即资源禀赋、创业能力对经营绩效作用机理模型（如图5-3所示）。

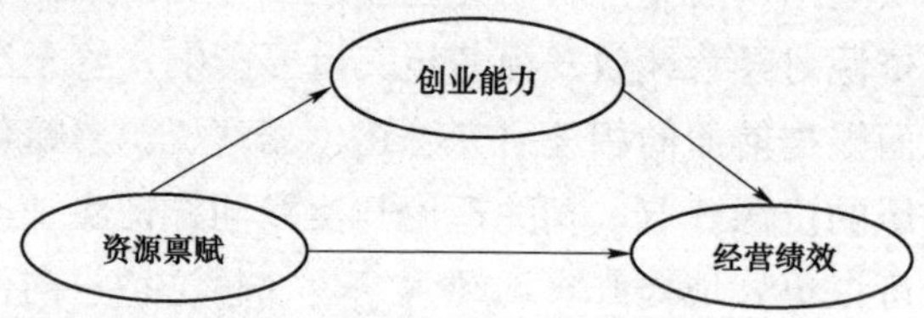

图5-3 资源禀赋、创业能力与经营绩效的关系模型

5.4　本章小结

本章基于家庭农场内涵的再审视，对内涵式发展、家庭农场内涵式发展进行明确，并对家庭农场内涵式发展要素系统进行梳理，把握好家庭农场内涵式发展各要素之间的内在关系，构建了家庭农场内涵式发展的关键子系统，形成家庭农场内涵式的核心构念；同时，基于现有文献对相关构念的界定，进一步明确家庭资源积累、资源获取、创业能力和农场经营绩效的界定，为后面对相关变量的测量打下基础；最后，基于家庭农场内涵式发展核心构念从理论上构建了后文研究的理论模型，提出了家庭资源禀赋（资源积累与资源获取）与农场经营绩效之间的关系模型和家庭资源禀赋、创业能力与农场经营绩效之间的关系模型，为后面实证研究奠定了理论基础。

第 6 章

理论模型的案例检验

本章从杭州、宁波、湖州和绍兴四个地区选取四家典型家庭农场进行深度半结构化访谈，并通过多方途径收集到相关二手数据，通过对四个典型家庭农场资料的归纳和整理以验证前文提出的理论模型的合理性。具体而言，本小节首先对典型家庭农场案例选择、数据收集与分析等进行了全面的介绍，其次对四个案例家庭农场的基本情况进行了描述，最后基于典型案例家庭农场资料进行了初步理论分析和理论模型的验证。

6.1 研究设计

6.1.1 案例选择

案例选择时应充分考虑农场所在地的地域经济状况、农场主个人特征、农场类型以及浙江省家庭农场的成长特点等，确保所选取的家庭农场能有典型的代表性。

首先，依据逐项复制和差别复制的法则（Yin，1994）选取四个典型案例家庭农场作为研究对象，分别来自杭州、宁波、湖州和绍兴，这四个市是浙江省市域经济不同发展水平的典型代表区域，其中宁波的慈溪作为浙江家庭农场的发源地是必不可少的；而且这四个地区的经济环境特征具有较大差异，有利于对本研究中不同资源积累、资源获取和创业能力的选择进行较好的解释。其次，该四个典型家庭农场均为成立时间在 4 年以上，有一定基础的家庭农场，基本都面临相同的外部制度环境，而相对资源困境与能力匮乏也各有差异，同时，这四个家庭农场类型分别是种植型、养殖型、种养结合型及综合型，基本涵盖了浙江省家庭农场目前的类型。再次，从所选案例的家庭农场主个人特征来看，有传统农民、种植大户，也有归乡大学生和社会资源、管理经验的社会人士，基本涵盖了农场主的个人特征。最后，该四个典型案例基本也涵盖了模型中涉及的不同的资源积累程度、不同的资源获取途径及不同的创业能力等情况，再增加其他案例基本不能增加新信息源，因此，这四个典型案例基本达到了饱和要求。具体的案例家庭农场情况描述参见表 6-1。

表 6-1　典型家庭农场基本情况

<table>
<tr><th>案例</th><th>成立时间（年份）</th><th>地区</th><th>类型</th><th>家庭成员</th><th>规模/亩</th><th>是否拥有自主品牌</th><th>资料收集方式</th></tr>
<tr><td>A 农场</td><td>2013</td><td>杭州（临安）</td><td>种植型</td><td>3</td><td>1 200</td><td>是</td><td rowspan="4">通过与农场主或家庭成员进行深度半结构化访谈获取一手数据，通过周边农户、相关政府职能部门、家庭农场相关网页以及一些媒体新闻等途径获取二手数据</td></tr>
<tr><td>B 农场</td><td>2010</td><td>宁波（慈溪）</td><td>多元结合型</td><td>5</td><td>800</td><td>是</td></tr>
<tr><td>C 农场</td><td>2012</td><td>湖州（南浔）</td><td>养殖观光型</td><td>2</td><td>230</td><td>是</td></tr>
<tr><td>D 农场</td><td>2013</td><td>绍兴（诸暨）</td><td>种植休闲型</td><td>2</td><td>300</td><td>是</td></tr>
</table>

6.1.2　数据资料的收集与分析

（1）案例数据资料收集

首先，典型案例家庭农场的研究数据收集关键在于对不同信息来源的重视，本研究数据主要来源于家庭农场主或家庭成员、了解该家庭农场的周边农户及政府相关人员和相关第三方报道的多种信息渠道获取，尽可能增强所得数据的可靠性和有效性。其次，对半结构性访谈均在征得访谈者同意下进行全程录音，均于当天晚上对其整理和核对，并对相关数据进行了详细的记录、编号和整理，明确不同数据的来源，并对有些不确定或不一致的数据进行了后续的追踪、修正。最后，由于家庭农场主或核心成员基本能全面和深入地熟悉农场整体的运营情况，其对于家庭资源积累、资源获取和创业能力等一手数据把握更为精准，同时，通过二手数据的收集，进一步有效地对一手数据进行补充和验证，且通过三方验证更进一步保障了研究数据的可靠性、有效性。

在半结构性深度访谈中，我们重点关注家庭农场的创建过程、经营绩效的取得以及在经营中的一些关键事件等，访谈形式较为灵活，访谈者根据提纲进行提问、追问和回答，访谈中允许受访者自由回答及作相关补充。访谈提纲如下：

1）创建家庭农场时的情况（意愿与动机、资源基础、信息来源等）；

2）创建家庭农场时家庭资源积累情况，包括的人、财、物、社会关系等，是否遇到投入不足的困境，当时是如何克服的？

3）家庭农场经营过程中获得过哪些帮助，包括地方政府情况、产业链各环节中资源获取情况等。

4）家庭农场的经营过程中的一些关键性事件，如资金短缺面临倒闭，一次性最大投资情况，多长时间开始创收，多长时间开始盈利。

5）对自己家庭农场的整体评价，成功还是失败？哪些因素起到关键性作用？对家庭农场未来的规划怎么样？对家庭农场经营是否有好的建议等。

（2）数据资料分析。在全面收集相关数据的基础上，采用频度分析法、理论分析法和 Delphi 方法对相关核心变量及指标进行选取评价。理论分析法是指通过构建家庭农场内涵式发展的核心影响因素，主要来选择那些能够影响家庭内涵式发展的维度及指标特点；频度分析法是指通过对已有研究中涉及的有关家庭农场经营中的一些因素进行频度统计，从中选择影响频率较高的指标；Delphi 方法是对初步的一些核心概念及对应的指标进行评价，并反复征询相关专家意见后，不断调整和完善影响农场发展的核心维度及相应指标。

1）在维度和具体指标构建中，充分研读已有研究成果，对家庭农场内涵式发展的内涵与外延进行界定，确定家庭农场发展中的核心维度：家庭资源积累、家庭资源获取、家庭创业能力和家庭农场经营绩效，形成了本章中相关核心变量界定的论述内容。

2）在对维度指标进行衡量中，通过不断梳理现有文献中的一些具体指标，继续使用理论分析，并对相关指标在文献中出现的频率进行分析，得到相应的一些基础指标，并为后一章问卷设计打下基础。

3）根据前期研究设计了有关家庭农场内涵式发展的调查表，向来自政界、实践界和学术界的 9 名专家（其中 2 位来自家庭农场主管部门的领导、3 名是所选案例的家庭农场主、4 名是三农研究领域的教授）发送意见征询调查表的电子邮件。专家意见反馈回来后，通过统计分析对调查表中存在的问题及时处理。随后，再次将修缮后的调查表电子邮件发送给前述专家进行了三轮意见征询和一次专家论证会，吸取合理建议对家庭农场内涵式发展的核心构念及基础指标进行了调整与完善。

6.2　典型家庭农场简介

6.2.1　A 农场简介

A 农场位于杭州市临安区，该区地处浙江省西北部，属季风型气候，温暖湿润，光照充足，雨量充沛，四季分明；境内地貌形态多样复杂，海拔从 9 米到 1 787 米，形成了种养业的多样化，粮、油、林、竹、茶、桑、果、菜、畜、禽、渔等多业并举；茶叶和竹笋属于该区第一产业中的主要产业。A 农场成立于 2013 年 4 月，主要从事种植茶叶、竹笋等，现有经营山地面积近 3 000 亩，农忙是雇佣人员约 20 人左右。农场创始人（A 君）高中毕业后，在外打过工，做过销售，后因父母年岁已高，便回家跟随父亲从事种植，期间从父亲最初的 50 余亩山地，不断流转至 1 000 亩，A 君对农业发展政策及走向有着较敏锐的“嗅觉”，在“1 号文件”出台前，便在百度上搜索了“家庭农场”的相关条目，并开始行动，2013 年，A 君成为该区第一批正式注册的“家庭农场”。注册前土地流转的资金除了父亲自有的一些积蓄外，其他资金主要来源于亲戚、朋友和同学的帮助；农忙的时候主要劳动力来源于周边农民；农场创建初期的主要技术也源于父亲的传授和自己的摸索。早期的客户主要是以朋友关系介绍为主，少量是通过互联网络途径和上门谈业务的方式获取，随着农场规模的逐渐扩大，朋友介绍为主的客户获取途径难以满足农场的发展需求，逐渐转化为通过客户等商业关系发展新的客户。利用空闲时间参加一些技术与管理培训，同时，还经常到浙江农林大学（位于临安）找一些专家咨询，甚至有时还进入课堂去蹭课，2015 年，A 君开始注册了自己的淘宝网站和商标，开始运营自己的品牌，由于在农场扩张、网站和品牌运营推广过程中投入了过多的精力和资金，特别是在 2016 年农场资金一度陷入紧张局面，通过农办朋友了解到土地经营权抵押贷款后，顺利办下了第一笔贷款，使农场度过难关。现在家庭农场基本处于快速发展期，2018 年开始农场出现了盈利，自己的品牌基本也有一定的区域影响力。

从 A 农场的发展历程来看，A 农场正式注册前有一定的家庭资源积累，并有得天独厚的地域优势，同时，为了父母，子承父业成为 A 农场注册的主要动机，可以看出这些对其经营绩效有较大的影响；同时，在注册后，能把握政策、利用自身人脉关系，打开销售渠道、获取更多的外部资源，并不断充实自己，从而保持家庭农场的正常运行。通过 A 农场的案例可以看出，农场需要结合自身资源基础、资源可获得性以及整合各类资源，对家庭农场进行合理的运营管理，为农场创造价值。

6.2.2 B 农场简介

B 农场位于宁波市慈溪市，慈溪市位于浙东杭州湾南岸，为沪、杭、甬三角地区结合部；地势南高北低，呈丘陵、平原、滩涂三级台阶状朝杭州湾展开；土壤为典型的组合型平原土壤，土层深厚，肥力充足，生产利用率高；同时，雨量充沛，属季风型气候。B 农场于 2010 年注册成立，主要从事瓜果蔬菜种植等业务，属浙江省、宁波市两级示范性家庭农场。现发展成为一家集种养结合、旅游观光、休闲度假及销售网络于等为一体的农业产业化企业。创始人 B 君在创建家庭农场之前已有较丰富的农业生产经验，还在一些公司做过销售管理人员，并与另外一个合伙人有过一次创业经历。在第一次创业失败之后，B 君曾多次探索寻找再次创业的方向，但经过详细的市场调研都不具备市场可行性，最终 B 君决定回归具有多年农业生产经验和人脉基础的乡下农村，开始了农场主的规划。基于当时慈溪较好的土地流转及其他农业政策，加之自己多年农业生产经验，B 君意识到识别到绿色环保的果蔬将有很好的前景，于是在 2010 年到工商部门注册了自己的家庭农场。B 农场最初的产品都是通过之前工作所积累的人脉关系进行销售，有部分对接进入一些商超。2012 年，B 农场开始启动自己的商标，注意自己的品牌。2011 年，农场出现了供不应求的状况，2013 年，B 君又流转土地 200 亩，并增购了机械设备等，同时当年还获取了政府的相应补贴几万元。随着家庭农场的发展，大学毕业后在外工作的儿子应 B 君多次要求，于 2014 年回家帮助 B 君打理农场，特别是在一些技术创新给 B 君不少帮助。B 君儿子回乡后恶补农业知识，并去中国农业大学进修，还时常向省、市农科院及相关专家请教，现已成为名副其实的技术专家。随着儿子的加盟，B 农场近年发展势头很好，2015 年开始从单一的果蔬种植，逐步建立了家庭农场自有的猪、鸡等养殖场地，同时还进行观光农业和休闲农业的探索，2018 年实现营业收入超千万的良好绩效。

总结 B 家庭农场成功经营历程，其经营的资源基础较好，特别是人力资本和社会资本较高，资源获取途径多元。在利用经营过程中，通过社会资本建立了自己的销售渠道，并获取了相关的商业资源，并通过从政府获得相应补贴，同时也得益于慈溪作为浙江家庭农场的发源地，从中获得了较好的服务性资源。农场在经营中能充分利用其优势资源，选取与该机会开发匹配度较高的产业链整合，最终获取高额经营绩效。

6.2.3　C 农场简介

C 农场位于湖州市的南浔区，该地处杭嘉湖平原水网地带，属于典型的江南水乡平原，地势较低、气候属北亚热带季风气候区。当地农家的一项传统农业产业便是湖羊，当地几乎家家都在养，年饲养量在 10 万头以上。农场创始人 C 君于 2012 年 8 月建立自家农场，占地面积达 180 余亩，2013 年 C 君敏锐地感知湖羊养殖的前景，在亲戚朋友的帮助下筹措资金 50 多万，进一步对农场设施与场地进行规划，并动员家人（主要是其妻子）放弃市区工作，一心投入湖羊养殖，加之有父母日常的照管与帮助，凭借自身多年的养殖经验，2015 年实现销售额 200 多万，家庭农场开始步入正常轨道。2016 年，在当地政府的帮助下，又将周边山地流转近 50 亩，进一步扩大和完善了家庭农场的相关配套设备实施；同年，被当地列为农业重点建设项目，并与浙大进行技术和人才合作，努力打造全国最好的湖羊养殖基地。2017 年，积极组织周边农户成立湖羊专业合作社和湖羊交易市场，基本形成了较为完整产业链，其经济效益已经与以往相比有了很大的提升，近年产值在 1 500 万以上。与此同时，还注册了自己的商标，利用自有的环境优美的生态牧草场、标准化的养殖模式，也常常供人免费观光和参观，是当地新型职业农民培训的重要实践教育基地之一。

从 C 农场的经营历程来看，其所经营的产品属于地方传统的产品，受到当地政府政策及相应资金扶持，辅之 C 农场自身具备丰富的资源基础和行业经验，同时加上浙大人才和技术的注入，其在经营过程中通过多种途径获取相应资源，并且根据农场经营目标对现有资源进行较好的整合，实现农场效益的快速增长。

6.2.4　D 农场简介

D 农场位于绍兴市诸暨市东南部，属于低山丘陵区，当地有着丰富的森林资源、林地面积占主导，适宜以种植业为主农业的发展，独特的地理环境孕育了多种绿色农产品，并先后被认定为浙江省森林食品基地、浙江省绿色农产品等。创始人 D 君 2010 年开始投资农场建设，2013 年正式注册为家庭农场，D 君投资农场前主要从事农业咨询服务工作，并成功策划、包装过很多农产品，具有较为丰富的营销经验。自 2013 年自己投入农场以来，先后流转了 200 多亩土地，主要种植红心猕猴桃，同时还利用当地自然资源优势种植了一些象牙竹，并在农场还散养了不少白鹅、土鸡等，对农场的一些产品进行初加工并注册了自身品牌的一些农副产品进行对外销售，并获得了国家无公害农产品及产地认证，农场发展得有声有色。2014 年利用众筹形式策划了现实中的家庭农场版，同年获取融资 32 万，为家庭农场的发展奠定了较好基础。在水果采摘期间每天还可提供近 80 人的餐饮服务；游客享用的大部分蔬菜、肉类等产品，基本实现了“自产自销”。营销模式上，D 农场的理念是为消费者提供绝对绿色无公害产品和最优质的体验服务，通过移动互联网渠道进行宣传，并提高农场餐饮服务的装修水平和品位，将目标客户定位为中高端客户，采取线上和线下结合的方式，线上销售渠道会发布一些关于农产品的百科知识，线下对家人经常参加一些不定期培训，提高其服务水平，优化客户的农场体验。近年来，基本每年可采摘猕猴桃 6 万多斤，吸引 3 000 多人次现场采摘，年收入超过 100 万。

从 D 农场的经营历程来看，农场在自身资源优势的基础上，能进行营销模式和产品的微创新，各类资源能进行较好的整合，进行业务拓展，从最初的红心猕猴桃种植，逐渐丰富自身产品，并拓展到农家观光体验。该农场的经营经历和实践过程也较好地说明在利用家庭资源积累的过程中，有效的资源获取和整合是实现家庭农场经营绩效的重要途径。

6.3 案例家庭农场分析

6.3.1 核心构念提取

本部分首先对典型农场的案例材料和数据进行分析，主要是就家庭农场经营中的核心构念进行提取（见表 6－2），并就不同构念间的作用关系进行提炼，进行理论模型的初步验证。

表 6–2　核心构念提取

典型案例	农场经营中代表性变量描述				理论提炼
	资源积累	资源获取	创业能力	经营绩效	
A 家庭农场	1. 自然资源适合种植，同时经营产品是当地的主导产业。 2. 子承父业，前期土地、资金资源基础较好。 3. 儿子大学毕业，有过销售经验。 4. 家庭在地方有较好的人脉关系	1. 当地产业基础较好。 2. 通过互联网和真正上门面见客户获取客户资源。 3. 进入临近的大学课堂学习和请教专家	1. 政策敏感性较强。 2. 整合各类资源，形成自身品牌	经营 4 年出现了盈利，自己的品牌有一定的区域影响力	充分利用家庭资源积累，不断拓展资源获取途径、把握市场机会，强化运营管理，帮助农场摆脱资金困境，进而创造家庭农场的价值
B 家庭农场	1. 自然资源为该农场提供了有利条件。 2. 有较丰富的农业生产经验，做过销售管理人员，有过创业失败经历，儿子加盟，成为技术专家。 3. 最初靠人脉关系进行销售，有部分对接进入一些商超。 4. 多次流转土地、增购机械设备	1. 获得政府补贴几万元。 2. 常向省、市农科院及相关专家请教。 3. 经常参加一些农博会、研讨会等	1. 创建了自身品牌。 2. 从单纯的种植转向休闲观光，做多元化发展	2018 年实现营业收入超千万	
C 家庭农场	1. 有丰富的养殖经验。 2. 自然资源丰富，适合养殖湖羊。 3. 有一定的经济基础。 4. 家人的参与	1. 当地盛养湖羊。 2. 政府帮扶。 3. 浙大进行技术和人才合作。 4. 当地已成立了湖羊专业合作社和湖羊交易市场	从养殖向生态草场、休闲观光和农民培训基地扩张	近年产值在 1 500 万以上	
D 家庭农场	1. 自然资源适宜以种植业。 2. 农场主有农业咨询服务工作和较为丰富的营销经验。 3. 重视服务类培训	1. 互联网渠道进行宣传采取线上和线下结合的方式。 2. 众筹资金	种植+养殖+休闲采摘等多元扩张	年收入超过 100 万	

6.3.2　核心构念分析

（1）案例家庭农场的资源积累

从案例家庭农场的资源积累来看，A、B、D 家庭农场的资源积累较高，更多资源来源于自身家庭积累，而 C 家庭农场有一定的资源积累，特别是在自然资源和养殖经验方面，但其他资源积累并不高。从四个典型案例的实地调研来看，在资源积累要素中，家庭自然资源积累均是其进行家庭农场经营的基础，可以说对家庭农场经营起到至关重要的作用；家庭人力资源积累不容忽视，其中 A、B 两个家庭农场，自儿子加盟后，得到了快速的发展，同时，人力资源中的经验和培训也是访谈中多次强调的关键词；社会资源积累是家庭农场信息来源的基础，也是家庭农场农产品销售渠道的突破口，在调研中很多农场主均强调了家庭人际关系的重要性，特别是在资金出现问题时，更多依靠社会资源寻求出路。

从上述四个典型案例家庭农场的描述反映出家庭资源积累存在一定差异，其资源积累最终对经营绩效的作用也有所不同。

（2）案例家庭农场的资源获取

在访谈中发现，四个家庭农场在创建过程中，均面临一些资源缺乏问题，为解决家庭农场经营困境，向外部获取资源成为解决家庭农场资源缺乏的首要任务。访谈中发现四个案例家庭农场均通过自身社会网络资源解决了一些信息、渠道、资金方面的问题，但当家庭农场发展到一定规模时，自身社会网络资源无法满足扩张需求，不得不转向政府的服务资源和产业链上的产业资源。B、C 家庭农场得到了政府大力扶持，且通过前期经营与政府部门已形成较好关系基础，在经营扩张中通过政府关系获取政府项目扶持资金、信息等各类资源，为农场扩张奠定了资源基础。同时，A 家庭农场通过网络、电话、拜访形成从较好的产业基础中获取一定的销售渠道，形成自己的品牌，A、B、C 家庭农场还通过大学、研究机构和科研院所、农博会、合作社、交易市场等从产业链上获取相应资源，从而提升自身家庭农场专业知识等不足的问题，D 家庭农场利用产业链的市场化途径，采用众筹方式获取家庭农场经营的一些必要资源。这些产业链上的技术创新、知识产权、市场化资源的获取在一定程度上节省了家庭农场大量内部开发的时间和资金成本。

因此，案例家庭农场的分析说明了从政府服务和产业链上获取资源对于家庭农场的创建、扩张以及高经营绩效回报的具有十分重要的作用。

（3）案例家庭农场的创业能力

创业能力直接影响家庭资源禀赋是否能被充分激活、资源禀赋价值是否能最大化利用，从而获取较好的经营绩效。家庭农场需要结合家庭资源禀赋的约束情况和把握市场机会进行科学合理的运营管理，最终创造家庭农场价值。结合四个案例家庭农场资料，本小节对机会相关能力和运营管理能力进行描述。机会相关能力是指家庭农场在自身资源约束情况下，较好地识别、开发和把握新的发展机遇。运营管理能力更多指家庭农场能充分利用自身资源禀赋，进行优化配置，产生最大价值从而获取相应经营绩效。

案例 A 家庭农场的创业能力体现出典型的机会把握和有效运营管理的特征。A 家庭农场在创建初期，土地、资金和销售渠道相对匮乏，农场主仍采较为传统的方式进行运营，自儿子加盟后，既做管理、做市场、做技术，还要运营自身品牌。家庭农场运营虽没有周密计划，也缺乏发展方向部署，但儿子的加盟成功把握了扩张机会，并以稳妥经营为主，不断优化已有资源配置的基础上寻求到了合适的发展机会，并取得了较好的绩效。

案例家庭农场中 B、C、D 三个家庭农场也同样反映出对市场机会的把握和运营管理的优化，他们从单一产品的经营，逐渐向多元化的扩张就是对市场机会把握能力的最好见证，同时，在多元化发展中不断完善与其发展需求相匹配的资金、技术、服务及配套设施，并不断调整自身的产品结构、提升自身盈利能力。B 家庭农场坚持绿色发展理念，在做强自身绿色瓜果蔬菜种植的同时，不断完善自身销售网络，并形成了集种养结合、旅游观光、休闲度假农业公司，最终实现自身的发展。C 家庭农场虽然自身资源积累并不丰富，但在政府和产业资源有效获取的情况下，进行有效运营管理，建设了自身的生态牧草场、形成了标准化的养殖模式，也逐步成为观光、参观和农民培训的重要基地。D 家庭农场通过敏锐的市场判断，采用众筹、和线上线下双向发展等方式来获取农场运营需要的各种资源，并结合自身资源进行优化配置，如加入休闲餐饮服务等，并形成自己的品牌特色等。

综合四个家庭农场的材料分析来看，家庭农场在自身资源积累和外部资源获取之后，把握市场机会并对家庭农场进行有效的运营管理显得十分关键，家庭农场应根据所能掌控的资源禀赋差异，采取不同的运营管理方式，进而实现市场机会的利用和家庭农场的经营绩效。

（4）案例家庭农场的经营绩效

家庭农场经营绩效是衡量农场经营活动的结果变量，能较好反馈出家庭农场经营效率和效果。本小节主要结合四个典型案例家庭农场访谈资料中获取的销售收入、农场规模及其相对市场占有率等队家庭农场经营绩效进行衡量。A 家庭农场经营 4 年出现了盈利，且自己的品牌有一定的区域影响力，家庭农场占地 1 000 亩；B 家庭农场在 2018 年实现营业收入超千万，家庭农场占地 500 亩，客户基本均为回头客；C 家庭农场近年产值在 1 500 万以上，占地 230 亩，湖羊销售量在湖州遥遥领先；D 家庭农场近年收入超过 100 万，占地 200 亩，且产品供不应求。

6.3.3 案例家庭农场发展共性分析

通过对四家典型家庭农场的分析发现，A、B、C、D 四家典型家庭农场的成长虽然受到市场环境、制度政策环境等外在环境的影响，但更多的影响的是受到家庭农场自身资源积累和资源获取的影响下，通过自身生产结构和组织活动安排，在不断调整自身规模与经营目标的情况下获得壮大发展的结果。同时，研究也发现，这四家家庭农场在发展中表现出主要的、共同的特征如下：

（1）经营产品从单一到多样化和品牌化。A、B、C、D 四家典型家庭农场基本都经历了农场经营产品从数量少、品种单一，到产品数量和质量提升的多样化和品牌化发展过程。同时，从最初的生产技术、生产环境、产品种养等专业知识的掌握程度较为欠缺到产量与质量不断提升，销售渠道拓宽且获得稳定发展，形成了一定品牌，并提供了相关休闲观光服务，形成区域性教育体验基地和社会实践基地。

（2）农场规模得到适度扩张。在相关农业政策制度的推动下，4 家家庭农场均采用了现代科技、农业设备与技术，农场生产效率得以提升，农场的规模化、现代化运营方式不可回避。四家农场在不断扩大自身规模以寻求更高的经营绩效目标的驱动，以及其他因素的多重激励下，农场规模均得到了扩张，并完成了相应基础设施的配套建设，虽然在追求规模扩张过程中受到资金等因素的制约，但基本均在地方财政和政策支持下，其规模均得到了一定程度的扩张，并形成了与之发展相匹配的适度规模。

（3）农场经营方式基本从分散的单一经营到一体化经营。家庭农场在经营过程中面临着诸多的经营风险、市场销售风险、自然风险等各种不确定性因素，因此，为了规避风险，减少各种风险压力导致的经营绩效低下等问题，家庭农场基本通过与“合作社”“农业企业”“商超”“互联网”等，形成了“家庭农场+”的经营方式。这种一体化经营模式与以往单打独斗的分散经营相比，既为家庭农场的长期投资、日常运营提供了稳定的长期契约保证，也极大地通畅了家庭农场农产品“从田间到餐桌”的中间交易环节，同时在信息搜寻等成本、运营风险降低等方面有很大的促进作用，从而提升了家庭农场经营绩效和发展外部环境。

（4）农场资源得以不断的优化整合。不难发现，四家典型农场在资源整合与配置方面均根据不同的经营状况进行了适时调整，特别是家庭农场经营战略的走向、经营规模扩张等方面均根据市场需求和环境变化进行了适度的调整，同时在资源利用方面，采用了集约循环化的方式不仅极大地节约了农场的运营成本，也在缓解家庭资源闲置的利用，更有效地美化了农场的运营环境，树立了良好的市场形象和社会口碑，进而促进了家庭农场经营绩效提升。

（5）农场主胜任素质不断提升。家典型农场中有顺利继承和接手管理父亲的家庭农场的大学毕业生、也有紧跟时代步伐而不断地学习和掌握与有关的新知识、新方法、新技能的农场主。他们通过参加各级政府和行业协会举办的各种讲座、培训班，甚至是直接进入大学课堂，他们经常和其他农场主朋友们一起交流分享经验、有直接进入科研院所找专家进行咨询与合作等多渠道、多层次、多类型的学习，从而大大提升了家庭农场的科学生产能力，为加快推进家庭农场的发展找到了人才支撑和智力支持；更使家庭农场主面对时刻变化的市场环境进行自我调整，以适应和增加与市场环境的相容程度，从而实现自身家庭农场经营绩效最大化。

6.4 基于案例家庭农场的模型验证

本小节将对四个案例家庭农场的经营过程进行分析，并从中总结出各家庭农场的资源积累、资源获取和创业能力、家庭农场经营绩效的内在关系（详见图6-1），以初步验证前文的理论模型。

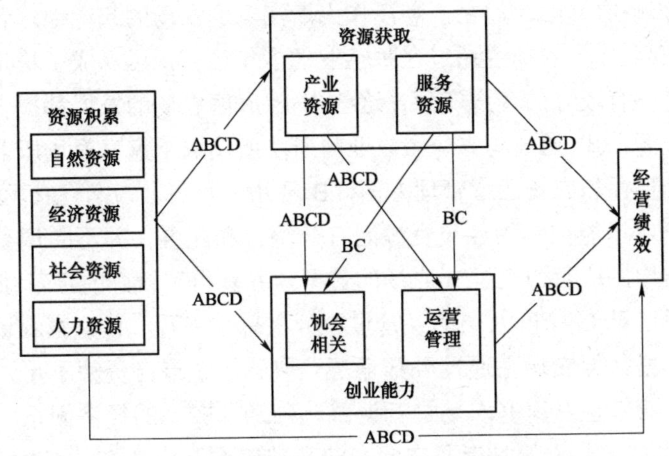

图6-1 基于典型案例对理论模型检验结果

（1）通过对A家庭农场的经营过程分析来看，其家庭资源积累是农场经营绩效提升的基础，并通过从政府服务和产业中获取相关资源促进了家庭农场的扩张，这些为家庭农场经营绩效提供了必要的资源保障，加之对市场机会的把握和农场有效的运营管理，从而获得了较好的经营绩效。A家庭农场在经营中由于父辈更多的局限在家庭资源积累上，由此限制了家庭农场的发展，A 家庭农场发展初期面临资源约束困境：① 资金资源多来自家庭自有资金，扩张相对紧张，从而导致相关资源获取困难；② 人力资源较弱，基本停留在父辈的经验种植，缺乏相应技术和管理；③ 客户与信息资源主要依靠自家亲戚朋友等社会网络关系获取。当儿子加盟后，通过从地方良好的产业链上获取更多的客户资源、技术资源和一些信息资源，加之敏锐的市场嗅觉和对家庭农场的合理运营管理，快速推动了家庭农场发展，并获得一定的经营绩效。主要表现为：农场主儿子能将管理、销售、技术、品牌运营、财务等任务“一肩挑”，带领家人不断突破资源积累限制，并通过科学合理的运营管理使家庭农场不断调整规模、优化自身资源配置，使家庭农场稳定发展并盈利。

（2）通过对 B 家庭农场经营过程分析来看，B 家庭农场依托较好的自然资源，有着多年行业从业经验，并积累了较殷实的人力资源、社会资源和经济资源，这些为家庭农场获取较好的经营绩效奠定了坚实的基础。同时，通过较好的产业链资源和政府服务资源获取了家庭农场快速发展的机会，主要表现如下：① B 家庭农场一直从事绿色瓜果蔬菜种植，并在当地有较好的口碑和从业经验，同时，通过多年与政府打交道，形成了良好的政企关系，在 2013 年获得政府补贴，加之，慈溪作为浙江家庭农场的起源地，各种资源的可获性均较高；② 农场主通过在种植业的多年经营，已形成了稳定的商超等合作关系，并有较好的客户资源，这些为 B 家庭农场的发展都提供了极具价值的潜在资源；③ 通过与省、市农业科研院所获取了家庭农场所需的技术资源。在机会把握和农场运营管理方面，B 君儿子回归，为家庭农场新增活力，通过对家庭农场能控制的各类资源的有效整合和配置，并不断调整和优化农场的产品结构，从而加速了 B 农场的转型，并获得了较好的经营绩效。

（3）通过对 C 家庭农场的经营过程分析总结来看，该家庭农场虽然资源积累并不丰富，但农场主通过外部资源获取弥补了自身资源不足，并通过后期的有效运营管理对家庭农场进行调整，创造了较高的经济回报。在资源获取方面：① C 家庭农场具有坚实的产业基础和得天独厚的湖羊养殖优势，得到了政府政策扶持，并与政府形成了良好的关系，从而能从地方政府获取相应科技项目和资金支持等资源；② C 家庭农场借助产业链上的优势，通过与浙大等科研院所合作，寻求了发展中较难匹配的相应技术资源，同时，还通过合作社和交易市场获得了家庭农场获得了相应的信息资源、客户资源等。在机会相关和运营管理方面：① C 家庭农场为湖羊产品的开发配置较为专业化人才、生态牧草场、标准化的养殖模式；② 在养殖的同时，为进一步强化政企关系，发挥示范效应，还建立了自己的产品体验中心、观光和培训基地等配套设施，从而使家庭农场步入快速发展车道，并获取更好的经营绩效。

（4）通过对 D 家庭农场经营过程分析来看，其从政府服务中获取的资源相对较少，但该农场主要通过自身资源积累和从产业资源中获取相应资源，并通过对拥有资源的有效运营，获得了较好的经济收益。D 家庭农场在资源获取方面表现如下：① D 家庭农场把握了线上和线下双向途径经营中高档农副产品，其经营所需的资源除了一般的资源积累外，更多需要一定技术含量或营销创新程度较高的资源，而这恰好也是 D 君的长处，这为家庭农场从线上和线下获取资源提供了较好的基础；② D 家庭农场以共享为驱动，通过一定方式进行众筹以获取相应的合作伙伴，从而得到农场经营中所需其他相应资源。如 D 君所说，“我们现有产品的每一个资方在其各自的市场中均有相应的能力或资源，众筹在某种程度上不仅仅是资金，更大意义上是农场当期规划下难以匹配的各类资源”。对于 D 家庭农场的创业能力方面，家庭农场正式创建前已基本形成了较为完备的战略规划，在不同时期，不同季节均会有不同的资源与之相匹配，特别是一年四季的不同产品类型、出资者的精心筛选，和自身服务能力提升等方面均进行了优化配置，为家庭农场经营绩效奠定了保障。

综合四个案例家庭农场的分析结果不难看出，本研究提出的家庭农场资源积累、资源获取、创业能力与经营绩效内在关系的理论模型初步得到了案例家庭农场的支持，并得到初步结论如下：（1）不同家庭农场的资源积累程度在市场中均存在一定的差异性，并且不同资源积累程度将直接影响经营过程中所需的资源数量、资源类型的获取；（2）对于资源积累相对匮乏的家庭农场而言，必须通过多种方式和途径来拓展外部资源获取，家庭农场外部资源获取主要可从政府服务和产业链资源中获取，经营中需要根据自身资源积累，对所需资源类型与数量的可获性等采取合适的途径获取，从而促进家庭农场获得高额经营绩效。（3）在家庭资源积累匮乏且难以有效获取相应资源的困境中，家庭农场应充分把握市场机会，利用科学合理的运营管理来激活家庭现有资源；而当家庭资源禀赋相对丰富且容易获取时，家庭农场更应该通过对资源的优化配置进行有效整合，实现资源价值的附加值。（4）综合来看，家庭农场应该结合家庭自身资源积累，寻求合适的外部资源获取途径，并进行有效匹配、优化和整合，通过市场机会的把握和有效的运营管理方式，以取得更好的经营绩效。

6.5 本章小结

本章首先对关键变量的内涵与维度进行了系统的梳理，其中将资源积累分为自然资源、人力资源、经济资源和社会资源四类，将资源获取划分为政府服务资源和产业资源两类，将创业能力分为机会相关能力和运营管理能力两种。随后，依据企业成长理论、资源基础观、创业能力等相关理论构建家庭农场资源禀赋、创业能力和经营绩效的理论模型，并在杭州、宁波、湖州和绍兴选择四个典型案例家庭农场进行深度半结构化访谈及相关二手数据的收集，并对各个关键变量进行了分析。最后，采用多案例分析对本部分提出的理论模型进行了初步验证。

第 7 章

家庭农场内涵式发展要素的测量与分析

本研究重点关注资源禀赋、创业能力对家庭农场经营绩效的作用机理，因此本章将在内涵式发展要素的基础上，结合前一章典型家庭农场的案例分析，对资源积累、资源获取、创业能力和经营绩效等核心构念进行提取的基础上，借鉴现有研究文献对各构念的问题进行设置，形成本研究的核心问卷，并在调研基础上进行数据处理，最终形成本研究的核心因子，并就各核心因子进行深入分析，为后文实证提供基础。

7.1 问卷设计与调查

7.1.1 问卷基本内容

为准确把握浙江省家庭农场发展现状与制约性障碍、生产性资源要素、创业能力、经营绩效等方面的情况，本研究问卷分成两部分，第一部分是家庭农场发展现状调查，包括家庭农场成立时间、农场主个人信息、经营模式、经营规模、经营定位等基本信息。第二部分主要针对家庭农场内涵式发展要素进行深入调研，主要包括家庭资源禀赋、创业能力与经营绩效等三个方面。经营禀赋从两个维度展开，分别是家庭农场的人力资源、社会资源、经济资源、自然环境资源等资源积累维度和家庭农场经营中产业资源获取和服务资源获取等资源获取维度；创业能力从家庭农场的运营管理能力和机会相关能力展开；各维度中各变量在调查中进行了取舍，最终形成了本研究的调查问卷（详见附录）。

7.1.2 问卷设计过程

Aaker 等（1999）认为问卷的构建与设计包括 5 个步骤：第一步是计划要衡量什么，主要要检视研究目的与议题、搜索相关资料、确定问卷内容；第二步是问卷建构，包括确定每个核心概念的问题和格式；第三步是确定问卷用语，包括问题的选词用句、衡量语句可理解性；第四步对问项与问题的排序、编辑，主要对其以合适的顺序进行呈现，并将相关主题进行适当组合；第五步是前侧及修正问题，即预测问卷，修正问卷中不具信度的部分。

本研究的问卷设计包括 5 个部分。

第一，通过检索查阅相关资源禀赋、创业能力和经营绩效等方面的研究文献，将相关文献已论证的影响及其变量指标进行理论分析和频率分析的基础上进行归纳整理，结合 30 个农场主的结构性访谈汇总，对照浙江省家庭农场经营实践情况，设计出本研究需要调查的基本内容。

第二，个人分别对 15 家示范性家庭农场进行访谈和深度交流，广泛征求意见。访谈主要包括两个方面：一是就初始假设征求家庭农场主的意见，以检验研究思路是否与现实相符合；二是征询一些家庭农场主对本研究一些调查内容的意见，以充实和完善初始调查问卷。

第三，征求相关农村经济研究的专家意见。首先三轮专家意见反馈和一次现场论证会的基础上，不断完善和修改调查问卷。根据这些意见，在研究概念、内容等方面进行了仔细修改，初步形成了变量测量项目，并形成了修改调查问卷。

第四，对修改调查问卷进行预测试。问卷首先选择了诸暨、临安、富阳、丽水、慈溪、开化、武义等 10 个区域的 76 家省级示范农场进行深入的预调研，根据预调研反馈的结果对调查问卷的各题项采用 CITC 分析和内部一致性信度分析（采用 Cronbach’a 系数）对测量项目进行了净化处理，在此基础上采用探索性因素分析进行量表的维度检验。最终形成研究的各变量和各潜变量的观测变量。

第五，根据预测试结果及调研中存在的问题，进一步修订问卷内容，得到最后的正式调查问卷（见附录）。问卷中的数据说明：鉴于农场主对经营过程中的数据一般都只知道大概，很少有人能提供准确数据，因此，对第一和二部分中涉及的一些问题有具体的度量单位外，对第后面部分中的人力资源、自然环境资源、社会资源、经济资源等资源积累，服务资源和产业资源获取，创业能力和经营绩效等无形资源难以度量和统一，许多农场主并不清楚自己的无形资源价值如何，其数据将更加难以采集。因此第后面部分的每个测量项目最终均采用李克特七点尺度进行测量。

7.1.3　问卷调查与回收

根据预设变量重新设置正式问卷，问卷主要通过学生实地调查（访谈）、老师培训课堂调查和专访座谈调查三种方式发放，调查对象涵盖了杭、宁、温、嘉、绍等浙江 11 个地区的家庭农场的 500 多家农场。调查组选择了 7 名大四学生，并经过严格培训后，采用实地调查、访谈等形式发放 210 份问卷，回收 143 份；通过家庭农场主经营培训课堂发放 200 份问卷，回收 173 份；通过地方农业办公室组织家庭农场主座谈发放 100 份问卷，回收 91 份。问卷调查始于 2016 年 4 月，历时近两年，共发放问卷 510 份，回收 407 份，问卷回收率达到 79.8%，经过剔除有缺失值和存在明显倾向性错误的问卷，最终得到有效问卷 322 份。具体回收样本的结构及问卷区域分布如表 7－1 所示。

表 7－1　样本结构及问卷区域分布

区域	纯种植业		纯畜牧业		纯渔业		种养结合		种养兼休闲		合计	
	样本数	比例/%	样本数	比例/%	样本数	比例/%	样本数	比例/%	样本数	比例/%	样本数	比例/%
杭州	12	46.2	2	7.7	0	0	4	15.4	8	30.8	26	8.1
宁波	18	35.3	8	15.7	8	15.7	2	3.9	15	29.4	51	15.8
温州	5	18.5	6	22.2	8	29.6	2	7.4	6	22.2	27	8.4
嘉兴	18	54.5	4	12.1	0	0	4	12.1	7	21.2	33	10.2
湖州	12	38.7	5	16.1	2	6.5	2	6.5	10	32.3	31	9.6
绍兴	16	59.3	0	0.0	1	3.7	2	7.4	8	29.6	27	8.4
金华	7	31.8	6	27.3	2	9.1	3	13.6	4	18.2	22	6.8
衢州	21	55.3	8	21.1	1	2.6	2	5.3	6	15.8	38	11.8
舟山	3	23.1	1	7.7	4	30.8	2	15.4	3	23.1	13	4.0
台州	6	31.6	2	10.5	4	21.1	3	15.8	4	21.1	19	5.9
丽水	15	42.9	6	17.1	1	2.9	4	11.4	9	25.7	35	10.9
合计	133	41.3	48	14.9	31	9.6	30	9.3	80	24.8	322	100

从表 7－1 中的样本经营类型来看，目前浙江省家庭农场的主要经营类型集中在纯种植业，其占比达到 41.3%，其中特别是绍兴和衢州两地区的纯种植业分别占比 59.3%和 55.3%，而温州仅占 18.5%；同时，近年来在农业产业融合发展的大环境中，种养兼休闲的经营类型较以往有较大增长，其占比在所有经营类型中达到 24.8%，特别是湖州的家庭农场中种养兼休闲的占比为 32.3%，而最低占比的为衢州，但也有 15.8%，可见种养兼休闲类型的家庭农场基本均较为集中，没有出现一些极端情况；纯渔业的家庭农场更多集中在舟山、温州和台州，分别占比达到了 30.8%、29.6%和 21.1%，而相对杭州和嘉兴则较少，这一定程度上也充分体现了家庭农场在经营类型选择上对农场自然资源有充分的考虑，这也为后面的自然资源对家庭农场经营绩效的促进作用提供了现实证据。从样本的区域分布来看，样本选择更多的在宁波，其占比为 15.8%，其次是衢州，占比 11.8%，最少的样本为舟山，仅为 4%；从这些占比中基本也符合各地区家庭农场的发展状况，从历年家庭农场注册数据来看，宁波市注册的家庭农场数最多，其次是衢州市，最少的是舟山市（蔡颖萍、周克，2015）。因此，从样本结构及区域分布来看，所选样本基本涵盖了目前浙江省家庭农场的经营类型和区域分布，样本具有一定的代表性。

7.2 家庭农场基本情况分析

表 7－2 浙江省家庭农场基本情况调查表

变量	均值	方差	最小值	最大值
性别	0.612	0.488	0	1
年龄	37.040	7.051	25	60
教育年限	11.935	2.439	6	16
是否自有品牌	0.668	0.472	0	1
规模	2.460	1.149	1	5
农场成立时间/年	4.997	2.745	1	9

注：性别按 1=男，0=女；受教育年限按得分计量，其中：6=小学及以下，9=初中，12=高中或中专，15=大专，16=本科及以上；自有品牌按 0=无，1=有；农场规模按得分计量，其中 1=100 亩以下，2=100－200 亩，3=200－300 亩，4=300－400 亩，5=400 亩以上。

（1）家庭农场主性别情况。从调查结果看，在 322 个样本家庭农场中，农场主为男性的有 197 个，占全部样本的 61.18%，女性农场主有 125 个，占 38.82%，农场主中男性占比具有优势，从以往调查的女性农场主占比来看，这一结果有所上升，一方面说明家庭农场的生产劳动强度较大，另一方面也说明在浙江女性在家庭中的地位有所上升。

（2）家庭农场主年龄情况。在 322 个样本家庭农场中，农场主的平均年龄在37岁左右，其中，30岁以下的占比为19.88%，30～35岁之间的占比29.5%，36～40岁之间占比21.13%，41～45岁之间占比15.53%，50岁以上的占比7.14，而 60 岁以上的仅有 1 人，可见，家庭农场主普遍具有年轻化态势。

（3）家庭农场主受教育情况。在 322 个样本家庭农场中，小学学历仅有 6 人，初中学历有 55 人，高中或中专学历有 196 人，大专及本科学历有 57 人，全样本农场主的平均受教育年限为 11.93 年，因此家庭农场主主要以高中或中专学历为主，农场主的学历层次仍有进一步提升空间。

（4）家庭农场自身品牌建设情况。从调查结果看，具有自身品牌的农场共有 215 家，占比 66.77%；未形成自身品牌的农场有 107 家，占比 33.23%，可见大部分家庭农场均意识到品牌建设的重要性，当然这跟调研过程中的主要调研对象为示范性家庭农场有关。

（5）家庭农场的经营规模情况。322 个样本家庭农场调研发现家庭农场的规模逐渐趋于理性化和适度化。其中经营规模在 100 亩以下的有 62 家，100～200 亩有 141 家，200～300 亩有 47 家，300～400 亩有 53 家，400 亩以上仅有 19 家，分别占样本总量的 19.25%、43.79%、14.60%、16.46%和 5.90%，家庭农场平均规模在 2.46，即在 200～300 亩之间。结合以前的研究结论看，由于近年来对家庭农场准入条件的限制，家庭农场规模方面基本得到了控制，适度发展已成趋势。

（6）家庭农场成立时间情况。从调研情况看，322 个样本家庭农场成立时间在 10 年以内，最短成立时间为 1 年，而最长的也只有 9 年，平均成立时间为 4.99 年，相对而言，调研的家庭农场成立时间相对较短，这主要因为在筛选样本时以当地工商部门登记注册的时间点为准，其中有些家庭农场虽然发展时间较长，但由于正式登记注册时间较短造成。

7.3 变量测量

本研究探讨资源积累与资源获取、创业能力以及农场经营绩效的关系。为了确保变量测量的可靠性，本研究以现有参考研究中比较成熟的量表为基础，根据家庭农场的特征和浙江社会经济发展情境进行相应的调整、修改和补充。本研究采用 Likert 七分制对所有变量进行测量，各核心变量的测量情况如下。

7.3.1 资源积累

（1）自然资源积累

参考与借鉴了侯婧等（2011）、李向荣（2017）、张朝华（2018）等的研究成果，在经过预调研后，筛选了七个题项的测量来度量家庭自然资源积累情况，主要包括了家庭农场经营中的土地资源、水资源和气候资源等。具体的测量题项如表 7-3 所示。

表 7-3 自然资源积累的测量题项

构念名称	编号	题项
自然资源积累	ZRZY1	家庭农场的土地没有出现碎片化现象
	ZRZY2	家庭农场的土地地形、地势得天独厚
	ZRZY3	家庭农场的土地肥力充足，能满足发展需求
	ZRZY4	家庭农场的土地承包期限较为稳定
	ZRZY5	家庭农场的灌溉条件能满足农场发展需求
	ZRZY6	家庭农场所在地的气候宜人，适合农场发展
	ZRZY7	家庭农场周边土地容易转让，适合农场扩张

（2）经济资源积累

参考与借鉴了雷晓燕和周月刚（2010）、李尚蒲等（2011）、李向荣（2017）、张朝华（2018）等相关研究成果，在经过预调研后，筛选了五个题项的测量来度量家庭经济资源积累情况，主要包括了家庭农场经营中的资金状况、家庭收入水平、生产资料、生活水平和土地充裕性等。具体的测量题项如表 7-4 所示。

表 7-4 经济资源积累的测量题项

构念名称	编号	题项
经济资源积累	JJZY1	家庭有充裕的资金可供农场发展支配使用
	JJZY2	家庭年总收入在当地处于较高水平
	JJZY3	家庭农场拥有充裕的生产性工具设施等
	JJZY4	家庭生活水平在当地处于较高水平
	JJZY5	家庭自有土地能满足家庭农场生产需求

（3）社会资源积累

参考与借鉴了秦剑和张玉利（2013）、李向荣（2017）、张朝华（2018）等相关研究成果，在经过预调研后，筛选了五个题项的测量来度量家庭社会资源积累情况，主要包括了家庭农场成员中以血缘、地缘等关系所形成各种网络社会关系的数量与质量等。具体的测量题项如表 7－5 所示。

表 7－5　社会资源积累的测量题项

构念名称	编号	题项
社会资源积累	SHZY1	家庭成员与正式网络成员有紧密的合作关系
	SHZY2	家庭成员在农场所在地的生活时间较长
	SHZY3	家庭成员与非正式网络成员有密切的往来
	SHZY4	家庭成员在本地的亲戚数量
	SHZY5	家庭成员在当地具有较高的威望

（4）人力资源积累

参考与借鉴了李尚蒲等（2011）、罗必良等（2015）、李向荣（2017）、马小勇（2017）、张朝华（2018）相关研究成果，在经过预调研后，筛选了五个题项的测量来度量家庭人力资源积累情况，主要包括了家庭农场生产经营中的家庭劳动力、临时用工、教育程度、生产经验及技术等。具体的测量题项如表 7－6 所示。

表 7－6　人力资源积累的测量题项

构念名称	编号	题项
人力资源积累	RLZY1	家庭劳动力能满足农场生产需要
	RLZY2	临时用工能满足农场需要
	RLZY3	家庭成员都接受过正规教育
	RLZY4	家庭成员具有丰富的农场生产经验
	RLZY5	家庭成员掌握了农场生产必需的技术

7.3.2　资源获取

（1）产业资源获取

参考与借鉴了 Starr 和 Macmillan（1990）、Zhang 和 Wong（2008）等现

有相关研究成果，在经过预调研后，筛选了六个题项的测量来度量家庭农场产业资源获取情况，主要包括了家庭农场所在地的经济发展状况、供应商、销售渠道、交通设施、相关的农业合作社及农业公司等。具体的测量题项如表 7-7 所示。

表 7-7　产业资源获取的测量题项

构念名称	编号	题项
产业资源获取	CYZY1	当地经济发展速度较快
	CYZY2	当地容易找到相应农场所需生产资料的供应商
	CYZY3	当地容易找到较好的销售渠道
	CYZY4	当地相对成熟的合作社、大型的农业公司等
	CYZY5	当地有相对完善的交通、通讯等基础设施
	CYZY6	当地有相对完善的水、电、气等生产设施

（2）服务资源获取

参考与借鉴了卫武（2006）、吴吟寅（2016）等相关研究成果基础上，经过预调研后，筛选了四个题项的测量来度量家庭农场服务资源获取情况，主要包括了家庭农场经营中的政务服务平台、政府提供的各类技术管理等服务、优惠与支持政策、相关职能部门办事效率等。具体的测量题项如表 7-8 所示。

表 7-8　服务资源获取的测量题项

构念名称	编号	题项
服务资源获取	FWZY1	政务平台基本能满足“最多跑一次”
	FWZY2	政府为家庭农场提供必要的技术和管理类培训、咨询与服务等
	FWZY3	政府能为家庭农场提供优惠的税费政策
	FWZY4	政府及职能部门工作人员办事效率高

7.3.3　创业能力

（1）机会相关能力。对家庭农场的机会相关能力的测量，主要参考借鉴了 Chandler 和 Jansen（1992）、唐靖和姜彦福（2008）、马鸿佳等（2010）、谢雅萍和王国林（2016）、庄晋财等（2014）及彭莹莹和汪昕宇（2017）、易朝辉等（2018）的研究成果，同时，考虑到家庭农场在创业中的特点，本研究对学者们的量表进行了适当修改后，采用了三个题项对机会相关能力进行测量，经过预调研和删减后，最终得到了本研究的机会能力的测量题项，如表 7－9 所示。

表 7－9　机会能力的测量题项

构念名称	编号	题项
机会相关能力	JHNL1	能够准确感知和识别到消费者未被满足的需求
	JHNL2	能够寻找可以给消费者带来有价值的新产品和服务
	JHNL3	擅长开发新创意

（2）运营管理能力。对于家庭农场运营管理能力的测量，借鉴了贺小刚等（2006）、唐靖和姜彦福（2008）、马鸿佳等（2010）、庄晋财等（2014）及彭莹莹和汪昕宇（2017）、易朝辉等（2018）的等人的研究成果，同时结合郭润萍和蔡莉（2014）所采用的一些量表。在前期预调研和对相关题项进行筛选后，最终采用 6 个题项对家庭运营管理能力进行测量，主要包括了农场的定位与规划、各类要素的配置运用情况、适时变化调整情况、与政府部门等利益相关者之间的关系等。具体的测量题项如表 7－10 所示。

表 7－10　运营管理能力的测量题项

构念名称	编号	题项
运营管理能力	YYNL1	能为家庭农场制订合理的定位与长期规划
	YYNL2	能合理配置和运用家庭农场的各类要素资源
	YYNL3	能根据农场内外部情况及时调整农场经营目标和经营思路
	YYNL4	能与政府职能部门建立良好的关系
	YYNL5	能与利益相关者建立稳定长期友好的关系
	YYNL6	能在农场经营过程中克服各类困难、坚持不懈

7.3.4　经营绩效

根据研究目的及需要，结合家庭农场经营实际，本研究拟采投资回报率、销售增长率、规模合理性、相对市场占有率、固定资产更新速度和顾客满意度等对家庭农场经营绩效进行测度。具体的测量题项如表 7－11 所示。

表 7－11　经营绩效的测量题项

构念名称	编号	题项
经营绩效	JYJX1	近年来，家庭农场的投资回报率高
	JYJX2	近年来，家庭农场销售总额增长快
	JYJX3	近年来，家庭农场的规模日趋合理
	JYJX4	与其他家庭农场相比，农场的市场占有率更高
	JYJX5	近年来，家庭农场固定资产更新速度快
	JYJX6	近年来，家庭农场产品（服务）的顾客满意度提升较快

7.3.5　控制变量

本研究还考虑了控制变量对研究结果的影响，选取家庭农场主的特征变量和家庭农场的特征变量等作为控制变量，以排除这些因素对研究结果的影响。

对于农场主的特征变量，主要包括性别、年龄、教育年限，其中“性别”这一虚拟变量中 1 表示男性、0 表示女性，年龄采用的是农场主的实际年龄表示，教育年限（1：受教育年限 6 年及以下，2：受教育年限为 6～9，3：受教育年限 9～12，4：受教育年限 12～16）；同时，家庭农场的特征变量主要包括了是否拥有自身品牌、创建的时间和规模等，这些将影响家庭农场的资源基础、获取渠道、创业能力以及经营绩效等（赵晓芸，2008），其中“是否拥有自身品牌”仍为虚拟变量（0 表示无，1 表示有），以“农场面积”变量来反映家庭农场规模（1=100 亩以下，2=100～200 亩，3=200～300 亩，4=300～400 亩，5=400 亩以上），将家庭农场的注册年限设置为控制变量“建立时间”。

7.4　关键变量因子分析

7.4.1　资源积累因子分析

（1）家庭农场资源积累的结构维度

对家庭农场资源积累进行因子分析：采用主成分分析方法抽取因子，用正交方差极大法进行因素旋转，因子萃取标准遵循 Kaiser 准则，即选取特征值大于 1 的因素；采用 KMO 检验值检验各问卷数据是否适合进行因子分析，根据学者 Kaiser（1974）、吴明隆（2010）、邱皓政（2013）的观点，如果 KMO 值小于 0.5 则不适合进行因子分析，KMO 值大于 0.6 可进行因子分析，其中，KMO 值大于 0.8 说明变量间关系良好，KMO 值大于 0.9 说明变量间关系极佳。用 Cronbach'a 系数来检验因子内部结构的一致性：对于层面或构念分量来说 Cronbach'a 值高于 0.5 则在可接受的范围，高于 0.6 为较佳信度范围，高于 0.7 为高信度范围；若 Cronbach'a 值低于 0.5 则为不可接受的信度范围（Nunnally, 1978）。

家庭农场资源积累的因子分析结果如表 7－12 至表 7－14 所示，资源积累量表的 KMO 值为 0.907＞0.6，Bartlett 球形度检验 p 值为 0.000，表明家庭资源积累量表适合做因子分析；资源积累量表的 22 个测量变量可以提取 4 个因子，每一个测量变量的因子负荷均在 0.597 以上，总体方差的解释率高达 65.731%，以上结果说明资源积累量表的建构效度良好。同时，运用 SPSS19.0 对家庭农场资源积累量表的测量变量进行信度分析，结果显示各维度的 Cronbach'a 为 0.841、整个资源积累的 Cronbach'a 为 0.922，均大于 0.80，说明资源积累量表的信度高，该测量量表的内部一致性信度符合要求。

表 7－12　家庭农场资源积累的 KMO 和 Bartlett 的检验结果

取样足够度的 Kaiser－Meyer－Olkin 度量		0.907
Bartlett 的球形度检验	近似卡方	4 236.945
	df	231
	Sig.	0.000

表 7－13　家庭农场资源积累积累的总方差解释

成份	初始特征值			提取平方和载入			旋转平方和载入		
	合计	方差的百分比	累积百分比	合计	方差的百分比	累积百分比	合计	方差的百分比	累积百分比
1	8.741	39.732	39.732	8.741	39.732	39.732	4.328	19.672	19.672
2	2.645	12.025	51.757	2.645	12.025	51.757	3.480	15.816	35.488
3	1.691	7.686	59.444	1.691	7.686	59.444	3.452	15.691	51.179
4	1.383	6.288	65.731	1.383	6.288	65.731	3.201	14.552	65.731
5	0.871	3.959	69.690						
6	0.724	3.289	72.980						
7	0.599	2.723	75.702						
8	0.571	2.597	78.299						
9	0.520	2.364	80.663						

续表

成份	初始特征值			提取平方和载入			旋转平方和载入		
	合计	方差的百分比	累积百分比	合计	方差的百分比	累积百分比	合计	方差的百分比	累积百分比
10	0.470	2.134	82.797						
11	0.442	2.010	84.807						
12	0.430	1.955	86.763						
13	0.414	1.883	88.646						
14	0.393	1.785	90.430						
15	0.369	1.677	92.107						
16	0.341	1.551	93.658						
17	0.318	1.447	95.105						
18	0.300	1.366	96.471						
19	0.250	1.135	97.606						
20	0.233	1.060	98.666						
21	0.164	0.745	99.411						
22	0.130	0.589	100.000						

提取方法：主成份分析。

表 7－14　资源积累因子的旋转成份矩阵

测量变量	Cronbach's Alpha	成份			
		1	2	3	4
家庭农场的土地没有出现碎片化现象	0.910	**0.829**	0.244	0.140	0.179
家庭农场的土地地形、地势得天独厚		**0.779**	0.245	0.099	0.167
家庭农场的土地肥力充足，能满足发展需求		**0.768**	0.277	0.176	0.211
家庭农场的土地承包期限较为稳定		**0.754**	0.136	0.063	0.291
家庭农场的灌溉条件能满足农场发展需求		**0.640**	0.214	0.158	0.254
家庭农场所在地的气候宜人，适合农场发展		**0.639**	0.365	0.140	0.176
家庭农场周边土地容易转让，适合农场扩张		**0.597**	0.342	0.174	0.250
家庭有充裕的资金可供农场发展支配使用	0.864	0.312	**0.770**	0.102	0.069
家庭年总收入在当地处于较高水平		0.185	**0.763**	0.035	0.223
家庭农场拥有充裕的生产性工具设施等		0.274	**0.745**	0.121	0.102
家庭生活水平在当地处于较高水平		0.241	**0.716**	0.081	0.184
家庭自有土地能满足家庭农场生产需求		0.242	**0.709**	0.091	0.212
家庭成员与正式网络成员有紧密的合作关系	0.879	0.089	0.023	**0.856**	0.117
家庭成员在农场所在地的生活时间较长		0.220	0.067	**0.816**	0.153

续表

测量变量	Cronbach's Alpha	成份			
		1	2	3	4
家庭成员与非正式网络成员有密切的往来	0.879	0.215	0.048	**0.812**	0.225
家庭成员在本地的亲戚数量		0.022	0.222	**0.767**	0.124
家庭成员在当地具有较高的威望		0.100	0.061	**0.736**	−0.009
家庭劳动力能满足农场生产需要	0.841	0.199	0.154	0.076	**0.763**
临时用工能满足农场需要		0.320	0.073	0.173	**0.753**
家庭成员都接受过正规教育		0.227	0.187	0.172	**0.723**
家庭成员具有丰富的农场生产经验		0.119	0.297	0.080	**0.691**
家庭成员掌握了农场生产必需的技术		0.237	0.097	0.116	**0.677**

从家庭农场资源积累因子分析的结果来看，家庭农场资源积累被较好地抽取了 4 个公因子：

① 家庭农场资源积累的自然资源积累因子。该因子包括“土地碎片化现象”“土地地形、地势情况”“土地肥力状况”“土地承包的稳定性”“农场的灌溉条件”“农场的气候”等问题，其累积贡献率为 19.672%。家庭农场在地域选址方面对所用土地的要求较高，这也进一步验证了家庭农场的自然资源积累是家庭农场发展的基础条件，对家庭农场发展有十分重要的意义。

② 家庭农场资源积累的经济资源积累因子。该因子包括家庭所拥有的“财富积累”“年总收入水平”“生产性资料”“土地面积”及“家庭生活水平”等问题，其贡献率累积达到 15.816%。说明家庭农场在发展中需要一定的经济物质基础，这可能也是家庭农场发展的主要因素。

③ 家庭农场资源积累的社会资源积累因子。该因子包括家庭成员拥有的“正式网络”“非正式网络”“亲缘关系”“地缘关系”“地方威望”等问题，其贡献率累积达到 15.691%。说明家庭农场在发展过程中需要有一定的社会网络关系，并能在农场发展中有效地开拓市场、建立。

④ 家庭农场资源积累的人力资源积累因子。该因子包括家庭成员的“数量”“经验”“技术水平”“教育程度”以及“家庭农场用工满足情况”，其贡献率累积达到 14.552%。表明家庭农场在发展中离不开人力资源的支撑。

（2）家庭农场资源积累各因子的要素均值分析

为进一步分析家庭农场资源积累各因子的资源要素均值情况，本小节将各类资源要素的极值、均值和标准差进行汇总如表 7－15 所示。

表 7-15　家庭农场资源积累各要素均值分布情况

因子	测量变量	极小值	极大值	均值	标准差
自然资源积累	家庭农场的土地没有出现碎片化现象	1	7	5.16	1.050
	家庭农场的土地地形、地势得天独厚	1	7	5.29	1.130
	家庭农场的土地肥力充足，能满足发展需求	1	7	5.16	1.033
	家庭农场的土地承包期限较为稳定	1	7	4.91	1.077
	家庭农场的灌溉条件能满足农场发展需求	1	7	5.13	1.004
	家庭农场所在地的气候宜人，适合农场发展	1	7	5.15	1.053
	家庭农场周边土地容易转让，适合农场扩张	1	7	5.03	1.080
经济资源积累	家庭有充裕的资金可供农场发展支配使用	2	7	5.48	0.983
	家庭年总收入在当地处于较高水平	2	7	5.33	1.016
	家庭农场拥有充裕的生产性工具设施等	3	7	5.68	0.976
	家庭生活水平在当地处于较高水平	2	7	5.42	1.108
	家庭自有土地能满足家庭农场生产需求	1	7	5.27	1.034
社会资源积累	家庭成员与正式网络成员有紧密的合作关系	1	7	4.07	1.306
	家庭成员在农场所在地的生活时间较长	1	7	4.47	1.302
	家庭成员与非正式网络成员有密切的往来	1	7	4.42	1.393
	家庭成员在本地的亲戚数量	1	7	4.33	1.301
	家庭成员在当地具有较高的威望	1	7	4.04	1.408
人力资源禀赋	家庭劳动力能满足农场生产需要	1	7	4.80	1.114
	临时用工能满足农场需要	1	7	4.54	1.102
	家庭成员都接受过正规教育	2	7	4.55	1.044
	家庭成员具有丰富的农场生产经验	1	7	4.94	1.088
	家庭成员掌握了农场生产必需的技术	1	7	4.97	1.195

从家庭农场资源积累各要素的现状来看，其资源积累的各个测量变量均值均大于 4.04，说明这些家庭农场拥有较好的资源积累，这可能因为被调研的农场均为示范性家庭农场有关；但也有部分测量变量的评价仍有待提升，具体各种测量变量的影响如下。

① 自然资源积累因子表现出较好的优势

自然资源积累因子相关的 7 个测量变量的均值均大于 4.91，说明这些农场在选址建立初期对自然资源积累都有较好的选择，特别是对农场所在地的地形地貌、土地肥力、气候情况等的评价均值均超过 5.15，这充分说明农场主在创办家庭农场时会根据自身农场的经营特点选择合适农场位置，但从中也可以看到家庭农场主对承包的土地的稳定性却颇为忧虑，其均值得分仅 4.91，为最低，可见家庭农场在发展过程中的土地流转仍需引起相关部门重视。

② 经济资源积累因子表现强劲

经济资源积累相关的 5 个测量变量的均值均大于 5.27，说明家庭农场充裕的资金与生产资料设施这 2 个题项均值都大于 5.48，且在所有题项的评价中仅“土地能满足家庭农场生产需求”这一评价值出现了最小值 1，其他测量变量的评价均大于 1，这说明家庭农场的经济资源积累相对较好，但也反映出家庭农场在经营过程中，土地需求问题仍较为凸显，加快土地流转制度改革，健全农村土地交易市场，是当前农村改革的重点。

③ 社会资源积累表现较弱

与社会资源积累相关的 5 个测量变量的均值均在 4.47 以下，特别是家庭成员中的正式网络关系和在地方威望等这两项的均值仅有 4.05 左右，这与历年来农民的社会地位有一定关系，同时，也充分说明家庭农场的社会地位普遍不高，如何强化改变对农民的偏见，让农民真正享受“职业”的体面，需要全社会共同努力。

④ 人力资源积累表现适中

从人力资源积累各测量变量均值来看处于 4.5～5，说明家庭农场的人力资源积累既无明显的劣势也无明显的优势，其中，家庭成员拥有较好的农场生产经营经验、技术是家庭人力资源积累中重要的两个因素，同时，家庭农场的临时用工需求在人力资源积累中相对评价值较低。这也说明，家庭农场在创建时受到生产经验和技术影响较大，很多家庭选择创建农场时，也是基于以往的经验和技术进行判断；同时，家庭临时用工受限也是制约家庭农场发展的重要条件。

7.4.2　资源获取因子分析

（1）家庭农场资源获取的结构维度

采用与家庭农场资源积累因子分析类似的方法对家庭农场经营中的资源获取进行因子分析，其因子分析的结果如表 7－16 至表 7－18 所示。家庭农场资源获取因子分析的 KMO 值为 0.833＞0.6，Bartlett 球形度检验 p 值为 0.000，表明资源获取量表适合做因子分析；资源获取量表的 10 个测量变量可以提取

2个因子，每一个测量变量的因子负荷均在0.603以上，总体方差的解释率达到65.014%。以上结果说明资源获取量表的建构效度良好。运用SPSS19.0对家庭农场资源获取量表的测量变量进行信度分析，结果显示两因子的Cronbach'a分别为0.888、0.811，整个资源获取的Cronbach'a为0.873，也同样均大于 0.80，说明资源获取量表的信度高，该测量量表的内部一致性信度符合要求。

表7-16 资源获取因子分析的KMO和Bartlett的检验

取样足够度的 Kaiser-Meyer-Olkin 度量		0.833
Bartlett 的球形度检验	近似卡方	1 768.954
	df	45
	Sig.	0.000

表7-17 资源获取因子分析的解释总方差

成份	初始特征值			提取平方和载入			旋转平方和载入		
	合计	方差的百分比	累积百分比	合计	方差的百分比	累积百分比	合计	方差的百分比	累积百分比
1	4.709	47.090	47.090	4.709	47.090	47.090	3.777	37.769	37.769
2	1.792	17.924	65.014	1.792	17.924	65.014	2.725	27.245	65.014
3	0.925	9.247	74.261						
4	0.604	6.038	80.300						
5	0.509	5.086	85.385						
6	0.412	4.117	89.503						
7	0.370	3.696	93.199						
8	0.303	3.028	96.227						
9	0.228	2.279	98.507						
10	0.149	1.493	100.000						

表7-18 资源获取因子分析的旋转成份矩阵

测量变量	Cronbach's Alpha	成份	
		1	2
当地经济发展速度较快	0.888	**0.868**	0.149
当地容易找到相应农场所需生产资料的供应商		**0.847**	0.034
当地容易找到较好的销售渠道		**0.846**	0.177
当地相对成熟的合作社、大型的农业公司等		**0.846**	0.154
当地有相对完善的交通、通讯等基础设施		**0.635**	0.350
当地有相对完善的水、电、气等生产设施		**0.603**	0.324

续表

测量变量	Cronbach's Alpha	成份	
		1	2
政务平台基本能满足“最多跑一次”	0.811	0.170	**0.825**
政府为家庭农场提供必要的技术和管理类培训、咨询与服务等		0.124	**0.798**
政府能为家庭农场提供优惠的税费政策		0.195	**0.797**
政府及职能部门工作人员办事效率高		0.160	**0.684**

从家庭农场资源获取因子分析的结果来看，家庭农场资源获取被抽取了 2 个公因子：

① 家庭农场资源获取的产业资源因子。该因子包括农场所在地的“经济发展情况”“供应商”“销售渠道”“合作社、大型的农业公司等”“产业设施情况”等问题，其累积贡献率为 37.769%。家庭农场在发展中需要一定的产业基础，产业资源情况可能给家庭农场发展带来一些机遇。

② 家庭农场资源获取的服务资源因子。该因子包括农场所在地的“政务平台”“政府及职能部门服务效率”“政府的优惠政策”“技术和管理类培训、咨询与服务”等问题，其贡献率累积达到 27.245%。说明家庭农场在发展过程中离不开地方的服务资源。

（2）家庭农场资源获取各因子的要素均值分析

为进一步分析家庭农场资源获取各因子的资源要素均值情况，本小节将各类资源要素的极值、均值和标准差进行汇总如表 7－19 所示。

表 7－19　资源获取因子构成变量的描述统计量

因子	测量变量	极小值	极大值	均值	标准差
产业平台	当地经济发展速度较快	1	7	5.41	1.155
	当地容易找到相应农场所需生产资料的供应商	1	7	5.57	1.175
	当地容易找到较好的销售渠道	1	7	4.99	1.197
	当地相对成熟的合作社、大型的农业公司等	1	7	5.16	1.187
	当地有相对完善的交通、通讯等基础设施	1	7	4.70	1.192
	当地有相对完善的水、电、气等生产设施	1	7	4.53	1.228
服务平台	政务平台基本能满足“最多跑一次”	1	7	4.98	1.075
	政府为家庭农场提供必要的技术和管理类培训、咨询与服务等	1	7	4.82	1.211
	政府能为家庭农场提供优惠的税费政策	1	7	5.11	1.075
	政府及职能部门工作人员办事效率高	1	7	4.92	1.069

从家庭农场资源获取评价现状来看，其资源获取的各个测量变量均值均大于 4.53，说明这些家庭农场对其当地的资源获取整体评价较好；但也有部分测量变量仍有待提升空间，具体各种测量变量的影响如下。

① 产业资源表现出较好的优势

从表 7－19 可以看出，与产业资源相关的 6 个测量变量的均值介于 4.53～5.57，说明这些家庭农场所在地相对的产业发展基础较好，但在产业平台中的“交通、通讯等基础设施”和“水、电、气等生产设施”的均值仍不理想，这与家庭农场自身特点有较大的关联，往往家庭农场在选址方面更多的考虑农村相对偏远的地段，基础设施建设相对落后，这与访谈中很多农场主提到的“期待政府能在基础设施建设方面给予更多优惠”也不谋而合，因此，进一步完善乡村基础硬件建设的投入，为家庭农场发展提供较好的产业资源，可能需要政府进行统筹谋划。

② 服务资源表现较强劲

从表 7－19 可以看出，与服务资源相关的 4 个测量变量的均值在 5.0 左右，说明这些家庭农场所在地相对的服务体系，这可能跟浙江的服务型政府创建、最多跑一次等政务改革有关。但在服务资源中的“政府为家庭农场提供必要的技术和管理类培训、咨询与服务等”可能仍有进一步提升空间，特别是在精准性方面，可能需要主动谋划。

7.4.3 创业能力因子分析

（1）家庭农场创业能力的结构维度

同样，采用与家庭农场资源积累因子分析类似的方法对家庭农场经营中的创业能力进行因子分析，其因子分析的结果如表 7－20 至表 7－22 所示。家庭农场创业能力因子分析的 KMO 值为 0.812＞0.6，Bartlett 球形度检验 p 值为 0.000，表明家庭创业能力表适合做因子分析；资源获取量表的 9 个测量变量可以提取 2 个因子，每一个测量变量的因子负荷均在 0.654 以上，总体方差的解释率达到 65.014%。以上结果说明资源获取量表的建构效度良好。运用 SPSS19.0 对家庭农场创业能力量表的测量变量进行信度分析，结果显示两个因子的 Cronbach’a 为 0.827、整个创业能力量表的 Cronbach’a 为 0.829，均大于 0.80，说明资源获取量表的信度高，该测量量表的内部一致性信度符合要求。

表 7-20 创业能力的 KMO 和 Bartlett 检验结果

取样足够度的 Kaiser-Meyer-Olkin 度量		0.812
Bartlett 的球形度检验	近似卡方	1 303.797
	df	36
	Sig.	0.000

表 7-21 创业能力的解释总方差

成份	初始特征值			提取平方和载入			旋转平方和载入		
	合计	方差的百分比	累积百分比	合计	方差的百分比	累积百分比	合计	方差的百分比	累积百分比
1	3.845	42.723	42.723	3.845	42.723	42.723	3.204	35.604	35.604
2	1.915	21.281	64.004	1.915	21.281	64.004	2.556	28.400	64.004
3	0.801	8.902	72.906						
4	0.646	7.173	80.079						
5	0.484	5.382	85.461						
6	0.453	5.030	90.491						
7	0.375	4.163	94.654						
8	0.315	3.496	98.150						
9	0.167	1.850	100.000						

提取方法：主成份分析。

表 7-22 创业能力的旋转成份矩阵

创业能力	Cronbach's Alpha	成份	
		1	2
能为家庭农场制订合理的定位与长期规划	0.827	**0.761**	0.142
能合理配置和运用家庭农场的各类要素资源		**0.758**	0.163
能根据农场内外部情况及时调整农场经营目标和经营思路		**0.729**	0.181
能与政府职能部门建立良好的关系		**0.719**	0.001
能与利益相关者建立长期良好的关系		**0.718**	0.051
能在农场经营过程中克服各类困难、坚持不懈		**0.654**	0.196
能够准确感知和识别到消费者未被满足的需求	0.901	0.130	**0.931**
能够寻找可以给消费者带来有价值的新产品和服务		0.142	**0.900**
擅长开发新创意		0.150	**0.871**

从家庭农场创业能力因子分析的结果表 7-22 来看，家庭农场创业能力被抽取了 2 个公因子：

① 家庭农场创业能力的运营管理能力因子。该因子包括家庭农场在经营过程中“能合理的定位与规划”“能合理配置和运用各类要素资源”“能及时调整经营目标和思路”“能与政府职能部门、利益相关者等建立良好的关系”“克服各类困难、并坚持不懈”等问题，其累积贡献率为35.604%。这充分说明家庭农场的运营管理能力对家庭经营起到十分重要的作用。

② 家庭农场创业能力的机会相关能力因子。该因子包括家庭农场在经营中“能够准确感知和识别到市场未被满足的需求”“新产品和服务”和“开发新创意”等问题，其贡献率累积达到28.400%。说明家庭农场在经营过程中离不开对市场机会的把握。

（2）家庭农场创业能力各因子的要素均值分析

为进一步分析家庭农场创业能力各能力要素均值情况，本小节将各能力要素的极值、均值和标准差进行汇总如表7－23所示。

表7－23　创业能力各要素均值情况

因子	测量变量	极小值	极大值	均值	标准差
运营管理能力	能为家庭农场制订合理的定位与长期规划	1	7	4.61	1.218
	能合理配置和运用家庭农场的各类要素资源	1	7	4.82	1.294
	能根据农场内外部情况及时调整农场经营目标和经营思路	1	7	4.81	1.174
	能与政府职能部门建立良好的关系	1	7	5.04	1.209
	能与利益相关者建立长期良好的关系	1	7	5.56	1.209
	能在农场经营过程中克服各类困难、坚持不懈	1	7	4.08	1.360
机会相关能力	能够准确感知和识别到消费者未被满足的需求	1	7	3.83	1.562
	能够寻找可以给消费者带来有价值的新产品和服务	1	7	3.90	1.548
	擅长开发新创意	1	7	3.39	1.541

从家庭农场创业能力评价现状来看，其创业能力的各个测量变量均值相差较大，最大均值为5.56，而最小均值仅为3.39，说明这些家庭农场的创业能力呈现出较大差异，具体的因子均值如下。

1）家庭农场运营管理能力普遍较强。从农场运营管理能力的测量变量均值来看，最小的均值为4.08，该题项主要考察的是家庭农场在经营中能否排除万难的能力，从调查中也发现，部分农场由于种种原因不得不退出经营，可见家庭农场经营中确实存在不少困难；而最高均值为5.56，其考察的是家庭农场与利益相关者的关系，同时家庭农场与政府职能部门的关系得分均值也不低，由此可见，浙江家庭农场在运营中都非常注重共享共赢的理念，这可能也与浙商精神有关；同时，从家庭农场的资源配置、合理定位与规划、经营目标与思路调整的均值都在 4.80 左右，说明仍有较大提升空间。

2）家庭农场机会相关能力甚是堪忧。机会相关能力相关的 3 个测量变量的均值均在 3.90 以下，说明家庭农场在经营中的机会识别成为家庭农场创业能力中的重要制约因素，特别是家庭农场对新创意开发的均值仅有 3.39，这也充分说明，目前家庭农场产品更多还是跟随市场主流产品，缺乏创意，家庭农场如何开发出较好的产品参与市场竞争，仍显薄弱。因此，家庭农场在经营中对市场机会的把握和新产品、新创意和新需求的意识与能力亟需强化和提升。

7.4.4　经营绩效因子分析

（1）家庭农场经营绩效的结构维度

采用与前面类似的因子分析方法对家庭农场的经营绩效进行因子分析，其因子分析的结果如表 7－24 至表 7－26 所示。经营绩效量表的 KMO 检验值为 0.876＞0.6，Bartlett 球体检验 p 值为 0.000，表示经营绩效量表适合做因子分析；经营绩效量表的 6 个测量变量可以提取 1 个因子，每一个测量变量的因子负荷均在 0.803 以上，总体方差的解释率达到 74.215%。以上结果说明经营绩效量表的建构效度良好。运用 SPSS19.0 软件对经营绩效量表的测量变量进行信度分析，结果显示 Cronbach’a 为 0.930＞0.80，说明经营绩效量表的信度高，该测量量表的内部一致性信度符合要求。

表 7－24　经营绩效的 KMO 和 Bartlett 检验结果

取样足够度的 Kaiser－Meyer－Olkin 度量		0.876
Bartlett 的球形度检验	近似卡方	1 581.289
	df	15
	Sig.	0.000

表 7－25　经营绩效的解释总方差

成份	初始特征值			提取平方和载入		
	合计	方差的百分比	累积百分比	合计	方差的百分比	累积百分比
1	4.453	74.215	74.215	4.453	74.215	74.215
2	0.556	9.260	83.475			
3	0.405	6.754	90.229			

续表

成份	初始特征值			提取平方和载入		
	合计	方差的百分比	累积百分比	合计	方差的百分比	累积百分比
4	0.254	4.229	94.458			
5	0.185	3.082	97.540			
6	0.148	2.460	100.000			

表 7-26 经营绩效的成份矩阵

经营绩效	Cronbach's Alpha	成份
与其他农场相比，本农场的市场占有率更高	0.930	0.893
近年来，本农场固定资产更新速度快		0.883
近年来，农场销售总额增长快		0.877
近年来，农场净收益增长快		0.862
近年来，家庭农场产品（服务）的顾客满意度提升较快		0.848
近年来，本农场的投资回报率高		0.803

从表 7-26 的经营绩效因子分析结果来看，家庭农场经营绩效被抽取了 1 个公因子，即家庭农场的经营绩效，主要包括家庭农场的相对市场占有率、固定资产更新速度、销售总额增长速度、农场净收益增长速度、产品（服务）的顾客满意度提升和投资回报率等问题，其累积贡献率为 74.215%。这也充分说明这些问题能够反映出家庭农场经营绩效中近 75%的信息。

（2）家庭农场经营绩效因子各子要素的均值分析

为进一步分析家庭农场经营绩效各要素均值情况，本小节将各经营绩效要素的极值、均值和标准差进行汇总如表 7-27 所示。

表 7-27 经营绩效构成变量的描述统计量

因子	测量变量	极小值	极大值	均值	标准差
经营绩效	近年来，本农场的投资回报率高	1	7	4.86	1.144
	近年来，农场销售总额增长快	1	7	5.00	1.104
	近年来，农场规模日趋合理	1	7	4.95	1.149
	与其他农场相比，本农场的市场占有率更高	1	7	4.96	1.120
	近年来，本农场固定资产更新速度快	1	7	5.10	1.087
	近年来，家庭农场的农产品顾客满意度提升较快	1	7	5.05	1.111

从家庭农场经营绩效评价现状来看，其经营绩效的各个测量变量均值均大于 4.86，说明这些家庭农场对其经营绩效的整体评价较好，这主要可能与样本在选择时主要是一些示范性家庭农场有关，因为这些农场整体的经营绩效是相对较好的；从测量项最低的投资回报率来看，大部分家庭农场对其投资回报率高也并不是特别认同，可见，农场的投资，甚至是农业的投资确实存在“投资周期长，回报率低且慢”的特征；同时，从农场固定资产更新速度来看，普遍农场主反映均较理想，说明近年来，农场在固定资产投入方面较多，这与顾客满意度提升较快也有一定关联，农场前期投资缓慢给顾客带来一些不便，随着投资加速带来的顾客满意度、销售总额均有较大提升，这些绩效测量项也侧面反映出前面资源积累中的经济资源积累相对缺乏。

7.5　本章小结

本章为了提高数据检验的可靠性和准确性，根据本研究的理论模型开展了科学的实证研究设计。首先，为了提高调研问卷的质量，确保回收高质量的数据，本研究根据问卷设计规范进行了科学、详细的问卷设计；其次，根据本研究的研究问题选取具有代表性的区域，通过多种途径和方式进行大规模的问卷回收，并对回收的样本数据进行初步的特征分析。为了提高回收数据的质量，本研究的调研对象尽量选取创业者和高管团队。对于变量的测量，本研究基于成熟量表，结合本研究的具体情境进行补充和修订；最后，通过 SPSS 对回收的样本数据进行信度和效度检验，并且数据结果显示有效样本的信度和效度都符合进一步数据处理的要求。

第 8 章

资源禀赋对经营绩效的影响机制研究①

基于前面理论模型的构建，本章重点考察资源禀赋对家庭农场经营绩效的作用机理。首先，基于前面的理论与文献的综述，进一步提出了资源禀赋对家庭农场经营绩效的作用假设；其次，通过构建回归模型，对各类假设进行实证检验，以期发现资源积累、资源获取、家庭农场经营绩效之间的内在作用机理；再次，对这些内在作用关系的结果进行讨论，并就家庭农场经营实践中的问题进行深层次分析，为后文政策建议提供经验证据。

8.1 研究假设

8.1.1 资源积累与经营绩效

资源基础理论认为，企业持续成长的动力来源于稀缺的、有价值的、不可替代的资源（Barney，1991）。在企业管理领域已形成的基本共识，即企业的资源禀赋决定其经营绩效，现代企业的发展是人、财、物、技术、信息等各种资源的选择和组合的结果（曹振杰、周冉，2004）。Eckhardt 等（2003）、Colombo 等（2005）均指出创业资源对创业绩效具有重要的影响作用，而余绍忠（2013）基于中国企业样本数据验证了创业资源对创业绩效的直接影响。苏晓华等（2010）的实证研究支持了管理资源、技术资源、资本资源和社会

① 部分内容转引自作者前期的相关研究成果，见：何红光，魏艳辉. 资源禀赋、动态能力与经营绩效——基于浙江 289 个家庭农场的实证分析［J］. 江西农业学报，2019（10）：122-129.

资源等要素有助于提升企业绩效的观点。随着资源禀赋理论在企业中的研究的深入，国内外学者开始将资源禀赋理论用于农业经营主体的研究实践中，郭云涛（2009）强调家庭农场的资本存量制约着其网络位置的获取能力，并直接影响其经济效益；于会娟等（2013）从社会资本、人力资本、资金资本、土地和劳动力等要素研究了专业合作社的产权安排和治理机制，强调要尊重社员要素禀赋和要素贡献差异进行有效的制度设计。在对中国家庭农场经营绩效的研究中，汤文华等（2013）、岳正华等（2013）、苏昕等（2014）、郭红东（2014）等发现家庭农场的发展状况受土地流转集聚难、农场主文化程度偏低、经营主体缺失、农业科技有效供给不足、农业信息化服务水平低、农业保险难、家庭农场融资困难、社会服务难等因素制约（何红光、魏艳辉，2019）。这些研究的一个共同指向是，家庭资源禀赋的原始积累已然成为制约家庭农场发展的重要因素。

因此，内在的资源禀赋是组织生存与发展过程中的关键性要素，对提升经营绩效有着直接的影响作用。在中国情境下，家庭农场作为一种新型的农业经营组织，其经营绩效也同样会受家庭资源积累的影响。因此提出如下本研究的研究假设。

H1：家庭资源积累对经营绩效具有正向影响

（1）自然资源积累对家庭农场经营绩效的影响

事实上，家庭农场拥有的自然资源积累对农场经营也存在直接作用，主要表现为自然资源能够加快资金积累，降低原材料及燃料等生产要素成本，扩大生产性边界，对农场经营起推动作用。家庭自然资源积累作为家庭拥有的自然、环境资源（资产）存量能够在农场生产经营过程中能提供有用的产品（服务）流（Daly，1996），是家庭特有的能供其开发与利用来创造价值的自然性资源（杨云彦、石智雷，2012）。罗明忠和罗琦（2016）实证研究发现，家庭固有的土地质量等自然资源能对农村劳动力创业转移产生显著的正向作用。对于家庭农场而言，家庭农场的自然资源积累丰裕，农场经营中的土地成片、地形与地势及气候，肥力状况、承包的稳定性、便于灌溉等这些均为农场的生产经营提供了很好的前提，更有利于促进农场的生产经营，从而获取好的经济绩效的可能性就越大。由此，提出本研究假说 H1a。

H1a：自然资源积累对家庭农场经营绩效具有显著正向影响。

（2）经济资源积累对家庭农场经营绩效的影响

经济资源积累是指家庭成员拥有与经营所需的物质资源总和，家庭经济资源积累是家庭进行农场经营决策的基础。经济资源积累越丰富，家庭的财富水平可能越高，一方面，有利于家庭跨越农场创建的资金门槛，摆脱资金不足的束缚，同时，也能为家庭金融信贷获得奠定基础；另一方面，丰裕的经济资源积累能改善农场主经营的风险偏好，增强其风险承受能力，甚至更好地扩大经营规模，产生规模效应（程郁、罗丹，2009；张朝华，2018）。据此，提出本研究的研究假设 H1b。

H1b：经济资源积累对家庭农场经营绩效具有显著正向影响。

（3）社会资源积累对家庭农场经营绩效的影响

社会资源积累在家庭农场经营中发挥重要作用，家庭社会资源积累主要是社会资本所带来的资源。如以亲缘、血缘、地缘等为基础形成的社会强网络关系所带来的资源（杨芳，2019），同时，网络内成员之间频繁的交流互动、较高的亲信水平、较少的传递障碍（蒋剑勇、郭红东，2012；罗明忠、陈江华，2016）等能为家庭农场生产经营带来较多的有用资源。此外，在一些企业社会资本研究中，边燕杰和丘海雄（2000）指出企业家的社会资本对于提高企业经营绩效具有重要作用，特别是在社会阶层相对明显的中国，这种作用关系特别显著，Hansen 等（2011）认为社会资本在创业过程中发挥关键性的作用，网络成员间的互信共享，不仅给创业者获取异质性的稀缺资源带来成本优势，而且促进知识与信息在网络内传递，为其创业决策提供有效的支撑，从而使其市场竞争力得到不断提升。甚至有研究表明，创业者的首份订单往往来源于其社会网络关系中（Aldrich et al.，1998）。Patel 和 Terjesen（2011）调查发现，创业者的社会资本水平的高低、社会关系强度的强弱与社会网络范围的大小均显著作用于新企业的出口绩效。

因此，社会资源积累既能加强人与人之间的联系，从而扩展相关信息来源，增强家庭为实现经营绩效和对外的诉求能力，也能为通过人际合作来渡过经营困境、以减少经营成本。随着农村市场化程度的不断提高，农场在生产经营中也逐步融入市场与社会中，不再是以前的小农生产，因此，许多学者普遍认为社会资源积累是影响农场经营绩效的关键因素之一。由此，本研究得到假设 H1c。

H1c：社会资源积累对家庭农场经营绩效具有显著正向影响。

（4）人力资源积累对家庭农场经营绩效的影响

在家庭农场经营中，人力资源具有十分重要的地位。事实上，由于家庭独特自然资源积累短缺，加之家庭农场在经营选址时，未必所有家庭都能拥有自然资源的优势，大多数家庭农场经营中，家庭人力资源积累往往起到主导作用。家庭人力资源积累主要是家庭人力资源数量与质量的存量，而这些资源的积累却依附于家庭成员每个个体身上，具体表现为家庭成员在知识、技能、价值观等方面的积累，有效的人力资源积累能给家庭农场经营带来更好的绩效。Boxall（1996）对人力资源的优势进行了很好的论述，并指出组织的人力资源能提升组织的竞争优势。Wall 等（2005）对美国 25 家高质量企业进行研究得出：人力资源能积极影响企业绩效，特别强调人力资源对的战略性意义，能有效促进其他资源的获取与整合。大量研究表明，人力资源积累对创业绩效具有显著的正向影响，如 Cooper 和 Daily（1997）指出创业团队在技能、知识和能力等方面的互补能实现创业过程中的高效率；Chandler 和 Hanks（1998）认为，团队的职能背景如果相对比较全面则在创业初期的成长能保持稳定；田莉（2009）认为创业者的教育背景与创业行业具有较强的相关性，创业经验对初期创业绩效具有积极影响。

因此，在家庭农场经营中，家庭农场主会基于家庭在生产经营中的管理、经验、市场、技术或知识等方面的人力资源积累，不断搜寻新的知识与技术，并将其应用到农场独特的产品（服务）上，以充分挖掘农场的潜在价值，实施相应战略战术的调整与转型，从而凸显家庭农场在市场竞争中的优势。由此，提出如下假设 H1d。

H1d：人力资源积累对家庭农场经营绩效具有显著正向影响。

（5）家庭资源积累之间的交互对农场经营绩效的影响

由于家庭资源积累过程中存在相互之间的影响，如家庭经济资源积累越高，越容易在投资方面倾向于人力资源积累的投资，从而产生一定的交互影响；同时，家庭人力资源积累和经济资源积累越高，可能更好地形成社会资源的积累。因此，为更好把握家庭资源积累之间的交互作用，本小节认为家庭资源积累之间的交互作用同样会影响农场经营绩效。因此，提出两两间的交互作用假设 H1*及其子假设。

H1*（H1ab、H1ac、H1ad、H1bc、H1bd、H1cd）：家庭资源积累两两交互对农场经营绩效具有显著正向影响。

8.1.2　资源积累与资源获取

家庭资源积累是家庭一切活动的基础，资源积累越充裕的家庭农场越容易获取更多的创业资源。结合前面相关文献综述也不难发现，产业链中的利益相关者在选择伙伴进行合作或投资时，均较为看重家庭资源积累的基础。如家庭信贷中对抵押物、担保人、诚信基础等的要求，政府选择项目进行扶持时均对家庭农场设有一定门槛，供应商、销售商在选择自己的上下游合作者时均会考虑家庭农场的相对实力，等等，均直接涉及家庭资源基础。据此，本研究提出研究假设 H2。

H2：家庭资源积累对资源获取具有显著的正向影响。

（1）家庭自然资源积累对资源获取的影响

在前工业化时期，自然资源积累在地方产业发展中常常处于主导地位。独特自然资源积累的存在，使地方产业在发展过程中提供了相应的资源供给与产品需求的便利条件，使得自然资源禀赋与地方产业之间存在密切的内在关联，为地方产业发展奠定了特有的基础（傅允生，2005）。同时，随着习主席"绿水青山就是金山银山"理念的提出，农业产业发展自然也离不开自然环境，在一定生态自然环境中开始形成产业的集聚。从政府执政者的角度来看，相对家庭自然资源比较丰裕的家庭农场更容易获取政府等利益相关者的青睐。据此，本研究提出研究假设 H2a 及其子假设。

H2a：家庭自然资源积累对资源获取具有显著的正向影响。

H2a1：家庭自然资源积累对产业资源获取具有显著的正向影响。

H2a2：家庭自然资源积累对服务资源获取具有显著的正向影响。

（2）家庭经济资源积累对资源获取的影响

经济资源是家庭农场正常经营活动得以进行的重要保障。熊彼特（1934）认为，经济资本只有在与外界融通与筹集情景中，才能形成利润与财富，并使投资等活动得以进行。雷晓燕和周月刚（2010）认为家庭经济资源越丰裕，越有利于家庭对外经营活动的开展，越容易实现较快成长。因此，同样相对家庭经济资源积累越高，越容易在家庭农场产业链和政府平台上形成互动，更好地促进家庭资源获取，据此，本研究提出研究假设 H2b 及其子假设。

H2b：家庭经济资源积累对资源获取具有显著的正向影响。

H2b1：家庭经济资源积累对产业资源获取具有显著的正向影响。

H2b2：家庭经济资源积累对服务资源获取具有显著的正向影响。

（3）社会资源积累对资源获取的影响

社会资源积累作为一种内嵌于各行为主体内外部与社会结构中的关系资源，有助于创业主体更好地发现产业发展趋势、获取各类产业资源、推动创业进程。创业者的社会资源积累决定了其获取创业所需资源的能力，有利于产业资源和服务资源的获取。Shane 和 Stuart（2002）研究表明社会资本对创业者寻求风险投资发挥显著的正向作用；Cable（2003）指出社会资本有助于创业者获取更多的外部资本，具有较强社会关系的创业者往往受到投资机构的青睐。张玉利和杨俊（2003）研究表明，通过社会关系进行融资的比率要显著高于其他融资渠道。同时，大量研究成果显示，社会资本对企业资源获取具有积极影响。秦剑，张玉利（2013）揭示，创业者的社会网络关系范围越大、则其社会资本越多，越容易获取更多的所需稀缺创业资源；庄晋财等（2014）实证研究指出，社会与产业网络对农民工获取创业所需的知识资源和运营资源有显著的正向影响。社会网络途径不仅可以帮助创业者以低于市场价格获得资源，还可以帮助其获取一些市场上无法获取的资源，包括经验、物质资源和财务资源，使得新企业获得更强的适应能力，迅速得到目标客户的青睐并在市场中获得成功，提高企业绩效产出（Witt、Schroeter 和 Merz，2008）。

综上，家庭农场在发展中除了利用自身所固有的一些资源和能力外，其他资源需要从其他渠道中获取。家庭农场在经营中依托家庭构建的家庭社会网络，其中也隐含了一些专有信息、信任、情感等利他精神，对受资源约束的家庭而言是一项巨大的资源财富。家庭农场在经营中可以利用这一资源，以较低的成本获取对农场发展具有关键意义的资源。因此，本研究得到研究假设 H2c 及其子假设。

H2c：家庭社会资源积累对资源获取具有显著的正向影响。

H2c1：家庭社会资源积累对产业资源获取具有显著的正向影响。

H2c2：家庭社会资源积累对服务资源获取具有显著的正向影响

（4）家庭人力资源积累对资源获取的影响

由于人力资源特有的属性特征，人力资源往往在所有资源中占据核心位置，如果家庭拥有越多的人力资源，那么其诠释和利用信息的能力就越强，越有利于对其他资源的获取。资源获取的关键基础在于知识的积累（Ghoshal and Moran，1996），因为个体积累的知识越丰富，对信息的诠释与利用能力会越强，越容易获取相关资源。赵文红和王玲玲（2015）指出创业者的知识积累对创业资源获取具有显著的正向作用。众多研究也同时发现，社会技能对资源获取具有正向作用（R.A.Baron & G.D.Markman，2003；G.R.Ferris，et al.，2008；蒋剑勇等，2013）因为社会技能在一定程度上在人际交往中能给人以较好印象，从而达到优化社会网络及个人目标。同时，高人力资源积累的家庭往往具有更广更强的社会资源，从而增加其他资源获取的机会，同时还能够降低获取资源的交易费用，所以更加易于获取农场经营中所需的资源。

综上，对家庭农场经营而言，家庭人力资源积累的数量与质量越高，农场更能识别农场发展的资源需求，并能通过对内部资源的整合获取外部资源拥有者的新人，更好地帮助其进行资源获取；同时，家庭人力资源积累越丰富，越能了解资源获取的渠道与方式，且在资源获取的经验与认知上越精准，这更便于农场主在获取外部资源时具有更好的谈判力，促成合作的可能性越高。因此，本研究提出以下假设 H2d 及其子假设：

H2d：家庭人力资源积累对资源获取具有显著的正向影响。

H2d1：家庭人力资源积累对产业资源获取具有显著的正向影响。

H2d2：家庭人力资源积累对服务资源获取具有显著的正向影响。

8.1.3 资源获取与经营绩效

如前所述，新企业面临的新生劣势和资源积累限制使得资源获取成为创业企业成长的关键。正是由于资源获取对于新企业的重要意义，大量学者探讨了新企业资源获取的特征及机理。如 Aldrich 和 Martinez（2001）认为从外部获取资源是创业活动一项关键任务，新企业的成败甚至取决于所获取的资源组合。Newbert 和 Tornikoski（2013）的研究以新企业为分析对象，指出新企业创业者需要通过更低的成本获取各类必要资源以成功创建组织。Ge 等（2009）、朱秀梅和费宇鹏（2010）发现资源获取是新企业创建初期关键的创业活动，其对新企业绩效产生积极影响。还有一些学者关注具体资源的获取，如 Leung 等（2006）的研究认为人力资源是影响新企业竞争力的关键因素，因此新企业应当充分重视人力资源的获取，结合企业不同发展阶段的需求，通过不同途径获取匹配度较高的人力资源。Newbert 和 Tornikoski（2013）、Zaefarian 等（2011）认为新企业最为紧迫的任务是解决财务资源的匮乏，由于财务资源的特殊性使得其获取难度更大，而获取充裕的财务资源可以将新企业置于优势地位，帮助其快速地进入目标市场，获取财务回报。

根据 Haber 和 Reichel 的观点，影响农场经营绩效的基础性资源主要有：员工经验、智力训练、管理者洞察力等人力资源，技术、土地、厂房、设备等物质资源，组织内部各种正式与非正式的计划编制等组织资源等 3 个方面，而这些资源中有部分是资源积累的结果，但有很大部分需要从外部资源获取中产生。从前文的研究中发现，前制约家庭农场发展的资源积累因素中很大部分来源于资源获取，如果家庭农场在经营中能有效获取相关资源，在一定程度上也同样会影响经营绩效。因此，本研究得到研究假设 H3。

H3：资源获取对家庭农场经营绩效具有显著的促进作用。

（1）产业资源获取对经营绩效的影响

在众多资源中，产业资源获取对于创业的作用越来越被关注。产业资源被认为是企业实现快速成长的关键性资源，因为在比较成熟的产业聚集地，有更好的技术、信息、人力、金融等要素，特别是技术资源的获取，Jones 等（2001）研究指出技术资源对于一些创业企业尤为重要，与创业企业自己开发技术相比，外部技术资源获取可能会帮助企业节约开发的高额成本、时间和精力。特别是对家庭农场而言，农业投资大见效慢的特点，技术与市场的有效匹配是家庭农场能否成功的关键所在。耿紫珍等（2012）认为，从外部获取技术和市场知识是新创企业创造力培育的关键路径，该创造力能有效地解决资源短缺、合法性缺失、组织结构不健全等劣势，从而促进竞争优势和创业绩效的提高。Song 等（2009）也同样认为，从客户、竞争者、行业专家等处获取相关知识，能有效提升新产品开发的效率、降低犯错率、指导决策制订的科学性、解决技术壁垒与项目产出评估的准确性。众多研究表明，家庭农场可以通过大型龙头农业企业、专业合作社、科研院所等来获取相应的技术资源，通过竞争对手来了解自身优劣，确定自己的优势；同时从客户、合作者、供应商等产业链上下游获取市场知识，能更好地优化客户潜在为满足的新需求，把握自身经营的目标市场不足，从而更深入地了解市场，生产与市场需求精准匹配的产品（服务）。这些关键资源的获取为家庭农场经营创造更好绩效提供了重要来源。因此，本研究提出研究假设 H3a。

H3a：产业资源获取对家庭农场经营绩效具有显著的正向影响。

（2）服务资源获取对经营绩效的影响

近年来，孵化器、科技园等一些市场中较为正式的创业服务机构的作用越发明显（Cantù，2016）。特别是中国各级政府鼓励农村创新创业成立了相应的创业服务机构，这些服务机构为家庭农场提供了较好的平台。Wang 等（2008）指出由于产业中的孵化器的多功能特征，能为新企业提供各类服务功能和资源支持，新企业通过孵化器能获得相对廉价的办公场地、设备、培训服务和业务服务和投融资服务。这些资源一方面能降低家庭农场经营中的成本与风险，另一方面能提升学习效率、家庭经验、管理能力，进而促进家庭农场的绩效提升。另一些学者指出创业者还会通过一些政府渠道获取科学或者技术领域相关信息，尤其是政府组织的相关农民技能培训、相关行业领域的市场推介会议、相关工作的简化和工作坊寻求信息。这些不同形式的途径对家庭农场的资源获取具有积极的作用，同时推动了家庭农场经营绩效的提升，基于此，本研究提出假设：

H3b：服务资源获取对家庭农场经营绩效具有显著的正向影响。

（3）资源获取间的交互对经营绩效的影响

同样，考虑到产业资源和服务资源获取之间的相互影响，所以本研究认为，产业资源获取和服务资源获取之间的交互会对农场经营绩效产生显著正向影响。由此，提出假设 H3*。

H3*：产业资源与服务资源获取之间的交互对家庭农场经营绩效具有显著的正向影响。

8.1.4 资源获取的中介与调节效应

前文的分析已经表明，家庭不同资源积累对资源获取具有显著的正向影响，即家庭资源积累对资源获取具有显著正向影响；并且，家庭农场不同资源获取对家庭农场经营绩效也有显著的影响，即产业资源获取和服务资源获取均对家庭农场经营绩效有显著的影响。同时，窦红宾、王正斌（2012）通过对西安光电子产业集群 113 家企业进行实证研究发现，显性知识资源获取在网络规模提升企业成长绩效的过程中起到完全中介作用结果表明，李振华，赵寒，吴文清（2017）以天津市 181 家在孵企业为样本实证研究表明，在孵企业的社会资本对资源获取与绩效都存在显著正向作用，资源获取对绩效同样正向作用显著，资源获取在社会资本与绩效之间发挥部分中介效应。李旭，李雪（2019）基于辽宁省 215 家农民专业合作社调查数据实证显示，资产型资源获取和知识型资源获取在社会资本与合作社成长性之间起部分中介作用。由此可以看出，资源获取是资源积累促进家庭农场经营绩效的一个桥梁。一方面，家庭资源积累有利于与外部的社会关系网络建立起紧密关系，能够获得更多知识和信息交流机会，促进相关资源的传递，提高资源获取的效率，促进家庭农场经营绩效提升。另一方面，家庭资源获取是家庭农场产生、存续和持续发展的必要条件。良好的家庭资源获取有助于家庭农场克服自身资源积累的不足，维持日常基本的生产运营活动，能增强家庭农场内部资源的流动及交换，从而更好地促进发展所需资源的获取，以提升家庭农场的经营绩效，增强农场的竞争力。

同时，由于资源积累和资源获取中，资源的同质性，将会在一定程度上会影响家庭资源配置中对资源的取舍，如家庭人力资源积累越丰裕，则可能弱化（促进）家庭产业资源或服务资源的获取，从而将更多的精力投入到其他资源的获取或积累上。

综上，家庭资源获取可能在家庭资源积累与农场经营绩效之间发挥中介或调节作用。在此，本研究提出如下假设 H4 和 H5 及其子假设。

H4：家庭资源获取在资源积累与农场经营绩效关系中起到中介效应；

H4a：家庭产业资源获取在资源积累与农场经营绩效关系中起到中介效应；

H4a1：家庭产业资源获取在自然资源与农场经营绩效关系中起到中介效应；

H4a2：家庭产业资源获取在社会资源积累与农场经营绩效关系中起到中介效应；

H4a3：家庭产业资源获取在经济资源积累与农场经营绩效关系中起到中介效应；

H4a4：家庭产业资源获取在人力资源积累与农场经营绩效关系中起到中介效应；

H4b：家庭服务资源获取在家庭资源积累与农场经营绩效关系中起到中介效应；

H4b1：家庭服务资源获取在自然资源积累与农场经营绩效关系中起到中介效应；

H4b2：家庭服务资源获取在社会资源积累与农场经营绩效关系中起到中介效应；

H4b3：家庭服务资源获取在经济资源积累与农场经营绩效关系中起到中介效应；

H4b4：家庭服务资源获取在人力资源积累与农场经营绩效关系中起到中介效应。

H5：资源获取与资源积累对家庭农场经营绩效具有显著的调节效应；

H5a：产业资源获取与资源积累对家庭农场经营绩效具有显著的调节效应；

H5a1：产业资源获取与自然资源积累对家庭农场经营绩效具有显著的调节效应；

H5a2：产业资源获取与经济资源积累对家庭农场经营绩效具有显著的调节效应；

H5a3：产业资源获取与社会资源积累对家庭农场经营绩效具有显著的调节效应；

H5a4：产业资源获取与人力资源积累对家庭农场经营绩效具有显著的调节效应；

H5b：服务资源获取与资源积累对家庭农场经营绩效具有显著的调节效应；

H5b1：服务资源获取与自然资源积累对家庭农场经营绩效具有显著的调节效应；

H5b2：服务资源获取与经济资源积累对家庭农场经营绩效具有显著的调节效应；

H5b3：服务资源获取与社会资源积累对家庭农场经营绩效具有显著的调节效应；

H5b4：服务资源获取与人力资源积累对家庭农场经营绩效具有显著的调节效应。

8.2 模型构建与实证分析

8.2.1 模型构建

（1）直接效应检验模型。本研究通过构建多元线性回归方程模型来验证资源积累和资源获取对家庭农场经营绩效的影响；同时，考虑到家庭农场经营绩效受其他变量的影响，本模型中加入了相关控制变量具体模型设定如下：

$$\mathrm{Bus}-p=\beta_0+\beta_1\times\mathrm{Res}-a_{\mathrm{i}}+\beta_2\times X_{\mathrm{i}} \tag{8-1}$$

$$\mathrm{Res}-o_{\mathrm{i}}=\beta_0+\beta_1\times\mathrm{Res}-a_{\mathrm{i}}+\beta_2\times X_{\mathrm{i}} \tag{8-2}$$

$$\mathrm{Bus}-p=\beta_0+\beta_1\times\mathrm{Res}-o_{\mathrm{i}}+\beta_2\times X_{\mathrm{i}} \tag{8-3}$$

上式中，$\mathrm{Bus}-p$ 为家庭农场的经营绩效，是本研究的被解释变量；$\mathrm{Res}-a_{\mathrm{i}}$ 表示家庭农场资源积累的第 i 个因子，$\mathrm{Res}-o_{\mathrm{i}}$ 表示家庭农场的资源获取的第 i 个因子，X_{i} 表示系列控制变量。β_0 为误差项，β_1、β_2 分别为待估计系数。

（2）调节效应检验模型。为了验证资源积累与资源获取各自及其内在指标变量之间的调节作用，进一步引入家庭农场资源积累、资源获取中的每个因子变量两两间的交互项，采用回归模型分析各自交互性对家庭农场经营绩效的作用，并构建模型（8－4）～（8－6）。

$$\mathrm{Bus}-p=\beta_0+\beta_1\times\mathrm{Res}-a_{\mathrm{i}}+\beta_2\times\mathrm{Res}-a_{\mathrm{j}}+\beta_3(\mathrm{Res}-a_{\mathrm{i}}\times\mathrm{Res}-a_{\mathrm{j}})+\beta_4\times X_{\mathrm{i}} \tag{8-4}$$

$$\mathrm{Res}-o_{\mathrm{i}}=\beta_0+\beta_1\times\mathrm{Res}-a_{\mathrm{i}}+\beta_2\times\mathrm{Res}-a_{\mathrm{j}}+\beta_3(\mathrm{Res}-a_{\mathrm{i}}\times\mathrm{Res}-a_{\mathrm{j}})+\beta_4\times X_{\mathrm{i}} \tag{8-5}$$

$$\mathrm{Bus}-p=\beta_0+\beta_1\times\mathrm{Res}-o_{\mathrm{i}}+\beta_2\times\mathrm{Res}-o_{\mathrm{j}}+\beta_3(\mathrm{Res}-a_{\mathrm{i}}\times\mathrm{Res}-o_{\mathrm{j}})+\beta_4\times X_{\mathrm{i}} \tag{8-6}$$

上式中的 $\mathrm{Res}-a_{\mathrm{i}}$，$\mathrm{Res}-a_{\mathrm{j}}$ 分别表示资源积累的不同因子变量；$\mathrm{Res}-o_{\mathrm{i}}$，$\mathrm{Res}-o_{\mathrm{j}}$ 分别表示资源获取的不同因子变量。

（3）中介效应检验模型。为进一步检验资源获取在资源积累与家庭农场经营绩效之间的中介效应，我们采用温忠麟等的中介效应检验程序①。

首先，建立与资源积累（X）、资源获取（M）和家庭农场经营绩效（Y）有关的三个回归模型，具体如下：

$$\begin{aligned} Y &= c_1 X + \eta_1 \\ M &= aX + \eta_2 \\ Y &= c_2 X + bM + \eta_3 \end{aligned} \tag{8-7}$$

然后按以下四步法对各模型的回归系数依次分析：第一，检验系数 c_1，如果显著，继续第二步，否则检验结束。第二，依次检验系数 a、b，如果都显著，意味着 X 对 Y 的影响至少有一部分是通过中介变量 M 实现的，继续第三步；如果至少有一个不显著，则不能下结论，须转至第四步。第三，检验系数 c_2，如果不显著，说明 X 对 Y 是完全中介作用；如果显著，说明 X 对 Y 只是部分中介作用，检验结束。第四步，做 Sobel 检验，检验统计量 z 值进行判断，如果统计量的检验结果为显著，意味着 M 的中介效应显著，检验结束；否则，M 的中介效应不存在。

8.2.2 资源积累与经营绩效关系检验

（1）家庭农场资源积累对经营绩效的直接影响分析

对于家庭农场的经营发展来说，资源积累是影响家庭农场经营发展的重要基础。因此，本小节就家庭农场经营状况的深入调研，在了解家庭资源积累的现实状况基础上，进一步考察家庭资源积累对经营绩效的影响程度，分别从自然资源积累、社会资源积累、经济资源积累和人力资源积累对家庭农场经营绩效的影响，同时，考虑到家庭农场主的特征及家庭农场成立的时间、规模等对经营绩效的影响，我们将这些变量全部纳入控制变量中，在此基础上分别逐个加入关键解释变量，采用线性回归模型（8－1）对家庭农场经营绩效进行了回归，结果如表 8－1 所示，表中报告的是各个变量的回归系数。

① 转引自：郭红东，周惠珺. 先前经验、创业警觉与农民创业机会识别——一个中介效应模型及其启示［J］. 浙江大学学报:人文社会科学版，2013，43（4）：17-27.

表 8-1　资源积累对家庭农场经营绩效的影响

变量	经营绩效						
	（1）	（2）	（3）	（4）	（5）	（6）	（7）
资源积累		1.156***					
		（0.117）					
自然资源积累			0.341***				0.340***
			（0.067）				（0.069）
经济资源积累				0.229***			0.228***
				（0.051）			（0.043）
社会资源积累					0.282***		0.287***
					（0.071）		（0.057）
人力资源积累						0.311***	0.305***
						（0.062）	（0.048）
农场主性别	0.079	0.197*	0.083	0.101	0.125	0.130	0.202*
	（0.139）	（0.106）	（0.130）	（0.136）	（0.132）	（0.131）	（0.106）
农场主年龄	-0.011	-0.001	-0.004	-0.011	-0.006	-0.014	-0.001
	（0.011）	（0.008）	（0.010）	（0.010）	（0.010）	（0.010）	（0.008）
教育年限	0.428**	0.356**	0.456***	0.405**	0.398**	0.375**	0.351**
	（0.184）	（0.154）	（0.172）	（0.185）	（0.184）	（0.159）	（0.154）
教育年限的平方	-0.014*	-0.012*	-0.016**	-0.013*	-0.013*	-0.011*	-0.011*
	（0.007）	（0.006）	（0.007）	（0.007）	（0.007）	（0.007）	（0.006）
是否拥有自身品牌	0.260**	0.264***	0.278***	0.259**	0.260**	0.246**	0.262***
	（0.113）	（0.091）	（0.103）	（0.111）	（0.110）	（0.105）	（0.090）
农场规模	0.086	0.064	0.082	0.071	0.090	0.082	0.066
	（0.059）	（0.043）	（0.051）	（0.058）	（0.058）	（0.054）	（0.043）
农场成立的时间	0.037*	0.022	0.029	0.041*	0.028	0.033*	0.020
	（0.021）	（0.017）	（0.020）	（0.021）	（0.021）	（0.020）	（0.017）
Constant	-3.248***	-3.023***	-3.569***	-3.056**	-3.218***	-2.898***	-3.003***
	（1.233）	（0.987）	（1.174）	（1.261）	（1.168）	（1.018）	（0.964）
Observations	322	322	322	322	322	322	322
R-squared	0.102	0.433	0.215	0.153	0.180	0.196	0.438
F 值	2.77	27.46	8.35	6.87	6.17	6.83	22.54
P 值	0.008	0.000	0.000	0.000	0.000	0.000	0.000

注：（1）Robust standard errors in parentheses，（2）*** $p<0.01$，** $p<0.05$，* $p<0.1$

首先，从表8-1第（1）列报告了控制变量对家庭农场创业绩效的回归结果，结果显示：从家庭农场主的特征变量来看，家庭农场主的性别与年龄分别对家庭农场经营绩效产生一定的正向影响和负向影响，但这种影响不显著，但家庭农场主的教育程度却呈现出显著的倒“U”型变化态势，其受教育年限对经营绩效的拐点在15.4年左右，即家庭农场主一旦经历了大专以上教育，选择经营家庭农场的概率将会下降，从而影响了家庭农场经营绩效；从家庭农场是否具有自身的品牌来看，具有自身品牌的家庭农场对农场经营绩效具有显著的正向影响，而家庭农场的规模和家庭农场创办时间对农场经营绩效的正向影响却不显著。同时，从后续逐渐加入其他解释变量的回归中发现，控制变量对家庭农场经营绩效的影响均较为稳健。

其次，表8-1中的（2）～（7）分别是加入相应解释变量后的回归结果。第（2）列报告了家庭农场资源积累的综合值在1%水平上显著正向影响家庭农场的经营绩效，可见，家庭的资源积累对农场经营绩效具有非常显著的经济效果，假设H1中“家庭资源积累对农场经营绩效具有显著的正向促进作用”得到验证；第（3）列报告了家庭自然资源积累对农场经营绩效的影响，结果显示：家庭农场的自然资源也在1%水平上显著正向影响家庭农场经营绩效，可见，家庭自然资源积累对农场经营绩效也同样具有显著的经济效果，假设H1a中“家庭自然资源积累对农场经营绩效具有正向促进作用”得到验证。第（4）列报告了家庭经济资源积累对农场经营绩效的影响，结果显示：家庭经济资源积累也在1%水平上显著正向影响农场经营绩效，可见，家庭经济资源积累对农场经营绩效也同样具有显著的经济效果，假设H1b中“家庭经济资源积累对农场经营绩效具有正向促进作用”得到验证。第（5）列报告了家庭社会资源积累对农场经营绩效的影响，结果显示：家庭社会资源积累也在1%水平上显著正向影响家庭农场经营绩效，可见，家庭社会资源积累对农场经营绩效也同样具有显著的经济效果，假设H1c中“家庭社会资源积累对农场经营绩效具有正向促进作用”得到验证。第（6）列报告了家庭人力资源积累对农场经营绩效的影响，结果显示：家庭人力资源也在1%水平上显著正向影响农场经营绩效，假设H1d中“家庭人力资源积累对农场经营绩效具有正向促进作用”得到验证。第（7）列将四类资源积累同时纳入回归，结果显示：家庭自然资源积累、经济资源积累、社会资源积累和人力资源积累同时均在1%水平上显著正向影响农场经营绩效，且影响效应的结论比较稳健。同时，从四类资源积累对农场经营绩效影响效应的大小依次为：自然资源积累、人力资源积累、社会资源积累和经济资源积累，这也充分说明自然资源和人力资源在家庭农场经营中的重要性。

（2）家庭农场资源积累的交互对经营绩效的影响

为进一步探讨家庭资源积累之间的内在交互是否会对经营绩效产生影响，同时，在回归中，本章先对各资源积累进行“对中”处理再相乘构成交互项，以避免多重共线性造成的伪回归（谢宇，2010）。本小节在控制所有控制变量的同时分别对资源积累的四个因子进行交互，采用调节效应模型(8-4)进行交互回归的结果如表 8-2 所示。

表 8-2　资源积累交互项对家庭农场经营绩效的影响

变量	经营绩效					
	（1）	（2）	（3）	（4）	（5）	（6）
自然资源积累	0.337***	0.342***	0.329***			
	（0.069）	（0.066）	（0.064）			
经济资源积累	0.235***			0.235***	0.227***	
	（0.049）			（0.049）	（0.047）	
社会资源积累		0.297***		0.268***		0.280***
		（0.063）		（0.074）		（0.068）
人力资源积累			0.312***		0.319***	0.311***
			（0.051）		（0.063）	（0.061）
自然资源积累*经济资源积累	0.048					
	（0.065）					
自然资源积累*社会资源积累		-0.040				
		（0.059）				
自然资源积累*人力资源积累			-0.020			
			（0.044）			
经济资源积累*社会资源积累				0.069		
				（0.084）		
经济资源积累*人力资源积累					-0.026	
					（0.072）	
社会资源积累*人力资源积累						0.011
						（0.066）
控制变量	控制	控制	控制	控制	控制	控制
Observations	322	322	322	322	322	322
R-squared	0.269	0.298	0.306	0.234	0.248	0.274
F 值	10.89	10.64	12.15	9.06	10.32	10.57
P 值	0.000	0.000	0.000	0.000	0.000	0.000

注：（1）Robust standard errors in parentheses，（2）*** $p<0.01$，** $p<0.05$，* $p<0.1$

从表 8-2 可知，可得出以下三点结论：

1）资源积累中的四类资源积累之间的交互作用的结果均不显著，因此可以判断家庭资源积累之间并不存在显著的调节效应。

2）交互项的正负号反映出了交互作用的类型：正交互项反映二因素之间存在互补作用，负交互项反映二因素之间存在替代关系。因此，自然资源积累与社会资源积累、人力资源积累以及经济资源积累与人力资源积累之间均存在不显著的替代性关系，这可能需要家庭农场对这些资源积累进行取舍，对这些资源积累进行合理的配置。

3）交互项系数大小反映出了交互作用的强度。结果显示经济资源积累中与社会资源积累交互项的系数最大，这点与以往研究的结论相类似，主要由于社会资源积累所形成的网络关系带来的便利性金融渠道所致，这两类资源之间形成了互补的关系对农场经营绩效产生了积极的影响。

8.2.3　资源积累与资源获取关系检验

家庭资源获取作为对家庭资源禀赋的重要补充，家庭资源积累对资源获取会产生怎样的影响。因此，本小节同样在控制影响家庭农场经营绩效的相关变量的情况下，分别考察了家庭资源积累对产业资源获取和服务资源获取的影响，采用多元线性回归模型（8-2）对其影响进行实证分析，分析的结果分别如表 8-3 和表 8-4 所示。

表 8-3　家庭资源积累对产业资源获取的影响

变量	（1）	（2）	（3）	（4）	（5）	（6）
资源积累积累	0.786***					
	（0.131）					
自然资源积累		0.269***				0.267***
		（0.062）				（0.063）
经济资源积累			0.143**			0.142**
			（0.070）			（0.070）
社会资源积累				0.143*		0.147**
				（0.075）		（0.067）
人力资源积累					0.228***	0.224***
					（0.069）	（0.061）
控制变量	控制	控制	控制	控制	控制	控制

续表

变量	(1)	(2)	(3)	(4)	(5)	(6)
Observations	322	322	322	322	322	322
R - squared	0.190	0.107	0.057	0.057	0.087	0.197
F 值	7.18	3.84	2.24	2.47	2.81	5.90

注：(1) Robust standard errors in parentheses，(2) *** $p<0.01$，** $p<0.05$，* $p<0.1$

从表 8－3 的第（1）列来看，家庭资源积累在 1%水平上显著正向影响家庭产业资源获取，且家庭资源积累可以解释产业资源获取 19.0%的变异，可见，家庭的资源积累对产业资源获取具有非常显著的影响效果，假设 H2 中的“家庭资源积累对产业资源获取具有显著的正向促进作用”得到验证；第（2）列报告了家庭自然资源积累对产业资源获取的影响，结果显示：家庭自然资源积累也在 1%水平上显著正向影响家庭产业资源获取，且家庭自然资源积累可以解释家庭产业资源获取 10.7%的变异，可见，家庭自然资源积累对家庭产业资源获取同样具有显著的影响效果，假设 H2a1“家庭自然资源积累对家庭产业资源获取具有显著的正向影响”得到验证；第（3）列报告了家庭经济资源积累对产业资源获取的影响，结果显示：家庭经济资源积累也在 5%水平上显著正向影响家庭产业资源获取，且家庭经济资源积累可以解释家庭产业资源获取 5.7%的变异，可见，家庭经济资源积累对家庭产业资源获取同样具有显著的影响效果，假设 H2b1“家庭经济资源积累对家庭产业资源获取具有显著的正向影响”得到验证；第（4）列报告了家庭社会资源积累对产业资源获取的影响，结果显示：家庭社会资源积累也在 10%水平上显著正向影响家庭产业资源获取，且家庭社会资源积累可以解释家庭产业资源获取 5.7%的变异，可见，家庭社会资源积累对家庭产业资源获取同样具有显著的影响效果，假设 H2c1“家庭社会资源积累对家庭产业资源获取具有显著的正向影响”得到验证；第（5）列报告了家庭人力资源积累对产业资源获取的影响，结果显示：家庭人力资源积累也在 1%水平上显著正向影响家庭产业资源获取，且家庭人力资源积累可以解释家庭产业资源获取 5.7%的变异，可见，家庭人力资源积累对家庭产业资源获取同样具有显著的影响效果，假设 H2d1“家庭人力资源积累对家庭产业资源获取具有显著的正向影响”得到验证；第（6）列同时报告了家庭自然资源积累、经济资源积累、社会资源积累和人力资源积累对产业资源获取的影响，结果显示：四类家庭资源积累均在 5%水平上显著正向影响家庭产业资源获取，且这些资源积累可以解释家庭产业资源获取 19.7%的变异，可见，家庭资源积累对家庭产业资源获取确实存在显著的影响效果，同时发现这四类资源积累中，社会资源积累在其他三类资源积累的作用下，其影响系数和显著性水平均有所增强，说明其他三类资源积累在一定程度上促进了社会资源积累对产业资源的获取。

表8-4　家庭资源积累对服务资源获取的影响

变量	（1）	（2）	（3）	（4）	（5）	（6）
资源积累	1.379***					
	（0.097）					
自然资源积累		0.549***				0.548***
		（0.059）				（0.045）
经济资源积累			0.290***			0.289***
			（0.071）			（0.052）
社会资源积累				0.242***		0.249***
				（0.060）		（0.047）
人力资源积累					0.265***	0.256***
					（0.064）	（0.048）
控制变量	控制	控制	控制	控制	控制	控制
Observations	322	322	322	322	322	322
R－squared	0.480	0.302	0.091	0.066	0.078	0.508
F 值	28.45	11.54	2.78	2.69	2.81	25.12

注：（1）Robust standard errors in parentheses，（2）*** $p<0.01$，** $p<0.05$，* $p<0.1$

从表8-4的第（1）列来看，家庭资源积累在1%水平上显著正向影响家庭服务资源获取，且家庭资源积累可以解释服务资源获取48.0%的变异，可见，家庭的资源积累对服务资源获取具有非常显著的影响效果，至此，假设H2“家庭资源积累对资源获取具有显著的正向促进作用”得到全部验证；第（2）列报告了家庭自然资源积累对服务资源获取的影响，结果显示：家庭自然资源积累也在1%水平上显著正向影响家庭服务资源获取，且家庭自然资源积累可以解释家庭服务资源获取30.2%的变异，可见，家庭自然资源积累对家庭服务资源获取同样具有显著的影响效果，假设H2a2“家庭自然资源积累对家庭服务资源获取具有显著的正向影响”得到验证；第（3）列报告了家庭经济资源积累对服务资源获取的影响，结果显示：家庭经济资源积累也在1%水平上显著正向影响家庭服务资源获取，且家庭经济资源积累可以解释家庭服务资源获取 9.1%的变异，可见，家庭经济资源积累对家庭服务资源获取同样具有显著的影响效果，假设 H2b2“家庭经济资源积累对家庭服务资源获取具有显著的正向影响”得到验证；第（4）列报告了家庭社会资源积累对服务资源获取的影响，结果显示：家庭社会资源积累也在 1%水平上显著正向影响家庭服务资源获取，且家庭社会资源积累可以解释家庭服务资源获取 6.6%的变异，可见，家庭社会资源积累对家庭服务资源获取同样具有显著的影响效果，假设 H2c2“家庭社会资源积累对家庭服务资源获取具有显著的正向影响”得到验证；第（5）列报告了家庭人力资源积累对服务资源获取的影响，结果显示：家庭人力资源积累也在 1%水平上显著正向影响家庭产业资源获取，且家庭人力资源积累可以解释家庭产业资源获取 7.8%的变异，可见，家庭人力资源积累对家庭服务资源获取同样具有显著的影响效果，假设 H2d2“家庭人力资源积累对家庭产业资源获取具有显著的正向影响”得到验证；第（6）列同时报告了家庭自然资源积累、经济资源积累、社会资源积累和人力资源积累对服务资源获取的影响，结果显示：四类家庭资源积累均在 1%水平上显著正向影响家庭服务资源获取，且这些资源积累可以解释家庭服务资源获取 50.8%的变异，可见，家庭资源积累对家庭服务资源获取确实存在显著的影响效果。

从表 8－3 与表 8－4 的回归结果表明：家庭自然资源积累、经济资源积累、社会资源积累和人力资源积累等资源积累均显著正向影响家庭产业和服务资源的获取，假设 H2、H2a、H2b、H2c、H2d 均得到有效验证。同时，从两者结果比较来看，资源积累对家庭服务资源获取的作用效果比对产业资源获取的作用效果更好。

8.2.4 资源获取与经营绩效关系检验

家庭资源获取作为家庭资源积累的一种有效补充途径，对于家庭农场的经营绩效同样会产生重要的影响。因此，本小节在了解家庭农场资源获取的基础上，进一步考察家庭资源获取对农场经营绩效的影响程度，分别用产业资源获取和服务资源获取两个变量对家庭农场经营绩效进行回归，同时，考虑到家庭农场主的特征及家庭农场成立的时间、规模等对经营绩效的影响，我们将这些变量全部纳入控制变量中，在此基础上分别逐个加入关键解释变量，分别采用线性回归模型（8－3）和调节效应模型（8－5）来考察资源获取和资源获取间的交互对家庭农场经营绩效进行回归，结果如表 8－5 所示，表中报告的是各个变量的回归系数。

表8-5 资源获取对家庭农场经营绩效的影响

变量	经营绩效				
	(1)	(2)	(3)	(4)	(5)
资源获取	0.928^{***}				
	(0.056)				
产业资源获取		0.530^{***}		0.528^{***}	0.517^{***}
		(0.050)		(0.047)	(0.041)
服务资源获取			0.408^{***}	0.405^{***}	0.395^{***}
			(0.074)	(0.057)	(0.055)
产业资源获取*服务资源获取					0.068^{*}
					(0.040)
农场主性别	0.124	0.057	0.149	0.127	0.139
	(0.095)	(0.119)	(0.124)	(0.095)	(0.092)
农场主年龄	0.002	-0.000	-0.009	0.002	0.002
	(0.007)	(0.009)	(0.009)	(0.007)	(0.007)
教育年限	0.312^{**}	0.303^{**}	0.440^{**}	0.316^{***}	0.286^{***}
	(0.121)	(0.139)	(0.184)	(0.121)	(0.106)
教育年限的平方	-0.010^{*}	-0.009	-0.014^{**}	-0.010^{*}	-0.009^{*}
	(0.005)	(0.006)	(0.007)	(0.005)	(0.005)
是否拥有自身品牌	0.206^{**}	0.177^{*}	0.292^{***}	0.209^{***}	0.187^{**}
	(0.081)	(0.094)	(0.105)	(0.079)	(0.080)
农场规模	0.048	0.050	0.085^{*}	0.048	0.046
	(0.038)	(0.045)	(0.051)	(0.038)	(0.037)
农场成立的时间	0.024	0.030^{*}	0.030	0.023	0.021
	(0.015)	(0.018)	(0.019)	(0.015)	(0.015)
Constant	-2.830^{***}	-2.695^{***}	-3.400^{***}	-2.848^{***}	-2.646^{***}
	(0.800)	(0.875)	(1.264)	(0.806)	(0.698)
Observations	322	322	322	322	322
R-squared	0.534	0.372	0.266	0.534	0.542
F值	44.28	24.28	13.82	39.30	41.14

注：(1) Robust standard errors in parentheses，(2) $^{***}p<0.01$，$^{**}p<0.05$，$^{*}p<0.1$

首先，从表8-5中控制变量对家庭农场创业绩效的回归结果，结果显示基本与上一小节的结果类同，为节省篇幅，本小节省略汇报。

其次，表8-5中的（1）～（5）分别是加入相应解释变量后的回归结果。第（1）列报告了家庭资源获取在1%水平上显著正向影响农场经营绩效，且家庭资源获取可以解释农场经营绩效53.4%的变异，可见，家庭资源获取对农场经营绩效具有非常显著的经济效果，假设 H3“家庭资源获取对农场经营绩效具有正向促进作用”得到验证；第（2）列结果显示，产业资源获取在 1%水平上显著正向影响农场经营绩效，且产业资源获取可以解释农场经营绩效37.2%的变异，可见，产业资源获取对农场经营绩效具有非常显著的经济效果，假设 H3a“家庭产业资源获取对农场经营绩效具有正向促进作用”得到验证；第（3）列结果显示，服务资源获取在 1%水平上显著正向影响农场经营绩效，且服务资源获取可以解释农场经营绩效 26.6%的变异，可见，服务资源获取对农场经营绩效具有非常显著的经济效果，假设 H3b“家庭服务资源获取对农场经营绩效具有正向促进作用”得到验证；第（4）列结果显示，产业资源获取和服务资源获取同时在 1%水平上显著正向影响农场经营绩效，且结合前 3 个模型的分析结果来看，家庭产业资源获取和服务资源获取对农场经营绩效的影响效果比较稳健，可见，家庭产业资源获取和服务资源获取对农场经营绩效的经济效果均非常显著；最后，第（5）列中加入了产业资源获取和服务资源获取的交互项进行回归，结果显示，产业资源获取和服务资源获取交互项也在 10%水平上呈现出显著的促进农场经营绩效；因此，产业资源获取和服务资源获取两者对农场经营绩效的影响存在互补的关系。

综上，家庭产业资源获取、服务资源获取和资源获取均在 1%水平上显著正向影响农场经营绩效，假设 H3a、H3b、H3 均得到验证，因此，家庭资源获取对农场经营绩效均会产生显著的正向影响。

8.2.5 资源获取的中介与调节效应检验

（1）资源获取的中介效应检验

根据中介效应检验程序（8－7）分别对资源获取（产业资源获取、服务资源获取）在资源积累（自然资源积累、社会资源积累、经济资源积累和人力资源积累）和经营绩效之间的关系进行分析，得到资源获取的中介效应检验结果见表 8－6。

表 8－6 资源获取的中介效应检验

检验步骤	第一步	第二步	第三步	检验步骤	第一步	第二步	第三步
变量	经营绩效	产业资源获取	经营绩效	变量	经营绩效	服务资源获取	经营绩效
自然资源积累	0.341^{***}	0.269^{***}	0.215^{***}	自然资源积累	0.341^{***}	0.549^{***}	0.167^{**}
	（0.067）	（0.062）	（0.059）		（0.067）	（0.059）	（0.073）

续表

检验步骤	第一步	第二步	第三步	检验步骤	第一步	第二步	第三步
产业资源获取			0.471***	服务资源获取			0.318***
		（0.372）	（0.054）				（0.080）
控制变量	是	是	是	控制变量	是	是	是
R－squared	0.215	0.107	0.414	R－squared	0.215	0.302	0.286
F	8.35	3.84	29.73	*F*	8.35	11.54	12.63
经济资源积累	0.229***	0.143**	0.156***	经济资源积累	0.229***	0.290***	0.120**
	（0.051）	（0.070）	（0.052）		（0.051）	（0.071）	（0.050）
产业资源获取		（0.317）	0.507***	服务资源获取			0.373***
			（0.051）				（0.076）
控制变量	是	是	是	控制变量	是	是	是
R－squared	0.153	0.057	0.395	R－squared	0.153	0.091	0.279
F	6.87	2.24	22.66	*F*	6.87	2.78	13.52
社会资源积累	0.282***	0.143*	0.211***	社会资源积累	0.282***	0.242***	0.195***
	（0.071）	（0.075）	（0.054）		（0.071）	（0.060）	（0.069）
产业资源获取		（0.253）	0.499***	服务资源获取			0.361***
			（0.053）				（0.073）
控制变量	是	是	是	控制变量	是	是	是
R－squared	0.180	0.057	0.415	R－squared	0.180	0.066	0.302
F	6.17	2.47	21.89	*F*	6.17	2.69	15.81
人力资源积累	0.311***	0.228***	0.200***	人力资源积累	0.311***	0.265***	0.218***
	（0.062）	（0.069）	（0.049）		（0.062）	（0.064）	（0.064）
产业资源获取		（0.354）	0.483***	服务资源获取			0.351***
			（0.052）				（0.076）
控制变量	是	是	是	控制变量	是	是	是
R－squared	0.196	0.087	0.409	R－squared	0.196	0.078	0.309
F	6.83	2.81	30.62	*F*	6.83	2.81	14.85

注：（1）Robust standard errors in parentheses，（2）*** $p<0.01$，** $p<0.05$，* $p<0.1$

1）产业资源获取在“资源积累－经营绩效”中的中介效应。首先对产业资源获取在“自然资源积累－经营绩效”中的中介效应进行检验。第一步，从自然资源积累对经营绩效的回归可知，自然资源积累对经营绩效的回归系数是显著的（c_1=0.341，$p<0.01$），既说明自然资源积累与经营绩效正相关，也表示中介效应有待进一步检验；第二步，进一步检验系数 a、b，结果显示，

回归系数 a 和 b 都是显著的（a=0.269，p<0.01；b=0.471，p<0.01），这就意味着自然资源积累对农场经营绩效的影响至少有一部分是通过产业资源获取这一中介变量来实现的；第三步，进一步检验 c_2，由于回归系数 c_2 也是显著的（c_2=0.215，p<0.01），因此，产业资源获取在“自然资源积累—经营绩效”的正向关系中发挥了部分中介作用，假设 H4a1 得到验证，即家庭自然资源积累通过产业资源获取对农场经营绩效所起的中介效应占家庭自然资源积累对农场经营绩效总效应的比值[①]为 0.372。类似，对家庭产业资源获取在“经济资源积累－经营绩效”“社会资源积累－经营绩效”“人力资源积累－经营绩效”中的中介效应分别进行检验，结果发现：c_1、a、b、c_2 均显著，因此，产业资源获取在“经济资源积累—经营绩效”“社会资源积累—经营绩效”和“人力资源积累—经营绩效”中均存在部分中介效应，其中介效应占总效应的比值分别为：0.317、0.253 和 0.354，假设 H4a2、H4a3、H4a4 和 H4a 均得到验证，即家庭产业资源获取在“资源积累－经营绩效”中的均存在部分中介效应。

2）家庭服务资源获取在“资源积累－经营绩效”中的中介效应。采用上述类似方法，对家庭服务资源获取在“自然资源积累—经营绩效”“经济资源积累—经营绩效”“社会资源积累—经营绩效”“人力资源积累—经营绩效”中的中介效应分别进行检验，结果发现：c_1、a、b、c_2 均显著，因此，家庭服务资源获取在“自然资源积累－经营绩效”“经济资源积累—经营绩效”“社会资源积累—经营绩效”“人力资源积累—经营绩效”中均存在部分中介效应，其中介效应占总效应的比值分别为：0.512、0.472、0.310、0.299，假设 H4b1、H4b2、H4b3、H4b4 和 H4b 均得到验证，即家庭服务资源获取在“资源积累－经营绩效”中的也均存在部分中介效应。

综合上述 1）和 2）中的检验结果可知，假设 H4 及其所有子假设均得到了验证，即“家庭资源获取在资源积累与农场经营绩效关系中起到部分中介效应”。

（2）资源获取的交互效应检验

为进一步验证家庭资源获取与资源积累对农场经营绩效中的调节效应，本小节分别对产业资源获取、服务资源获取与四类资源积累进行交互进行回归，根据模型（1）～（8），测量家庭资源获取在资源积累与经营绩效作用路

① 部分中介效应在总效应中的比值（effect）=ab/c_1。其中 a、b、c_1 分别为模型（7-5）、（7-6）和（7-4）中的系数，后面采用类似计算方法。

径中的调节作用，结果如表 8－7 所示。

表 8－7　资源获取与资源积累对经营绩效的调节效应检验

变量	经营绩效							
	（1）	（2）	（3）	（4）	（5）	（6）	（7）	（8）
产业资源获取	0.471***	0.507***	0.498***	0.472***				
	（0.053）	（0.049）	（0.052）	（0.051）				
服务资源获取					0.334***	0.379***	0.360***	0.374***
					（0.077）	（0.074）	（0.073）	（0.063）
自然资源积累	0.210***				0.195***			
	（0.058）				（0.067）			
经济资源积累		0.157***				0.131**		
		（0.051）				（0.053）		
社会资源积累			0.207***				0.200***	
			（0.053）				（0.061）	
人力资源积累				0.206***				0.186***
				（0.047）				（0.061）
产业资源获取*自然资源积累	0.038							
	（0.042）							
产业资源获取*经济资源积累		0.044						
		（0.046）						
产业资源获取*社会资源积累			0.033					
			（0.044）					
产业资源获取*人力资源积累				－0.041				
				（0.039）				
服务资源获取*自然资源积累					0.099			
					（0.062）			
服务资源获取*经济资源						0.040		
						（0.046）		
服务资源获取*社会资源积累							－0.021	
							（0.076）	
服务资源获取*人力资源积累								0.189***
								（0.059）
控制变量	控制	控制	控制	控制	控制	控制	控制	控制
Observations	322	322	322	322	322	322	322	322

续表

变量	经营绩效							
	(1)	(2)	(3)	(4)	(5)	(6)	(7)	(8)
R－squared	0.415	0.398	0.416	0.412	0.303	0.282	0.302	0.347
F	27.08	21.43	21.17	27.90	14.01	13.84	14.80	18.79
P	0.000	0.000	0.000	0.000	0.000	0.000	0.000	0.000

注：(1) Robust standard errors in parentheses，(2) $^{***}p<0.01$，$^{**}p<0.05$，$^{*}p<0.1$

从表 8－7 可知，可得出以下三点结论：

1）产业资源获取、服务资源获取在四类资源积累之间的交互作用中大部分不显著，仅服务资源获取在人力资源积累之间并存在显著的调节效应。

2）交互项的正负号反映出了交互作用的类型：正交互项反映二因素之间存在互补作用，负交互项反映二因素之间存在替代关系。因此，家庭农场在经营过程中需要对资源获取与资源积累的各要素之间进行合理的配置，特别是，服务资源获取与人力资源积累之间存在显著的正向促进作用，服务资源获取有利于弥补家庭人力资源积累的不足。

3）交互项系数大小反映出了交互作用的强度。上述结果显示，仅服务资源获取与人力资源积累之间的交互作用最强，这预示着家庭农场经营中在人力资源积累要实现经营绩效的提升，最终还是需要通过服务资源获取而达成。其他各要素的交互作用不显著，且相对交互作用的强度要小，这也意味着由于不显著的互补和替代关系的存在，家庭农场需要权衡好在各类资源要素的投入比例，以最优的投入组合来赢得最大经营绩效。

因此，表 8－7 的模型（8）中服务资源获取与人力资源积累的交互项系数为 0.189 且通过了 1%的显著性检验。这意味着在其他条件不变的情况下，服务资源获取每提升 1 单位，人力资源积累对农场经营绩效的作用将提升 18.9 个百分点，即服务资源获取的优化能够提高人力资源积累对农场经营绩效的推动作用。因为服务资源获取优化将弥补家庭人力资源积累不足，从而有效地引导家庭农场在经营中更好地配置家庭资源积累。

8.3　结果讨论

本研究通过对大规模问卷调查所获取的样本进行实证分析，结果显示大部分的假设得到了数据较好的支持，有少部分未得到数据的验证（参见表 8－8

至表 8－12)，本小节针对这些实证检验结果对家庭农场资源禀赋对经营绩效之间的影响进行讨论。

8.3.1　资源积累对经营绩效的影响

表 8－8　资源积累对经营绩效影响的检验结果

研究假设	假设内容	是否验证
H1	家庭资源积累对经营绩效具有正向影响	是
H1a	家庭自然资源积累对家庭农场经营绩效具有显著正向影响	是
H1b	经济资源积累对家庭农场经营绩效具有显著正向影响	是
H1c	社会资源积累对家庭农场经营绩效具有显著正向影响	是
H1d	人力资源积累对家庭农场经营绩效具有显著正向影响	是
H1*	家庭资源积累两两之间的交互对农场经营绩效具有显著正向影响	否

表 8－8 的实证结果表明，家庭农场资源积累均对经营绩效产生积极的影响，其中家庭自然资源积累对家庭农场经营绩效的影响最大，其次是家庭人力资源积累、社会资源积累和经济资源积累。家庭自然资源是家庭农场拥有的特定资源，这种资源具有先天优势，不易被其他农场模仿，且容易形成家庭农场长期的竞争优势，特别是在家庭农场快速发展的当下，自然资源显得尤为重要，家庭农场如何根据自身自然资源的优越性形成差异化的特色，以满足客户的个性化需求，获取更好的绩效显得尤为重要。同时，在家庭农场经营中，家庭人力资源积累一样不容忽视，家庭成员所掌握的技术、经验及文化水平等人力资源要素能更好促进家庭农场发展，不断带来高的经营绩效。当然，社会资源积累和经济资源积累也对家庭农场经营绩效发挥着重要的正向影响，家庭社会资源越丰富，越能形成良好的关系互动，得到更多的信息、资金等资源，甚至是可以获得政府、产业等各种优惠和服务，从而扩大自身农场的知名度，不断改善农场的运营环境；经济资源能形成家庭农场经营中的财务竞争优势，能够让农场更好的运营，从而提升收益，进而提高农场经营效率。

同时，家庭资源积累之间的交互对农场经营绩效的调节效应虽然不显著，但这些资源积累两两间的互补与替代关系仍值得关注，家庭农场在经营中需要对这些资源积累进行合适的取舍，已达到优化配置的目的。

8.3.2 资源积累对资源获取的影响

表 8-9 资源积累对资源获取影响的检验结果

研究假设	假设内容	是否验证
H2	家庭资源积累对资源获取具有显著的正向影响	是
H2a	家庭自然资源积累对资源获取具有显著的正向影响	是
H2a1	家庭自然资源积累对产业资源获取具有显著的正向影响	是
H2a2	家庭自然资源积累对服务资源获取具有显著的正向影响	是
H2b	家庭经济资源积累对资源获取具有显著的正向影响	是
H2b1	家庭经济资源积累对产业资源获取具有显著的正向影响	是
H2b2	家庭经济资源积累对服务资源获取具有显著的正向影响	是
H2c	家庭社会资源积累对资源获取具有显著的正向影响	是
H2c1	家庭社会资源积累对产业资源获取具有显著的正向影响	是
H2c2	家庭社会资源积累对服务资源获取具有显著的正向影响	是
H2d	家庭人力资源积累对资源获取具有显著的正向影响	是
H2d1	家庭人力资源积累对产业资源获取具有显著的正向影响	是
H2d2	家庭人力资源积累对服务资源获取具有显著的正向影响	是

表 8-9 的实证结果表明，家庭资源积累对农场产业资源、服务资源获取均会产生积极的影响，特别是家庭自然资源积累对家庭农场资源获取的影响最大，而其他资源积累在产业资源获取和服务资源获取中的影响差异各不相同。可见，自然资源积累在家庭资源获取中具有绝对的优势，家庭农场经营过程中需要很好把握自身自然资源优势，因地制宜，因势经营，这能更好地获取外在资源，同时，也表明外在产业资源和服务资源供给方面，更多的是看重家庭的自然资源，这也足以可见，产业和政府对家庭农场扶持上政策的倾斜。同时，从各类资源积累对资源获取的影响差异来看，人力资源积累对产业资源获取比服务资源获取更具优势，这表明，人力资源能有效识别产业利益相关者的需求，能更好地与产业利益相关者形成良性互动，从而更好地获取产业相关资源；经济资源积累则对服务资源获取比产业资源获取更具优势，说明经济资源积累越丰裕，越容易获取政府的相关服务资源，这一定程

度上表明政府相关服务资源在供给方面带有一定的有色眼镜，使强者更强，弱者处于劣势；其他资源积累在家庭资源获取方面的影响同样应该引起家庭农场的重视，在家庭农场经营中根据自身农场经营实践对自身资源进行优化、合理配置，以更好地获取自身缺乏的相应资源，为家庭农场经营奠定良好的资源基础。

8.3.3　资源获取对经营绩效的影响

表 8－10　资源获取对经营绩效的检验结果

研究假设	假设内容	是否验证
H3	资源获取对家庭农场经营绩效具有显著的正向影响	是
H3a	产业资源获取对家庭农场经营绩效具有显著的正向影响	是
H3b	服务资源获取对家庭农场经营绩效具有显著的正向影响	是
H3*	产业资源与服务资源获取的交互对家庭农场经营绩效具有显著的正向影响	是

表 8－10 的实证结果表明，无论是产业资源获取还是服务资源获取均对家庭农场经营绩效产生积极影响。因此，对于资源相对匮乏的家庭农场而言，积极拓展农场经营中需要的各类资源也是家庭农场取得竞争优势和经营绩效的关键。首先，要充分利用好家庭农场所在产业链中的合理定位，寻求供应商、销售商及相应合作伙伴，实现专业化资源、技术、基础设施等资源的共享，帮助家庭农场节约资源成本、时间和精力，提高自身的经营效率，从而解决一些资源瓶颈，为农场带来经营绩效；其次，要充分利用政府的服务资源，提升农场经营中的效率、技术与管理水平，并弥补信息、人才、资金等资源的不足，从而在经营中获取更高绩效；再次，也要对产业资源和服务资源两者获取的合理配置，积极发挥其互补作用，促进家庭农场经营绩效的提升。

同时，产业资源获取和服务资源获取的交互对农场经营绩效也具有显著的积极影响，可见，家庭资源获取的方式可以有效弥补农场经营绩效。因此，当家庭农场所在产业资源获取不足时，应充分考虑服务资源获取，以有效弥补产业资源获取不足给农场经营绩效带来的影响；同样，当服务资源获取困难时，如何发掘产业资源获取来提升农场经营绩效，也是家庭农场经营中必须考虑的重要问题。

8.3.4 资源获取在资源积累与经营绩效中的中介效应影响

表 8-11 资源获取在资源积累与经营绩效间的中介效应检验结果

研究假设	假设内容	是否验证
H4	家庭资源获取在资源积累与农场经营绩效关系中起到中介效应	部分中介
H4a	家庭产业资源获取在资源积累与农场经营绩效关系中起到中介效应	部分中介
H4a1	家庭产业资源获取在自然资源积累与农场经营绩效关系中起到中介效应	部分中介
H4a2	家庭产业资源获取在社会资源积累与农场经营绩效关系中起到中介效应	部分中介
H4a3	家庭产业资源获取在经济资源积累与农场经营绩效关系中起到中介效应	部分中介
H4a4	家庭产业资源获取在人力资源积累与农场经营绩效关系中起到中介效应	部分中介
H4b	家庭服务资源获取在家庭资源积累与农场经营绩效关系中起到中介效应	部分中介
H4b1	家庭服务资源获取在自然资源积累与农场经营绩效关系中起到中介效应	部分中介
H4b2	家庭服务资源获取在社会资源积累与农场经营绩效关系中起到中介效应	部分中介
H4b3	家庭服务资源获取在经济资源积累与农场经营绩效关系中起到中介效应	部分中介
H4b4	家庭服务资源获取在人力资源积累与农场经营绩效关系中起到中介效应	部分中介

从表 8-11 的实证检验结果来看，无论产业资源还是服务资源获取，在家庭资源积累与农场经营绩效之间发挥部分中介作用。可见，家庭资源积累除了直接影响农场经营绩效之外，还会通过资源获取来间接影响农场经营绩效。家庭农场在经营实践过程中，家庭既要充分积累家庭自然、经济、社会和人力等资源积累，发挥其对农场经营绩效的影响，也要充分把握农场经营中的产业资源和政府服务资源，以弥补自身资源积累的不足，从而通过资源获取这一桥梁来间接提升其经营绩效。

8.3.5 资源获取在资源积累与经营绩效中的调节效应影响

表 8-12 资源获取在资源积累与经营绩效间的中介效应检验结果

研究假设	假设内容	是否验证
H5	资源获取与资源积累对家庭农场经营绩效具有显著的调节效应	部分验证
H5a	产业资源获取与资源积累对家庭农场经营绩效具有显著的调节效应	否
H5a1	产业资源获取与自然资源积累对家庭农场经营绩效具有显著的调节效应	否
H5a2	产业资源获取与经济资源积累对家庭农场经营绩效具有显著的调节效应	否

续表

研究假设	假设内容	是否验证
H5a3	产业资源获取与社会资源积累对家庭农场经营绩效具有显著的调节效应	否
H5a4	产业资源获取与人力资源积累对家庭农场经营绩效具有显著的调节效应	否
H5b	服务资源获取与资源积累对家庭农场经营绩效具有显著的调节效应	否
H5b1	服务资源获取与自然资源积累对家庭农场经营绩效具有显著的调节效应	否
H5b2	服务资源获取与经济资源积累对家庭农场经营绩效具有显著的调节效应	否
H5b3	服务资源获取与社会资源积累对家庭农场经营绩效具有显著的调节效应	否
H5b4	服务资源获取与人力资源积累对家庭农场经营绩效具有显著的调节效应	是

从表 8－12 的实证检验结果来看，仅服务资源获取在人力资源积累与家庭农场经营绩效之间存在显著的正向调节作用，其他调节作用不显著。因此，家庭农场在经营过程中需要对服务资源获取与人力资源积累两者之间进行合理的配置，以发挥服务资源获取与家庭人力资源积累之间相互弥补作用，从而更好地服务于农场经营绩效的提升。

第 9 章

资源禀赋、创业能力对经营绩效的影响机制研究

基于前面理论模型的构建，本章重点从对家庭创业能力在资源禀赋与经营绩效的影响机制进行实证检验。首先，基于前面的理论与文献的综述，进一步提出了资源禀赋、创业能力与家庭农场经营绩效内在的作用假设；其次，通过构建回归模型，对各类假设进行实证检验，以期发现资源禀赋、创业能力、家庭农场经营绩效之间的内在作用机理；再次，对这些内在作用关系的结果进行讨论，并就家庭农场经营实践中的问题进行深层次分析，为后文政策建议提供经验证据。

9.1 研究假设

9.1.1 资源积累与创业能力的关系

资源基础观认为，创业能力的提升不可或缺资源的支持，资源积累越丰富越能为创业者所需的知识、信息提供获取支持，从而越有利于创业活动的开展（Zahra，et al.，2004）。在家庭农场经营过程中，创业能力的高低主要体现为资源积累转化能力。可以说，家庭资源积累是创业能力的基础，或者说创业能力是充分利用或开发家庭资源积累的结果。家庭资源积累不足，可能会影响到家庭创业的信心，特别是对一些风险偏好低的家庭更是如此。因此，拥有足够的资源积累，是家庭农场提升创业能力的前提。因此，本研究提出研究假设 H6。

H6：家庭资源积累对农场创业能力提升具有显著的积极影响。

（1）自然资源积累对创业能力的影响

自然资源积累的利用是在农民（户）对自然规律的掌握和顺从的前提下根据当下实际情况进行有效利用和调整，同时，农民（户）大部分均围绕其所拥有的耕地、牲畜与水利等进行生产活动（侯婧，左停，胡新萍，2011）。可见，在某种程度上，家庭农场经营过程的机会选择、资源配置与利用，甚至是整个农场的运营管理均需要在特定自然环境下与所拥有的自然资源积累进行良性互动。因此，自然资源作为家庭农场实现生产的载体，家庭农场需要根据所处的自然环境选择适合的创业机会、生产方式和统筹利用方式，从而实现对自然资源的最大化效应。因此，本研究提出下列研究假设 H6a 及其子假设：

H6a：家庭自然资源积累对创业能力提升有显著的积极影响。

H6a1：家庭自然资源积累对运营管理能力提升有显著的积极影响。

H6a2：家庭自然资源积累对机会相关能力提升有显著的积极影响。

（2）经济资源积累对创业能力的影响

经济资源积累是家庭创业决策的基础，创业过程中需要大量的资金投入，家庭相对经济基础不殷实的话，很难抵御创业带来的风险，从而错失对一些机会的把握和无法有效对资源进行配置与决策。庄晋财等（2014）认为，家庭创业活动中的资金支持能增强家庭风险承受能力，扩大对创业机会的搜索，增进对行业的了解，也能有效提升其机会相关能力，特别是家庭拥有的资金、技术、生产厂房等物质资源可以促进家庭更好地进行资源配置与战略决策。这些都在一定程度上影响着家庭农场运营管理能力的提升。因此，本研究提出下列研究假设 H6b 及其子假设：

H6b：家庭经济资源积累对创业能力提升有显著的积极影响。

H6b1：家庭经济资源积累对运营管理能力提升有显著的积极影响。

H6b2：家庭经济资源积累对机会相关能力提升有显著的积极影响。

（3）社会资源积累对创业能力的影响

根据前文的综述，家庭通过社会资源所建立的社会网络可以获取经营中所需的关键知识、信息，家庭农场在准确把握一些新产品、服务和市场的资讯后，进而能较准确地感知市场需求和捕捉商业机会。同时，家庭在农场经营以前很少有现代管理方面的工作经验，也缺乏企业运营管理经验成为农场经营的重要阻碍。通过社会资源，可以在与亲朋好友交往、生意合作伙伴的交流、农场上下游产业的考察中得到一些管理、发展规划等方面的经验和信息，从而促进家庭在农场经营中提高创业能力。边燕杰等（2000）认为，在中国特定的情境下，社会关系资源越密切越容易获取有价值的信息。杨俊等（2009）认为，越密切的关系资源更利于撬动其他所需资源并能更好地为自己所用，并更迅速地为创业者所把握，从而使创业机会的价值得以实现。谢雅萍和黄美娇（2014）认为，应用社会关系网络中的“学习网”，通过模仿、交流和指导等能更有效地提高创业能力；Zhang 和 Hamilton（2010）研究发现，社会网络成员之间的互动、互惠、互享能让创业者更好地对创业中遇到的问题进行批判性反思，从而不断提升自己的发展与管理技能；Rejeb－Khachlouf 等（2011）认为，信任程度越高的家族越易形成家族凝聚力，通过共享相关信息、资源，利于知识间的融合，并促进创业能力提升；胡平等（2013）研究表明，家族成员的社会关系资源决定了家族的长期创业能力，家族各种关系网络范围越大、异质性越高，越能获取丰富的资源，通过各类资源形成资源集能对创业机会产生影响，甚至会适时调整经营策略。汪忠等（2017）基于社会资本理论，研究发现，社会资本对创业机会的识别具有显著的积极作用。因此，家庭农场在经营过程中通过家庭社会资源的扩展，并不断积累相关的经营知识与经验，使家庭创业能力得到不断提升，为更好地配置资源、搜寻机会提供较好的支撑条件。因此，本研究提出下列研究假设 H6c 及其子假设：

H6c：家庭社会资源积累对创业能力提升有显著的积极影响。

H6c1：家庭社会资源积累对运营管理能力提升有显著的积极影响。

H6c2：家庭社会资源积累对机会相关能力提升有显著的积极影响。

（4）人力资源积累对创业能力的影响

不可忽视的是，家庭成员在创业之前的务工经历以从事生产、服务等劳务性活动为主，这些经历能有效地提升其创业能力。Davidsson 和 Honig（2003）认为人力资源包含的知识、经验等能提升个体的认知能力，从而产生更高的生产力与更具潜能的活动，在有价值的机会一旦出现，更容易为高质量人力资源的个体迅速感知与识别。Shane（2000）认为不是所有创业者都能感知和识别到特定的潜在创业机会，较高的认知能力能有效地为创业机会的感知建立有效链接，并为机会的识别奠定基础，以促进其识别到他人无法识别的机会。陈文沛（2016）研究指出，创业者越善于创业学习，就越能识别出优质的创业机会，尤其有助于在不确定性较大的环境中更好地识别和开发创业机会。可见，对于信息闭塞的农村家庭而言，创业学习是家庭识别与利用机会的主要方式，不仅可提升自身的机会识别能力，更能突破自身能力限制，获得创新性较高的商机。此外，从家庭农场的运营管理能力来看，农村家庭成员的文化水平相对较低，但是可以通过观察和思考其他创业者成功经验或失败教训，在创业学习过程中持续增强自身的管理能力，带领家庭成员为农场的发展壮大进行战略调整。因此，本研究提出下列研究假设 H6d 及其子假设：

H6d：家庭人力资源积累对创业能力提升有显著的积极影响。

H6d1：家庭人力资源积累对运营管理能力提升有显著的积极影响。

H6d2：家庭人力资源积累对机会相关能力提升有显著的积极影响。

（5）家庭资源积累两两间的交互对创业能力的影响

综合家庭资源积累对创业能力的积极影响的综述，考虑到资源积累之间的相互作用关系，家庭资源积累两两之间可能会存在一定的交互作用。如家庭人力资源积累相对欠缺的家庭，在自然资源积累方面却具有优势，而通过家庭资源积累之间的相互替代与互补，来弥补家庭资源积累的一些不足，从而促进家庭创业能力的提升。因此，本研究提出假设 H6*及其子假设。

假设 H6*：家庭资源积累两两交互对创业能力提升具有显著的积极影响。

假设 H61*（H61*ab、H61*ac、H61*ad、H61*bc、H61*bd、H61*cd）：家庭资源积累两两间的交互对运营管理能力提升具有显著的积极影响。

假设 H62*（H62*ab、H62*ac、H62*ad、H62*bc、H62*bd、H62*cd）：家庭资源积累两两间的交互对机会相关能力提升具有显著的积极影响。

9.1.2　资源获取对家庭创业能力的影响

虽然家庭成员可能有过外出打工、自行创业或其他单位工作等工作经历，并积累了部分技能、经验、人脉，甚至是资金，但仍然存在综合能力不够、资源禀赋有限等劣势。因此，在家庭农场经营过程中，他们还需要获取更多的资金、技术等资源禀赋，并在这个过程中不断培养和提高自身能力，以识别市场中的机会和形成一定的经营管理优势。Shane 等（2000）强调信息资源对创业机会识别的重要性，并指出创业者积累相关知识与信息的数量与质量对创业机会识别具有较显著影响。而产业资源获取和政府服务资源获取是信息资源获取的重要渠道，通过产业链和政府服务等资源的嵌入，家庭农场可以了解和掌握新产品（或服务与市场）多方面的知识与信息，较好地提升机会识别与感知能力，并提高对未满足需求把握的准确度，从而提升对创业机会的有效捕捉。在与产业链、政府等接触中，家庭农场可以更好地了解农场生产、管理、技术和经营方面的知识与信息，这些能更好地服务于家庭农场生产经营计划与经营战略的制订，甚至能更好地为农场发展寻求较好的创业条件，并形成良好的资源配置，从而更好地提升自身的管理运营能力。结合前面有关资源获取的文献综述发现，众多学者的观点都充分证实资源获取对家庭农场创建、成长及绩效的重要性。因此，本研究提出下列研究假设 H7：

H7：家庭资源获取对创业能力具有显著的正向影响。

（1）产业资源获取对创业能力的影响

产业资源获取被认为是家庭农场获取资源的关键途径，特别是在中国城乡二元经济结构尚未破解情境下，由于制度环境的不完善，农村家庭通过社会网络等社会资源禀赋渠道获取资源的成本相对较高。朱秀梅和费宇鹏（2010）研究提出关系网络是新创企业获取资源的重要途径，在获取合法性之前，家庭、亲戚朋友等强关系是企业资源获取来源，当新企业通过一定的积累获取合法性之后，逐步开始转向借助客户、供应商、投资者等弱关系获取企业发展所需资源。可见，当家庭农场获取合法性后可以从农场所在产业链中寻求更多资源，而且这种资源更能促进家庭农场发展的资源需求，其资源更有效。Tsai 和 Wang（2008）研究强调了产业资源获取的重要性，提出通过购买技术许可和专利的方式获取产业中的技术资源可以避免较高的内部开发成本，同时在搜寻和利用外部技术资源过程中，企业可以学习外部技术知识，增强自身技术能力，促进企业快速增长，从而使企业获取更高绩效。Cai，Hughes 和 Yin（2014）的研究指出，通过购买的方式获取资源可以防止企业固守于既有的产品、服务、技术、资源或能力，新购买的外部资源有助于企业改变其战略方向，也有助于企业成功应对外部环境不确定性问题，从而积极影响企业成长和绩效。

结合前面资源积累对创业能力影响的研究假设，本研究认为，产业资源获取也同样能促进家庭创业能力的提升，基于此，本研究提出如下假设 H7a 及其子假设：

H7a：产业资源获取对家庭创业能力提升具有显著的正向作用。

H7a1：产业资源获取对家庭运营管理能力提升具有显著的正向作用。

H7a2：产业资源获取对家庭机会相关能力提升具有显著的正向作用。

（2）服务资源获取对创业能力的影响

政府作为市场经济和关键资源配置的重要力量，家庭农场从政府等机构获取的政策、信息、技术、服务、组织等资源能更有效地使家庭农场适应当地产业结构。例如，信息资源中的政策信息、技术信息及市场信息有效获取，能更有利于家庭农场及时准确地把握产业环境及政策环境，弥补经济转型下制度与市场环境复杂多变给家庭农场生产经营带来的障碍。通过掌握这些资源，家庭农场可以更有针对性地开发政府有支持偏好的产品与技术，从而降低产品和技术的创新风险；也可更准确地识别市场机遇，提高市场适应能力，更好地抵御市场变化带来的风险；同时，也能更好地根据地方产业结构的调整对自身资源进行有效配置，从而更好地提升农场的运营管理能力。基于此，本研究提出如下假设 H7b 及其子假设：

H7b：服务资源获取对家庭创业能力提升具有显著的正向作用。

H7b1：服务资源获取对家庭运营管理能力提升具有显著的正向作用。

H7b2：服务资源获取对家庭机会相关能力提升具有显著的正向作用。

（3）资源获取间的交互对创业能力的影响

根据前面的研究假设，本研究认为资源获取间的交互也可能会对家庭创业能力产生显著的积极影响。如相对农业产业链越完善的地区，其政府服务可能越好，这两者可能会进一步强化家庭农场创业能力的提升；或者是地方产业基础越差，地方政府越可能通过政府服务来促进家庭农场的发展。因此，提出如下假设 H7*及其子假设 H7*1 和 H7*2。

H7*：资源获取间的交互对家庭创业能力具有显著的积极影响。

H7*1：产业资源与服务资源获取间的交互对家庭运营管理能力具有显著的积极影响。

H7*2：产业资源与服务资源获取间的交互对家庭机会相关能力具有显著的积极影响。

9.1.3　创业能力对家庭农场经营绩效的影响

企业能力理论指出，企业不仅是资源的集合体，更是能力的集合体。在农业结构调整的背景下创业能力是家庭农场获取盈利和实现可持续发展的重要源泉，创业能力体现着机会相关能力与对农场日常运营管理能力两者的动态平衡，促进家庭农场短期和长期经营绩效的提升。创业能力是在创业活动中对相关创业机会的发现、创业计划的实施、创业效果的评价，从而有效对农场经营活动中的资源进行整合与利用的一种表现，家庭创业能力越强，越容易实现家庭资源的有效配置与利用，越容易发现和利用市场中的机会，从而更好地实现家庭农场的经营绩效。Barney（2001）指出创业能力是创业过程中超越对手模仿与持续的创新能力，是创新与超额利润获取的源泉，能为创业企业带来可持续的竞争优势。周键（2017）通过对企业成长机理的研究发现，网络相关能力、机会相关能力和运营管理能力等创业能力对创业企业的成长具有正向作用。而众多学者也证实了创业能力能直接或间接地作用于企业绩效。家庭农场通过收集行业资料、建立网络关系、考虑环境市场要素、识别机会来源，并有效整合调动所掌握的相关资源进行农场产品的开发、将产品或服务投入预订市场，满足市场需求，并在经营过程中通过对各类资源的整合构建创业能力以适应甚至创造环境的变化以提升农场经营绩效。基于此，本研究提出如下假设 H8：

H8：创业能力对农场经营绩效具有显著积极影响。

（1）运营管理能力对农场经营绩效的影响

周键（2017）认为，运营管理能力主要是对创业企业的资源进行整合、优化与配置，同时在运营管理中还须具备柔性，并能根据内外部环境变化来满足市场未被满足的需求，及时调整创业方向。Wang 和 Ahmed（2007）将根据外部环境的不断变化来调整企业发展策略能力定义为运营管理能力中的战略柔性能力，其能更好地给企业提供更精准的市场需求机会。陈钦约（2010）指出创业并非仅仅是企业的创建，更是企业动态发展的过程，在该过程中更多需要适应环境的变化和管理的变革，确保企业正常运营的基础上不断成长，这就需要创业者拥有良好的组织管理能力。可见，在家庭农场生产经营过程中也需要根据市场、技术和环境的变化进行不断地改变，这期间同样需要有较强的风险管理能力、资源配置能力、组织优化与变革等运营管理能力，并能灵活对农场经营方向进行调整与校准，以提升家庭农场经营绩效，从而不断推动家庭农场的成长。基于此，本研究拟提出以下假设 H8a：

H8a：运营管理能力对家庭农场经营绩效具有显著积极影响。

（2）机会相关能力对农场经营绩效的影响

Ardichvili et al.（2003）认为创业机会广义上是指通过对资源进行创造性组合以寻求价值创造的过程，并强调价值搜寻与价值创造能力对成功创业产生较大影响，能更好促进创业企业的运营与绩效提升（朱晓红等，2014）。Kemelgor（2002）发现创业者对机会的认知与开发等机会能力对企业转型与绩效提升具有显著的正向影响。王倩等（2011）指出创业机会识别越多的创业者对高质量创业机会的追逐越有可能。Runyan et al.（2012）指出机会能力可以有效推动企业的创新性、先动性与风险承担性战略选择的转化，使企业在这种转变中不断获得更好的发展报酬，进而促进企业发展绩效的提升。林嵩等（2006）也指出对有价值的创业机会的识别能促进企业竞争优势的获取和绩效的提升。郭骁（2011）认为创业者对创新性机会的识别能力越强，越有利于提升企业绩效。董保宝和葛宝山（2014）认为，机会能力是新创企业发展中的最大制约要素，且需要不断完善机会能力与风险控制；他同时指出当风险在一定可控范围时，机会能力能促进绩效的提升，但一旦风险变为不可控范围，机会能力对绩效促进作用将会消失。基于此，本研究提出如下假设 H8b：

H8b：机会相关能力对家庭农场经营绩效具有显著积极影响。

（3）创业能力间的交互对家庭农场经营绩效的影响

根据前面 H8 的相关假设，本研究认为创业能力之间的交互可能也会对家庭农场经营绩效产生一定的影响。因此，提出如下假设 H8*。

H8*：运营管理能力与机会相关能力的交互对家庭农场经营绩效产生显著的积极影响。

9.1.4　创业能力的中介和调节效应

前文分析表明，家庭资源禀赋对创业能力产生显著的正向作用，且创业能力对农场经营绩效也有显著的正向作用。由此可以看出，一方面，家庭资源禀赋有利于家庭较快地意识到将来可能遇到的发展机会，并依据环境、资源、技术等的变化与农场经营状况来适时整合资源禀赋，以调整农场的阶段性目标，从而更好地来提升自身的创业能力；同时，也随着创业能力的提升，不断地促进农场的成长与持续发展，进而发挥创业能力的中介效应。另一方面，在家庭资源禀赋与创业能力之间，会造成选择的博弈：对家庭选择而言，家庭农场经营的决策可能会以丰裕的资源禀赋来弥补创业能力的不足，或者以较强的创业能力来弥补资源禀赋的缺失，使两者间存在一定的相互制约或促进作用，从而形成创业能力的调节效应。因此，创业能力可能在家庭资源禀赋与农场经营绩效正向关系中发挥中介或调节作用。在此，本研究提出如下假设 H9 和 H10 及其相应的子假设。

H9：家庭创业能力在家庭资源禀赋与农场经营绩效关系中起到中介效应；

H9a：运营管理能力在家庭资源积累与农场经营绩效关系中起到中介效应；

H9a1：运营管理能力在家庭自然资源积累与农场经营绩效关系中起到中介效应；

H9a2：运营管理能力在家庭经济资源积累与农场经营绩效关系中起到中介效应；

H9a3：运营管理能力在家庭社会资源积累与农场经营绩效关系中起到中

介效应；

H9a4：运营管理能力在家庭人力资源积累与农场经营绩效关系中起到中介效应；

H9b：机会相关能力在家庭资源积累与农场经营绩效关系中起到中介效应；

H9b1：机会相关能力在家庭自然资源积累与农场经营绩效关系中起到中介效应；

H9b2：机会相关能力在家庭经济资源积累与农场经营绩效关系中起到中介效应；

H9b3：机会相关能力在家庭社会资源积累与农场经营绩效关系中起到中介效应；

H9b4：机会相关能力在家庭人力资源积累与农场经营绩效关系中起到中介效应；

H9a*：运营管理能力在家庭资源获取与农场经营绩效关系中起到中介效应；

H9a1*：运营管理能力在产业资源获取与农场经营绩效关系中起到中介效应；

H9a2*：运营管理能力在服务资源获取与农场经营绩效关系中起到中介效应；

H9b*：机会相关能力在家庭资源获取与农场经营绩效关系中起到中介效应；

H9b1*：机会相关能力在产业资源获取与农场经营绩效关系中起到中介效应；

H9b2*：机会相关能力在服务资源获取与农场经营绩效关系中起到中介效应。

H10：家庭创业能力在家庭资源禀赋与农场经营绩效关系中存在调节效应；

H10a：家庭创业能力在家庭资源积累与农场经营绩效关系中存在调节效应；

H10a1：家庭运营管理能力在自然资源积累与农场经营绩效关系中存在调节效应；

H10a2：家庭运营管理能力在经济资源积累与农场经营绩效关系中存在调节效应；

H10a3：家庭运营管理能力在社会资源积累与农场经营绩效关系中存在调节效应；

H10a4：家庭运营管理能力在人力资源积累与农场经营绩效关系中存在调节效应；

H10a*：家庭机会相关能力在家庭资源积累与农场经营绩效关系中存在调节效应；

H10a1*：家庭机会相关能力在自然资源积累与农场经营绩效关系中存在调节效应；

H10a2*：家庭机会相关能力在经济资源积累与农场经营绩效关系中存在

调节效应；

H10a3*：家庭机会相关能力在社会资源积累与农场经营绩效关系中存在调节效应；

H10a4*：家庭机会相关能力在人力资源积累与农场经营绩效关系中存在调节效应；

H10b：家庭创业能力在家庭资源获取与农场经营绩效关系中存在调节效应；

H10b1：家庭运营管理能力在产业资源获取与农场经营绩效关系中存在调节效应；

H10b2：家庭运营管理能力在服务资源获取与农场经营绩效关系中存在调节效应；

H10b*：家庭机会相关能力在家庭资源获取与农场经营绩效关系中存在调节效应；

H10b1*：家庭机会相关能力在产业资源获取与农场经营绩效关系中存在调节效应；

H10b2*：家庭机会相关能力在服务资源获取与农场经营绩效关系中存在调节效应。

9.2　模型构建与实证分析

9.2.1　模型构建

（1）直接效应检验模型。本研究通过构建多元线性回归方程模型来验证资源积累和资源获取对家庭农场经营绩效的影响；同时，考虑到家庭农场经营绩效受其他变量的影响，本模型中加入了相关控制变量具体模型设定如下：

$$\mathrm{Ent}-c_{\mathrm{i}}=\beta_0+\beta_1\times\mathrm{Res}-a_{\mathrm{i}}+\beta_2\times X_{\mathrm{i}} \tag{9-1}$$

$$\mathrm{Ent}-c_{\mathrm{i}}=\beta_0+\beta_1\times\mathrm{Res}-o_{\mathrm{i}}+\beta_2\times X_{\mathrm{i}} \tag{9-2}$$

$$\mathrm{Bus}-p=\beta_0+\beta_1\times\mathrm{Ent}-c_{\mathrm{i}}+\beta_2\times X_{\mathrm{i}} \tag{9-3}$$

上式中，被解释变量分别为 $\mathrm{Bus}-p$ 表示家庭农场的经营绩效；$\mathrm{Ent}-c_{\mathrm{i}}$ 为家庭创业能力的第 i 个因子，$\mathrm{Res}-a_{\mathrm{i}}$ 表示家庭农场资源积累的第 i 个因子，$\mathrm{Res}-o_{\mathrm{i}}$ 表示家庭农场的资源获取的第 i 个因子，X_{i} 表示系列控制变量。β_0 为误差项，β_1、β_2 分别为待估计系数。

（2）调节效应检验模型。为了验证资源积累与资源获取各自及其内在指标变量之间的调节作用，进一步引入家庭农场资源积累、资源获取中的每个因子变量两两间的交互项，采用回归模型分析各自交互性对家庭创业能力、农场经营绩效的影响，并构建模型（9-4）～（9-8）。

$$\text{Ent}-c_i=\beta_0+\beta_1\times\text{Res}-a_i+\beta_2\times\text{Res}-a_j+\beta_3(\text{Res}-a_i\cdot\text{Res}-a_j)+\beta_4\times X_i \tag{9-4}$$

$$\text{Ent}-c_i=\beta_0+\beta_1\times\text{Res}-o_i+\beta_2\times\text{Res}-o_j+\beta_3(\text{Res}-o_i\cdot\text{Res}-o_j)+\beta_4\times X_i \tag{9-5}$$

$$\text{Bus}-p=\beta_0+\beta_1\times\text{Ent}-c_i+\beta_2\times\text{Ent}-c_j+\beta_3(\text{Ent}-c_i\cdot\text{Ent}-c_j)+\beta_4\times X_i \tag{9-6}$$

$$\text{Bus}-p=\beta_0+\beta_1\times\text{Ent}-c_i+\beta_2\times\text{Res}-a_i+\beta_3(\text{Ent}-c_i\cdot\text{Res}-a_i)+\beta_4\times X_i \tag{9-7}$$

$$\text{Bus}-p=\beta_0+\beta_1\times\text{Ent}-c_i+\beta_2\times\text{Res}-o_i+\beta_3(\text{Ent}-c_i\cdot\text{Res}-o_i)+\beta_4\times X_i \tag{9-8}$$

上式中的 $\text{Res}-a_i$，$\text{Res}-a_j$ 分别表示资源积累的不同因子变量；$\text{Res}-o_i$，$\text{Res}-o_j$ 分别表示资源获取的不同因子变量。

（3）中介效应检验模型。为进一步检验创业能力在资源禀赋与家庭农场经营绩效之间的中介效应，我们采用温忠麟等的中介效应检验程序①。

首先，建立与资源禀赋（X）、创业能力（M）和家庭农场经营绩效（Y）有关的三个回归模型，具体如下：

$$\begin{aligned}Y&=c_1X+\eta_1\\M&=aX+\eta_2\\Y&=c_2X+bM+\eta_3\end{aligned} \tag{9-9}$$

然后按以下四步法对各模型的回归系数依次分析：第一，检验系数 c_1，如果显著，继续第二步，否则检验结束。第二，依次检验系数 a、b，如果都显著，意味着 X 对 Y 的影响至少有一部分是通过中介变量 M 实现的，继续第三步；如果至少有一个不显著，则不能下结论，须转至第四步。第三，检验系数 c_2，如果不显著，说明 X 对 Y 是完全中介作用；如果显著，说明 X 对 Y 只是部分中介作用，检验结束。第四步，做 Sobel 检验，检验统计量 z 值进行判断，如果统计量的检验结果为显著，意味着 M 的中介效应显著，检验结束；

① 转引自：郭红东，周惠珺. 先前经验、创业警觉与农民创业机会识别——一个中介效应模型及其启示［J］. 浙江大学学报:人文社会科学版，2013，43（4）：17-27.

否则，M 的中介效应不存在。

9.2.2　资源积累对创业能力的影响实证分析

（1）资源积累对创业能力的直接影响分析

本小节利用前面的模型，在控制影响家庭农场经营绩效的相关变量的情况下，分别考察了家庭资源积累对运营管理能力和机会相关能力的影响，采用多元线性回归模型（9－1）对其影响进行实证分析，分析的结果如表 9－1 和表 9－2 所示。

表 9－1　家庭资源积累对运营管理能力的影响

变量	（1）	（2）	（3）	（4）	（5）	（6）
资源积累	1.135***					
	（0.094）					
自然资源积累		0.422***				0.420***
		（0.055）				（0.048）
经济资源积累			0.314***			0.313***
			（0.054）			（0.045）
社会资源积累				0.154**		0.159***
				（0.060）		（0.054）
人力资源积累					0.224***	0.218***
					（0.069）	（0.052）
控制变量	控制	控制	控制	控制	控制	控制
Observations	322	322	322	322	322	322
R－squared	0.363	0.218	0.140	0.067	0.093	0.385
F 值	24.49	9.25	6.85	2.93	3.07	19.63
P 值	0.000	0.000	0.000	0.004	0.002	0.000

注：Robust standard errors in parentheses，*** $p<0.01$，** $p<0.05$，* $p<0.1$

首先，由于该小节主要考虑的是资源积累对农场运营管理能力的影响，因此，为节省篇幅，表 9－1 中的控制变量对农场运营管理能力回归结果省略了汇报。

其次，表 9－1 中的（1）～（5）分别是加入相应解释变量对农场运营管理能力的回归结果。第（1）列报告了家庭资源积累在 1%水平上显著正向影响农场运营管理能力，且家庭资源积累可以解释农场运营管理能力 36.3%的变异，可见，家庭资源积累对农场运营管理能力具有非常显著的影响效果，假设 H6 中的"家庭资源积累对农场运营管理能力具有正向促进作用"得到验证；第（2）～（5）列分别报告了家庭自然资源积累、经济资源积累、社会资源积累和人力资源积累对农场运营管理能力的回归结果，结果显示，自然资源积累、经济资源积累、社会资源积累和人力资源积累均在 5%水平以上显著正向影响农场运营管理能力，且这些资源积累均可以解释农场运营管理能力 6.7%以上的变异，可见，自然资源积累、经济资源积累、社会资源积累和人力资源积累对农场运营管理能力具有较显著的影响效果，假设 H6a1、H6b1、H6c1、H6d1 分别得到了验证；第（6）列结果显示，四类资源积累同时进入回归时，这四类资源积累均在 1%水平上显著正向影响农场运营绩效，且这些资源积累可以解释农场运营管理能力 38.5%的变异，且社会资源积累在其他资源积累的作用下的影响效果和显著性均得到了提高。因此，家庭资源积累对农场运营管理能力均会产生显著的正向影响。

表 9-2　家庭资源积累对机会相关能力的影响

变量	（1）	（2）	（3）	（4）	（5）	（6）
资源积累	0.667***					
	（0.116）					
自然资源积累		0.167**				0.167**
		（0.066）				（0.065）
经济资源积累			-0.046			-0.046
			（0.059）			（0.055）
社会资源积累				0.299***		0.302***
				（0.069）		（0.058）
人力资源积累					0.266***	0.263***
					（0.058）	（0.059）
控制变量	控制	控制	控制	控制	控制	控制
Observations	322	322	322	322	322	322
R-squared	0.132	0.049	0.024	0.109	0.091	0.208
F 值	5.99	1.98	0.95	3.79	3.80	8.45
P 值	0.000	0.000	0.476	0.000	0.000	0.000

注：Robust standard errors in parentheses，*** $p<0.01$，** $p<0.05$，* $p<0.1$

表 9-2 中同样省略汇报了控制变量对机会相关能力的影响。表 9-2 的（1）～（5）分别是加入相应解释变量对农场机会相关能力的回归结果。第（1）

列报告了家庭资源积累在 1%水平上显著正向影响农场机会相关能力，且家庭资源积累可以解释农场机会相关能力 13.2%的变异，可见，家庭资源积累对农场机会相关能力具有非常显著的影响效果，假设 H6 中的“家庭资源积累对农场机会相关能力具有正向促进作用”得到验证；第（2）、（4）、（5）列分别报告了家庭自然资源积累、社会资源积累和人力资源积累对农场机会相关能力的回归结果，结果显示，自然资源积累、社会资源积累和人力资源积累均在 1%水平以上显著正向影响农场机会相关能力，且这些资源积累均可以解释农场机会相关能力 4.9%以上的变异，可见，自然资源积累、社会资源积累和人力资源积累对农场机会相关能力具有较显著的影响效果，假设 H6a2、H6c2、H6d2 分别得到了验证；第（3）列分别报告了家庭经济资源积累对农场机会相关能力的回归结果，结果显示，经济资源积累对农场机会相关能力的影响不显著，且呈现出负向影响，可见，家庭经济资源积累对农场机会相关能力不存在正向影响效果，假设 H5b2 未得到了验证；第（6）列结果显示，四类资源积累同时进入回归时，这四类资源积累对农场机会相关能力的影响效果依然稳健。因此，家庭资源积累中除了经济资源积累外，其他资源积累对农场机会相关能力均会产生显著的正向影响。

综上检验结果可知，假设 H6 及其子假设全部得到检验，即家庭资源积累对农场创业能力提升具有显著的积极影响。

（2）资源积累对创业能力的调节作用分析

本小节同样在控制影响家庭农场经营绩效的相关变量的情况下，分别考察了家庭资源积累的交互对运营管理能力和机会相关能力的影响，采用调节效应模型（9－4）对其影响进行实证检验，检验的结果如表 9－3 和表 9－4 所示。

表 9－3　家庭资源积累的交互对运营管理能力的影响

变量	（1）	（2）	（3）	（4）	（5）	（6）
自然资源积累	0.419***	0.430***	0.378***			
	（0.048）	（0.055）	（0.052）			
经济资源积累	0.316***			0.305***	0.313***	
	（0.468）			（0.054）	（0.052）	
社会资源积累		0.149**		0.166***		0.149**
		（0.061）		（0.063）		（0.065）
人力资源积累			0.259***		0.229***	0.226***
			（0.055）		（0.065）	（0.070）

续表

变量	(1)	(2)	(3)	(4)	(5)	(6)
自然资源积累*经济资源积累	0.025					
	(0.038)					
自然资源积累*社会资源积累		0.046				
		(0.057)				
自然资源积累*人力资源积累			−0.124***			
			(0.042)			
经济资源积累*社会资源积累				−0.072		
				(0.069)		
经济资源积累*人力资源积累					−0.011	
					(0.080)	
社会资源积累*人力资源积累						0.027
						(0.058)
控制变量	控制	控制	控制	控制	控制	控制
R−squared	0.314	0.245	0.286	0.168	0.190	0.118
*F*值	16.61	10.57	9.28	7.01	7.17	3.93
*P*值	0.000	0.000	0.000	0.000	0.000	0.000

注：Robust standard errors in parentheses，*** $p<0.01$，** $p<0.05$，* $p<0.1$

从表9−3的检验结果发现，模型（3）中自然资源积累与人力资源积累的交互项系数为−0.124，且通过了1%的显著性检验，假设H61*ad得到验证，这意味着在其他条件不变的情况下，自然资源积累每提升1单位，人力资源积累对农场运营管理能力的作用将下降12.4个百分点，即自然资源积累在一定程度上降低了人力资源积累对农场运营管理能力的提升。而其他的交互检验效果并不好，可见家庭农场经营中自然资源积累的依赖性作用，同时，也反映出家庭人力资源积累越高的家庭可能将其配置到其他要素上，而忽视了运营管理能力的提升。

表9−4　家庭资源积累的交互对机会相关能力的影响

变量	(1)	(2)	(3)	(4)	(5)	(6)
自然资源积累	0.169**	0.161**	0.203***			
	(0.067)	(0.066)	(0.066)			
经济资源积累	−0.049			−0.031	−0.052	
	(0.059)			(0.054)	(0.059)	

续表

变量	(1)	(2)	(3)	(4)	(5)	(6)
社会资源积累		0.324***		0.272***		0.286***
		(0.059)		(0.069)		(0.062)
人力资源积累			0.220***		0.284***	0.269***
			(0.060)		(0.060)	(0.059)
自然资源积累*经济资源积累	-0.021					
	(0.066)					
自然资源积累*社会资源积累		-0.096				
		(0.071)				
自然资源积累*人力资源积累			0.125**			
			(0.052)			
经济资源积累*社会资源积累				0.143*		
				(0.077)		
经济资源积累*人力资源积累					-0.062	
					(0.074)	
社会资源积累*人力资源积累						0.071
						(0.070)
控制变量	控制	控制	控制	控制	控制	控制
R-squared	0.052	0.149	0.139	0.129	0.096	0.187
F 值	1.63	5.05	5.07	4.92	3.25	7.63
P 值	0.097	0.000	0.000	0.000	0.000	0.000

注：Robust standard errors in parentheses，*** $p<0.01$，** $p<0.05$，* $p<0.1$

因此，表 9-4 的模型（3）中自然资源积累与人力资源积累的交互项系数为 0.125，且通过了 5%的显著性检验，假设 H62*ad 得到验证。这意味着在其他条件不变的情况下，人力资源积累每提升 1 单位，自然资源积累对农场机会相关能力的作用将提升 12.5 个百分点，即人力资源积累的优化能够提高自然资源积累对农场机会相关能力的推动作用。因为人力资源积累能更好地把握农场自然资源积累特点，寻求合适的发展机会。而模型（4）中经济资源积累与社会资源积累的交互项系数为 0.143，且通过了 10%的显著性检验，假设 H62*bc 得到验证。这意味着在其他条件不变的情况下，经济资源积累每提升 1 单位，社会资源积累对农场机会相关能力的作用将提升 14.3 个百分点，即经济资源积累的优化能够提高社会资源积累对农场机会相关能力的推动作用。因为经济资源积累能有效弥补家庭社会资源积累不足，从而获取更多的发展机会。

9.2.3 资源获取对创业能力影响的实证分析

本小节利用前面的模型，在控制相关控制变量的基础上，分别考察了家庭资源获取对农场运营管理能力和机会相关能力的影响，采用多元线性回归模型（9－2）对资源获取与创业能力之间的关系进行实证分析，分析的结果如表 9－5 所示。同时，考虑到资源获取中的产业资源和服务资源之间的相互交互作用对创业能力的影响，同样采用调节效应模型（9－5）对其进行检验，但检验结果发现，其交互作用对创业能力的影响并不显著，为节省篇幅，本小节省略汇报。

表 9－5　家庭资源获取对创业能力的影响

变量	运营管理能力				机会相关能力			
	（1）	（2）	（3）	（4）	（5）	（6）	（7）	（8）
资源获取	0.753***				0.441***			
	（0.069）				（0.077）			
产业资源获取		0.347***		0.344***		0.278***		0.277***
		（0.061）		（0.058）		（0.055）		（0.055）
服务资源获取			0.443***	0.441***			0.159***	0.157***
			（0.056）	（0.049）			（0.060）	（0.053）
控制变量	控制	控制	控制	控制	控制	控制	控制	控制
Observations	322	322	322	322	322	322	322	322
R－squared	0.329	0.160	0.239	0.353	0.120	0.096	0.047	0.121
F 值	16.45	5.93	14.25	18.45	5.79	4.81	2.06	5.16
P 值	0.000	0.000	0.000	0.000	0.000	0.000	0.039	0.000

注：Robust standard errors in parentheses，*** $p<0.01$，** $p<0.05$，* $p<0.1$

表 9－5 中同样省略汇报了控制变量对创业能力的影响。表 9－5 的（1）～（4）与（5）～（8）分别是在加入相应解释变量对农场运营管理能力与机会相关能力的回归结果。第（1）和（5）列分别报告了家庭资源获取在 1%水平上显著正向影响农场运营管理能力与机会相关能力，且家庭资源获取可以解释农场运营管理和机会相关能力 32.9%和 12.0%的变异，可见，家庭资源获取

对农场运营管理能力和机会相关能力具有非常显著的影响效果，假设 H7“家庭资源获取对农场创业能力具有正向促进作用”得到验证；第（2）、（3）列分别报告了家庭产业资源获取和服务资源获取对农场运营管理能力的回归结果，结果显示，产业资源获取和服务资源获取均在 1%水平以上显著正向影响农场运营管理能力，且分别可以解释农场运营管理能力 16.0%和 23.9%的变异，可见，产业资源获取和服务资源获取对农场运营管理能力具有较显著的影响效果，假设 H7a1、H7b1 分别得到了验证；第（4）列是将资源获取的两个因子同时进入回归时，这产业资源获取和服务资源获取对农场运营管理能力的影响效果依然稳健。第（6）、（7）、（8）是家庭资源获取对农场机会相关能力的回归结果，结果显示，家庭产业资源获取和服务资源获取对农场机会相关能力同样具有显著的正向影响。因此，家庭资源获取对农场创业能力会产生显著的正向影响，假设 H7 及其子假设 H7a2、H7b2 均得到验证。

9.2.4　创业能力对经营绩效影响的实证分析

本小节在控制相关控制变量的基础上，分别考察了家庭运营管理能力和机会相关能力对农场经营绩效的影响，采用多元线性回归模型（9－3）和调节效应模型（9－6）对创业能力与农场经营绩效之间的直接影响和调节效应进行实证检验，检验的结果如表 9－6 所示。

表 9－6　创业能力对家庭农场经营绩效的影响

VARIABLES	经营绩效					
	（1）	（2）	（3）	（4）	（5）	（6）
创业能力		0.852***				
		（0.063）				
运营管理能力			0.473***		0.473***	0.470***
			（0.054）		（0.050）	（0.052）
机会相关能力				0.379***	0.379***	0.382***
				（0.046）	（0.041）	（0.043）
运营管理*机会相关能力						－0.027
						（0.059）
农场主性别	0.079	0.149	0.198*	0.029	0.148	0.150
	（0.139）	（0.104）	（0.119）	（0.124）	（0.104）	（0.104）

续表

VARIABLES	经营绩效					
	（1）	（2）	（3）	（4）	（5）	（6）
农场主年龄	−0.011	−0.002	−0.004	−0.009	−0.002	−0.002
	（0.011）	（0.008）	（0.009）	（0.009）	（0.008）	（0.008）
教育年限	0.428**	0.251**	0.278*	0.401**	0.251**	0.242**
	（0.184）	（0.121）	（0.142）	（0.161）	（0.121）	（0.123）
教育年限的平方	−0.014*	−0.007	−0.008	−0.014**	−0.007	−0.007
	（0.007）	（0.005）	（0.006）	（0.006）	（0.005）	（0.005）
是否拥有自身品牌	0.260**	0.189**	0.172*	0.277***	0.189**	0.177**
	（0.113）	（0.085）	（0.098）	（0.101）	（0.086）	（0.086）
农场规模	0.086	0.036	0.047	0.075	0.036	0.035
	（0.059）	（0.049）	（0.057）	（0.052）	（0.049）	（0.048）
农场成立的时间	0.037*	0.016	0.021	0.031	0.016	0.015
	（0.021）	（0.016）	（0.018）	（0.020）	（0.016）	（0.016）
Constant	−3.248***	−2.213***	−2.482**	−2.980***	−2.214***	−2.160***
	（1.233）	（0.799）	（0.967）	（1.058）	（0.799）	（0.811）
Observations	322	322	322	322	322	322
R−squared	0.102	0.456	0.316	0.243	0.456	0.457
F 值	2.77	29.43	14.95	11.34	26.54	24.13

注：Robust standard errors in parentheses，*** $p<0.01$，** $p<0.05$，* $p<0.1$

首先，从表 9−6 第（1）列报告了控制变量对家庭农场经营绩效的回归结果，结果显示：控制变量对农场经营绩效的影响结果基本类似于 8.3.2 中的结论，仅家庭农场主的教育程度却对农场经营绩效产生正向影响，但教育程度对经营绩效影响的倒“U”型变化态势不稳健，这可能说明在创业能力的影响下，教育程度的倒“U”型影响可能不存在，创业能力可能弱化了教育程度对经营绩效的影响。

其次，表 9−6 中的（2）～（5）分别是加入相应解释变量后的回归结果。第（2）列报告了农场创业能力的综合值在 1%水平上显著正向影响家庭农场的经营绩效，可见，农场创业能力对经营绩效具有非常显著的经济效果，假设 H8“家庭创业能力对农场经营绩效具有显著的正向促进作用”得到验证；第（3）列报告了农场运营管理能力对农场经营绩效的影响，结果显示：农场运营管理能力也在 1%水平上显著正向影响农场经营绩效，可见，家庭运营管理能力对农场经营绩效也同样具有显著的经济效果，假设 H8a“家庭运营管理能力对农场经营绩效具有正向促进作用”得到验证。第（4）列报告了家庭机会相关能力对农场经营绩效的影响，结果显示：家庭机会相关能力也在 1%水平上显著正向影响农场经营绩效，可见，家庭机会相关能力对农场经营绩效也同样具有显著的经济效果，假设 H8b 中“家庭机会相关能力对农场经营绩效具有正向促进作用”得到验证。第（5）列将家庭运营管理能力与机会相关能力同时纳入回归，结果显示：家庭运营管理能力与机会相关能力同时均在 1%水平上显著正向影响农场经营绩效，且影响效果比较稳健，同时创业能力可以解释农场经营绩效 45.6%的变异。第（6）列将家庭运营管理能力与机会相关能力的交互项也纳入回归，发现两种能力的调节效应不显著，且呈现的是两者存在一定的替代关系，假设 H8*未得到验证，即运营管理能力与机会相关能力的交互对家庭农场经营绩效产生的影响不显著。综上，家庭创业能力对农场经营绩效具有显著的正向影响，且运营管理能力对经营绩效影响效果要高于机会相关能力的影响效果。

9.2.5 创业能力中介和调节效应的实证分析

（1）创业能力在“资源积累－经营绩效”的中介和调节效应检验

在控制相关控制变量的基础上，根据中介效应检验程序（9－9）分别对创业能力（运营管理能力、机会相关能力）在资源积累（自然资源积累、社会资源积累、经济资源积累和人力资源积累）和经营绩效之间的关系进行分析，得到创业能力的中介效应检验结果见表 9－7。

表 9－7　创业能力的中介效应检验

检验步骤	第一步	第二步	第三步	检验步骤	第一步	第二步	第三步
变量	经营绩效	运营管理能力	经营绩效	变量	经营绩效	机会相关能力	经营绩效
自然资源积累	0.341***	0.422***	0.173**	自然资源积累	0.341***	0.167**	0.286***
	（0.067）	（0.055）	（0.073）		（0.067）	（0.066）	（0.061）
运营管理能力			0.399***	机会相关能力			0.332***
			（0.059）				（0.045）
控制变量	是	是	是	控制变量	是	是	是
R－squared	0.215	0.218	0.340	R－squared	0.215	0.049	0.319

续表

检验步骤	第一步	第二步	第三步	检验步骤	第一步	第二步	第三步
F	8.35	9.25	13.70	*F*	8.35	1.98	15.14
经济资源积累	0.229***	0.314***	0.089*	经济资源积累	0.229***	−0.046	0.247***
	（0.051）	（0.054）	（0.047）		（0.051）	（0.059）	（0.047）
运营管理能力			0.445***	机会相关能力			0.391***
			（0.057）				（0.046）
控制变量	是	是	是	控制变量	是	是	是
R－squared	0.153	0.140	0.323	R－squared	0.153	0.024	0.302
F	6.87	6.85	14.14	*F*	6.87	0.95	14.55
社会资源积累	0.282***	0.154***	0.215***	社会资源积累	0.282***	0.299***	0.185***
	（0.071）	（0.060）	（0.061）		（0.071）	（0.069）	（0.067）
运营管理能力			0.439***	机会相关能力			0.324***
			（0.056）				（0.052）
控制变量	是	是	是	控制变量	是	是	是
R－squared	0.180	0.067	0.360	R－squared	0.180	0.109	0.273
F	6.17	2.93	16.89	*F*	6.17	3.79	11.87
人力资源积累	0.311***	0.224***	0.215***	人力资源积累	0.311***	0.266***	0.226***
	（0.062）	（0.069）	（0.051）		（0.062）	（0.058）	（0.061）
运营管理能力			0.424***	机会相关能力			0.320***
			（0.056）				（0.049）
控制变量	是	是	是	控制变量	是	是	是
R－squared	0.196	0.093	0.359	R－squared	0.196	0.091	0.289
F	6.83	3.07	17.54	*F*	6.83	3.80	13.48

注：（1）Robust standard errors in parentheses，（2）*** $p<0.01$，** $p<0.05$，* $p<0.1$

1）运营管理能力在“资源积累－经营绩效”中的中介效应检验。首先对运营管理能力在“自然资源积累－经营绩效”中的中介效应进行检验。第一步，从自然资源积累对经营绩效的回归可知，自然资源积累对经营绩效的回归系数是显著的（c_1=0.341，$p<0.01$），既说明自然资源积累与经营绩效正相关，也表示中介效应有待进一步检验；第二步，进一步检验系数 a、b，结果显示，回归系数 a 和 b 都是显著的（a=0.422，$p<0.01$；b=0.399，$p<0.01$），这就意味着自然资源积累对农场经营绩效的影响至少有一部分是通过运营管理能力这一中介变量来实现的；第三步，进一步检验 c_2，由于回归系数 c_2 也是显著

的（c_2=0.173，p＜0.05），因此，运营管理能力在“自然资源积累－经营绩效”的正向关系中发挥了部分中介作用，假设 H9a1 得到验证。即家庭自然资源积累通过运营管理能力对农场经营绩效所起的中介效应占家庭自然资源积累对农场经营绩效总效应的比值①为 0.494。类似，对家庭运营管理能力在“经济资源积累－经营绩效”“社会资源积累－经营绩效”“人力资源积累－经营绩效”中的中介效应分别进行检验，结果发现：c_1、a、b、c_2 均显著，因此，运营管理能力在“经济资源积累－经营绩效”“社会资源积累－经营绩效”和“人力资源积累－经营绩效”中均存在部分中介效应，其中介效应占总效应的比值分别为：0.610、0.240 和 0.305，假设 H9a2、H9a3、H9a4 均得到验证，即 H9a 家庭运营管理能力在“资源积累－经营绩效”中的均存在部分中介效应。

2）家庭机会相关能力在“资源积累－经营绩效”中的中介效应检验。采用上述类似方法，对家庭机会相关能力在“自然资源积累－经营绩效”“经济资源积累－经营绩效”“社会资源积累－经营绩效”“人力资源积累－经营绩效”中的中介效应分别进行检验，结果发现：机会相关能力仅在“经济资源积累－经营绩效”中的 a 不显著，其他检验中的 c_1、a、b、c_2 均显著，因此，家庭服务资源获取在“自然资源积累－经营绩效”“社会资源积累－经营绩效”“人力资源积累－经营绩效”中均存在部分中介效应，其中介效应占总效应的比值分别为：0.163、0.344、0.274；对家庭机会相关能力在“经济资源积累－经营绩效”影响关系中的 a、b 只有一个显著，我们进一步采用 Sobel 值进行联合检验，计算检验统计量是 z 值分别为－0.776，经查表发现其 z 值对应的显著性 p 值均大于 0.1，家庭机会相关能力在“经济资源积累－经营绩效”的中介效应不显著。因此，假设 H9b1、H9b3、H9b4 均得到验证，而假设 H9b2 未得到检验，即家庭机会相关能力在“经济资源积累－经营绩效”中的中介效应不显著。

3）家庭创业能力与资源积累的交互对农场经营绩效的影响。根据调节效应模型（9－7）分别对创业能力（运营管理能力、机会相关能力）与资源积累（自然资源积累、社会资源积累、经济资源积累和人力资源积累）进行交互，考察其两两间的交互对农场经营绩效的影响，实证检验结果见表 9－8。

---

① 部分中介效应在总效应中的比值（effect）=ab/c_1。其中 a、b、c_1 分别为模型（7-5）、（7-6）和（7-4）中的系数，后面采用类似计算方法。

表 9-8　创业能力与资源积累对家庭农场经营绩效的调节效应检验

变量	经营绩效							
	(1)	(2)	(3)	(4)	(5)	(6)	(7)	(8)
运营管理能力	0.405***	0.445***	0.438***	0.409***				
	(0.060)	(0.573)	(0.055)	(0.057)				
机会相关能力					0.324***	0.386***	0.325***	0.307***
					(0.050)	(0.046)	(0.055)	(0.053)
自然资源积累	0.179***				0.285***			
	(0.066)				(0.063)			
经济资源积累		0.088*				0.256***		
		(0.048)				(0.048)		
社会资源积累			0.213***				0.189***	
			(0.062)				(0.071)	
人力资源积累				0.225***				0.237***
				(0.050)				(0.064)
运营管理（机会相关）能力*自然资源积累	0.067				0.052			
	(0.074)				(0.061)			
运营管理（机会相关）能力*经济资源积累		-0.005				0.047		
		(0.053)				(0.049)		
运营管理（机会相关）能力*社会资源积累			0.025				0.080	
			(0.062)				(0.065)	
运营管理（机会相关）能力*人力资源积累				-0.047				0.068
				(0.047)				(0.064)
R-squared	0.346	0.323	0.361	0.361	0.323	0.304	0.282	0.294
F 值	12.94	12.83	15.95	15.78	15.27	13.38	12.24	13.60
P 值	0.000	0.000	0.000	0.000	0.000	0.000	0.000	0.000

注：（1）Robust standard errors in parentheses，（2）*** $p<0.01$，** $p<0.05$，* $p<0.1$

而从表 9-8 创业能力与资源积累的交互效应检验结果来看，创业能力与资源积累各因子之间的调节效应几乎均不显著，假设 H10a 没有得到验证，可以认为创业能力在资源积累与农场经营绩效中的调节效应可能不存在。

（2）创业能力在“资源获取-经营绩效”的中介与调节效应检验

1）创业能力在“资源获取-经营绩效”的中介效应检验

在控制相关控制变量的基础上，根据中介效应检验程序（9-9）分别对家庭创业能力（运营管理能力、机会相关能力）在资源获取（产业资源获取、服务资源获取）和经营绩效之间的关系进行分析，得到创业能力的中介效应检验结果见表9-9。

表9-9 创业能力的中介效应检验

检验步骤	第一步	第二步	第三步	检验步骤	第一步	第二步	第三步
变量	经营绩效	运营管理能力	经营绩效	变量	经营绩效	机会相关能力	经营绩效
产业资源获取	0.530***	0.347***	0.416***	产业资源获取	0.530***	0.278***	0.459***
	（0.050）	（0.061）	（0.053）		（0.050）	（0.055）	（0.050）
运营管理能力			0.328***	机会相关能力			0.254***
			（0.054）				（0.042）
控制变量	是	是	是	控制变量	是	是	是
R-squared	0.372	0.160	0.462	R-squared	0.372	0.096	0.430
F	24.28	5.93	38.06	*F*	24.28	4.81	32.96
服务资源获取	0.408***	0.443***	0.249***	服务资源获取	0.408***	0.159***	0.356***
	（0.074）	（0.056）	（0.081）		（0.074）	（0.060）	（0.068）
运营管理能力			0.359***	机会相关能力			0.322***
			（0.068）				（0.049）
控制变量	是	是	是	控制变量	是	是	是
R-squared	0.266	0.239	0.365	R-squared	0.266	0.047	0.365
F	13.82	14.25	15.91	*F*	13.82	2.06	24.52

注：（1）Robust standard errors in parentheses，（2）*** $p<0.01$，** $p<0.05$，* $p<0.1$

从检验的结果来看，对家庭运营管理能力和机会相关能力在“产业资源获取-经营绩效”“服务资源获取-经营绩效”中均存在部分中介效应，其中介效应占总效应的比值分别为：0.215、0.390和0.133、0.125；因此，运营管理能力在家庭资源获取与农场经营绩效关系中起到中介效应（假设H9a*）和机会相关能力在家庭资源获取与农场经营绩效关系中起到中介效应（假设H9b*）及其子假设H9a1*、H9a2*、H9b1*、H9b2*均得到验证。这充分说明，创业能力在“资源获取-经营绩效”中确实存在部分中介效应。

2）创业能力在“资源获取-经营绩效”的调节效应检验

在控制相关控制变量的基础上，根据调节效应模型（9-8）分别对创业能力（运营管理能力、机会相关能力）与资源获取（产业资源获取、服务资源获取）进行交互，考察其两两间的交互对农场经营绩效的影响，实证检验结果见表 9－10。

表 9－10　创业能力在资源积累对家庭农场经营绩效的调节效应检验

变量	经营绩效			
	（1）	（2）	（3）	（4）
运营管理能力	0.327***	0.345***		
	（0.056）	（0.061）		
机会相关能力			0.232***	0.309***
			（0.043）	（0.055）
产业资源获取	0.415***		0.469***	
	（0.052）		（0.050）	
服务资源获取		0.287***		0.357***
		（0.063）		（0.071）
运营管理（机会相关）能力*产业资源获取	−0.002		0.092**	
	（0.036）		（0.040）	
运营管理（机会相关）能力*服务资源获取		0.113*		0.065
		（0.066）		（0.087）
R－squared	0.462	0.385	0.440	0.370
F 值	35.34	15.05	27.79	23.16
P 值	0.000	0.000	0.000	0.000

注：（1）Robust standard errors in parentheses，（2）*** $p<0.01$，** $p<0.05$，* $p<0.1$

从表 9－10 创业能力与资源获取的交互效应检验结果来看，创业能力与资源获取各因子之间的调节效应中，运营管理能力与服务资源获取的交互项系数为 0.113 且通过了 10%的显著性检验，假设 H10b2 得到验证，即家庭运营管理能力在服务资源获取与农场经营绩效关系中存在调节效应。这意味着在其他条件不变的情况下，运营管理能力每提升 1 单位，服务资源获取对农场经营绩效的作用将提升 11.3 个百分点，即运营管理能力的提升能够提高服务资源获取对农场经营绩效的推动作用；同样，机会相关能力与产业资源获取的交互项系数为 0.092 且通过了 5%的显著性检验，假设 H10b1* 得到验证，即家庭机会相关能力在产业资源获取与农场经营绩效关系中存在调节效应。这意味着在其他条件不变的情况下，机会相关能力每提升 1 单位，产业资源获取对农场经营绩效的作用将提升 9.2 个百分点，即机会相关能力的提升能够提高产业资源获取对农场经营绩效的推动作用。因此，在创业能力的提升在一定程度上能有效弥补家庭资源获取的不足，从而促进家庭农场经营绩效的提升。

9.3 结果讨论

本研究通过对大规模问卷调查所获取的样本进行实证分析，结果显示大部分的假设得到了数据较好的支持，有少部分未得到数据的验证（参见表 9-11 至 9-15）。本部分将对相关结果分别进行讨论。

9.3.1 资源积累对创业能力的影响

表 9-11 资源积累对创业能力影响的检验结果

研究假设	假设内容	是否验证
H6	家庭资源积累对农场创业能力提升具有显著的积极影响	是
H6a	家庭自然资源积累对创业能力提升有显著的积极影响	是
H6a1	家庭自然资源积累对运营管理能力提升有显著的积极影响	是
H6a2	家庭自然资源积累对机会相关能力提升有显著的积极影响	是
H6b	家庭经济资源积累对创业能力提升有显著的积极影响	部分验证
H6b1	家庭经济资源积累对运营管理能力提升有显著的积极影响	是
H6b2	家庭经济资源积累对机会相关能力提升有显著的积极影响	否
H6c	家庭社会资源积累对创业能力提升有显著的积极影响	是
H6c1	家庭社会资源积累对运营管理能力提升有显著的积极影响	是
H6c2	家庭社会资源积累对机会相关能力提升有显著的积极影响	是
H6d	家庭人力资源积累对创业能力提升有显著的积极影响	是
H6d1	家庭人力资源积累对运营管理能力提升有显著的积极影响	是
H6d2	家庭人力资源积累对机会相关能力提升有显著的积极影响	是
H6*	家庭资源积累两两交互对创业能力提升具有显著的积极影响	否
H61*	家庭资源积累两两间的交互对运营管理能力提升具有显著的积极影响	仅 H61*ad 负向
H62*	家庭资源积累两两间的交互对机会相关能力提升具有显著的积极影响	部分验证

从表 9-11 的实证结果来看，家庭资源积累对农场运营管理能力产生显著的正向影响，其影响的大小依次为自然资源积累、经济资源积累、人力资源积累和社会资源积累；而经济资源积累对农场机会相关能力呈现出不显著的

负向影响，其他均产生显著的正向影响，其中社会资源积累对机会识别相关能力影响最大，人力资源积累其次，但自然资源积累的正向影响也不容忽视。同时，自然资源积累与人力资源积累的交互对农场运营管理能力具有显著的负向影响，而对农场机会相关能力则具有显著的正向影响；经济资源积累与社会资源积累的交互也同样对农场机会相关能力具有显著的正向影响。

因此，在家庭农场经营中应把握好农场自然环境的特征，充分将其他资源积累与自然资源积累进行配置，并合理加以运用，以实现自然资源产生最大化效益；同时，自然资源积累作为家庭农场实现生产的载体，家庭农场需要根据所在地的自然环境选择自己的生产方式和利用方式，进行产品的创新与开发，为市场带来差异化的产品或服务，满足消费者未被满足的新需求，形成自己的竞争优势，以提高绩效。经济资源积累是农场运营管理中的重要资源，适当根据经济资源积累的丰裕性，灵活配置和优化其他资源。充分发挥社会资源积累带来的社会网络关系优势，积极识别、寻求农场发展的机会，并通过社会资源积累将相关机会转变为合适产品；并适时根据市场变化调整家庭农场经营方向、合理配置其他资源积累，形成资源积累的良性互动。人力资源积累在创业能力中发挥重要的积极影响，需要充分调动家庭成员的积极性，鼓励家庭成员更多参与产生实践、技术培训等，以更好地服务于创业能力提升。同时，要充分发挥家庭资源积累之间的相互制约和促进作用，进行优化配置，以追求对创业能力的提升。

9.3.2 资源获取对创业能力的影响

表 9－12 资源获取对创业能力影响的检验结果

研究假设	假设内容	是否验证
H7	家庭资源获取对创业能力具有显著的积极影响	是
H7a	产业资源获取对家庭创业能力提升具有显著的积极影响	是
H7a1	产业资源获取对家庭运营管理能力提升具有显著的积极影响	是
H7a2	产业资源获取对家庭机会相关能力提升具有显著的积极影响	是
H7b	服务资源获取对家庭创业能力提升具有显著的积极影响	是
H7b1	服务资源获取对家庭运营管理能力提升具有显著的积极影响	是
H7b2	服务资源获取对家庭机会相关能力提升具有显著的积极影响	是
H7*	资源获取间的交互对家庭创业能力具有显著的积极影响	否
H7*1	产业资源与服务资源获取间的交互对家庭运营管理能力具有显著的积极影响	否
H7*2	产业资源与服务资源获取间的交互对家庭机会相关能力具有显著的积极影响	否

从表 9－12 的实证结果来看，家庭资源获取对创业能力产生显著的正向作用。服务资源获取比产业资源获取对运营管理能力的作用要大，而产业资源获取比服务资源获取对机会相关能力的作用要大；资源获取的交互对创业能力并没有显著作用。可见，产业中的地方经济、供应商、销售渠道、大型合作社及企业、基础设施越好等产业资源越好，农场更容易识别消费者需求、并进行产品与服务的开发创新；政府提供的技术培训与咨询服务、优惠的政策制度及高效的服务越好，农场越能合理的定位和规划，适时调整经营目标和思路，合理配置所需资源，并能与利益相关者形成良好的关系互动。

因此，从产业发展的角度来考虑，产业集聚发展能有更多的创业机会，从而造就一些先知先觉的家庭农场主。而从政府服务的角度来看，营商环境的打造能更好地提升家庭农场的运营管理能力。在政府施策过程中，如何把握产业发展环境，合理规划和定位家庭农场的发展，如何提高服务型政府转型更好地服务于家庭农场的发展，是当下政府需要精准把握的改革重点；在家庭农场经营中，农场如何充分利用地方产业优势和政府服务中带来的政策红利，也是家庭农场内涵式发展的关键。

9.3.3 创业能力对经营绩效的影响

表 9－13 创业能力对经营绩效影响的检验结果

研究假设	假设内容	是否验证
H8	创业能力对家庭农场经营绩效具有显著积极影响	是
H8a	运营管理能力对家庭农场经营绩效具有显著积极影响	是
H8b	机会相关能力对家庭农场经营绩效具有显著积极影响	是
H8*	运营管理与机会相关能力的交互对家庭农场经营绩效产生显著的积极影响	否

从表 9－13 的实证结果来看，家庭创业能力对农场经营绩效产生显著的积极影响，且家庭运营管理能力比机会相关能力对农场经营绩效的影响更大，也足以可见家庭运营管理能力的重要性。首先，运营管理能力对农场经营绩效的影响。运营管理能力在家庭农场经营中发挥重要影响，家庭农场应合理定位自身农场及进行规划、合理配置相关资源、克服经营过程中的困难、适时调整经营策略、并与利益相关者建立良性互动来提升自身运营管理能力，提升农场经营绩效。其次，机会相关能力对农场经营绩效的影响。家庭农场应更好地识别消费者需求，不断提升自身产品的价值和更好的服务，以发掘

经营中的新创意，从中形成家庭农场的竞争优势，从而获取更高的绩效回报。

9.3.4 创业能力的中介效应影响

表 9－14 创业能力的中介效应检验结果

研究假设	假设内容	是否验证
H9	家庭创业能力在家庭资源禀赋与农场经营绩效关系中起到中介效应	部分中介
H9a	运营管理能力在家庭资源积累与农场经营绩效关系中起到中介效应	部分中介
H9a1	运营管理能力在家庭自然资源积累与农场经营绩效关系中起到中介效应	部分中介
H9a2	运营管理能力在家庭经济资源积累与农场经营绩效关系中起到中介效应	部分中介
H9a3	运营管理能力在家庭社会资源积累与农场经营绩效关系中起到中介效应	部分中介
H9a4	运营管理能力在家庭人力资源积累与农场经营绩效关系中起到中介效应	部分中介
H9b	机会相关能力在家庭资源积累与农场经营绩效关系中起到中介效应	部分中介
H9b1	机会相关能力在家庭自然资源积累与农场经营绩效关系中起到中介效应	部分中介
H9b2	机会相关能力在家庭经济资源积累与农场经营绩效关系中起到中介效应	否
H9b3	机会相关能力在家庭社会资源积累与农场经营绩效关系中起到中介效应	部分中介
H9b4	机会相关能力在家庭人力资源积累与农场经营绩效关系中起到中介效应	部分中介
H9a*	运营管理能力在家庭资源获取与农场经营绩效关系中起到中介效应	部分中介
H9a1*	运营管理能力在产业资源获取与农场经营绩效关系中起到中介效应	部分中介
H9a2*	运营管理能力在服务资源获取与农场经营绩效关系中起到中介效应	部分中介
H9b*	机会相关能力在家庭资源获取与农场经营绩效关系中起到中介效应	部分中介
H9b1*	机会相关能力在产业资源获取与农场经营绩效关系中起到中介效应	部分中介
H9b2*	机会相关能力在服务资源获取与农场经营绩效关系中起到中介效应	部分中介

从表 9－14 的实证结果来看，创业能力在家庭资源禀赋与农场经营绩效中除机会相关能力在家庭经济资源积累与农场经营绩效中的中介效应未得到检验外，其他中均存在部分中接作用。综合前面的分析可知，家庭资源禀赋在一定程度上除了直接影响农场经营绩效，还有部分作用得通过创业能力这一桥梁实现。因此，提升家庭创业能力不仅是获取农场经营绩效的重要手段，更是当前家庭农场内涵式发展的关键。家庭农场在经营过程中，创业能力不仅能提升家庭资源禀赋的利用效率与利用方式，特别是在充满不确定性时代，市场、技术等环境的变化较大，各类新型农业技术不断更新，市场机会也会瞬息万变，消费者需求日益个性化，如何将其自身潜质激发出来抓住瞬息万

变的创业机会更是当前家庭农场经营中面临的重要问题。

9.3.5　创业能力的调节效应影响

表 9－15　创业能力的调节效应检验结果

研究假设	假设内容	是否验证
H10	家庭创业能力在家庭资源禀赋与农场经营绩效关系中存在调节效应	部分验证
H10a	家庭创业能力在家庭资源积累与农场经营绩效关系中存在调节效应	否
H10a1	家庭运营管理能力在自然资源积累与农场经营绩效关系中存在调节效应	否
H10a2	家庭运营管理能力在经济资源积累与农场经营绩效关系中存在调节效应	否
H10a3	家庭运营管理能力在社会资源积累与农场经营绩效关系中存在调节效应	否
H10a4	家庭运营管理能力在人力资源积累与农场经营绩效关系中存在调节效应	否
H10a*	家庭机会相关能力在家庭资源积累与农场经营绩效关系中存在调节效应	否
H10a1*	家庭机会相关能力在自然资源积累与农场经营绩效关系中存在调节效应	否
H10a2*	家庭机会相关能力在经济资源积累与农场经营绩效关系中存在调节效应	否
H10a3*	家庭机会相关能力在社会资源积累与农场经营绩效关系中存在调节效应	否
H10a4*	家庭机会相关能力在人力资源积累与农场经营绩效关系中存在调节效应	否
H10b	家庭创业能力在家庭资源获取与农场经营绩效关系中存在调节效应	部分验证
H10b1	家庭运营管理能力在产业资源获取与农场经营绩效关系中存在调节效应	否
H10b2	家庭运营管理能力在服务资源获取与农场经营绩效关系中存在调节效应	是
H10b*	家庭机会相关能力在家庭资源获取与农场经营绩效关系中存在调节效应	否
H10b1*	家庭机会相关能力在产业资源获取与农场经营绩效关系中存在调节效应	是
H10b2*	家庭机会相关能力在服务资源获取与农场经营绩效关系中存在调节效应	否

从表 9－15 的实证结果来看，创业能力在家庭资源禀赋与农场经营绩效中的调节效应不显著，仅有“家庭运营管理能力在服务资源获取与农场经营绩效关系中存在调节效应”和“家庭机会相关能力在产业资源获取与农场经营绩效关系中存在调节效应”得到验证，而且这两个调节均起到了正向的促进作用。因此，家庭农场在经营中要充分发挥家庭创业能力对相关资源获取不足的有效弥补，更好地服务于农场经营绩效的提升。

第 10 章

家庭农场内涵式发展的政策建议

家庭农场有它自身产生、发展、成熟、转型等阶段的特征，在不同的发展阶段家庭农场会形成自己特定的发展模式。通过对浙江省家庭农场的调研情况来看，虽然数量在近年来得到了快速增长，但发展质量却存在不少问题，家庭农场在经营过程中也面临诸多障碍与挑战，如何优化家庭农场的资源配置、提升其创业能力和营造农村创业环境等方面仍有较大的提升空间，本章主要针对家庭农场内涵式发展的研究结论，系统提出相关的发展措施和政策建议，以期能为浙江省新型农业经营主体培育、“三农问题”的可持续发展以及乡村振兴战略实施贡献绵薄之力。

10.1 家庭农场内涵式发展——资源积累

10.1.1 以自然资源为依托，注重因地制宜

（1）自然资源积累是实现家庭农场内涵式发展的重要基础。在家庭资源积累中，家庭决策的基础必然是家庭所拥有的独特的自然资源，即所谓的“靠山吃山”“靠水吃水”。因此，在家庭自然资源积累必然会对农场经营绩效产生决定性影响。要用内涵式发展理念来指导家庭农场自然资源积累的开发利用，更好地服务于家庭农场内涵式发展，二者应该互为支撑、互为补充，家庭农场内涵式发展要充分利用家庭拥有的自然资源，同时对自然资源积累的开发利用也要以内涵式发展为依据。“绿水青山就是金山银山”，我们要充分发掘家庭自然资源积累的价值，这是将来家庭农场发展所必须遵循的目标和宗旨。家庭自然资源的开发与利用，既能对农场经营绩效产生直接经济影响，

也能产生间接的非经济影响，具体表现如下：一是可以提升家庭农场经营绩效的资源供给能力，即自然资源积累对家庭农场经营绩效的促进作用，包括水、地、能、材等自然资源。二是优化家庭农场经营中的自然资源环境的调节作用，提升客户对家庭农场的生态支持作用和文化愉悦作用。家庭农场自然资源的开发与利用是家庭农场内涵式发展的重要基础，其蕴含的价值无法估量，对其合理地开发和利用，对于家庭农场的经营绩效和内涵式发展，甚至是对整个生态改善均能发挥巨大作用。

（2）遵循自然资源规律，是合理规划家庭农场内涵式发展的重要前提。由于自然资源积累在一定程度上具有不可持续性，因此，家庭农场在创建时需要尊重自然资源的客观发展规律，不可过分强调人的主观能动性带来的急功近利思想，否则容易导致自然资源在开发上失去了方向，从而违背规律带来的生态与经济损失。由于家庭农场的创建涉及偏远山区和集中连片土地的开发与利用，这就需要地方政府有全面规划的大框架，在这一框架中应注重地方产业经济发展与农村自然资源的开发相结合，能够统筹全局，具有一定的战略与方向性作用。家庭农场在对自然资源进行开发时需要对该框架进行统一规划，根据家庭农场所在地区的气候、交通、人文地理等自然资源积累，积极发展特色产业，确保“人无我有、人有我优”的奇新特，提高家庭农场的综合竞争力。避免家庭农场的发展走不可持续的发展道路，甚至是进入死胡同，越走越狭窄，越走问题越多，最终导致濒临破产或拆迁等厄运。

（3）强化自然资源开发与利用是家庭农场内涵式发展的重要保障。要确保农村自然资源开发利用在家庭农场内涵式发展中起到应有的作用，就必须从制度、技术和监管等方面进行约束，强化家庭农场对自然资源的开发与利用进入正轨上运行，才能真正地起到作用。其一，建立与完善相关规章制度，全面规范家庭农场对自然资源的开发和利用。在相对偏远的农村地区，自然资源的价值还未被完全激活，对农村自然资源的开发与利用也往往急功近利，缺乏规划，造成对农村生态环境系统的破坏，从而带来不可逆转的损失；同时，现有对农村自然资源开发与利用的实践中，往往缺乏相应标准，呈现杂乱无章之势。因此，需要不断建立与完善农村自然资源开发与利用的规章制度，来强化与规范对自然资源的开发，实现生态价值的可持续性，同时也为家庭农场内涵式发展奠定生态基础，保障其可持续性发展。其二，构建与健全相应智库支持，强化家庭农场对自然资源开发与利用的专业指导。对农村自然资源的开发与利用需要专业的知识与技术，相对人力资源匮乏的农村家庭而言，往往缺乏长期的规划和有效的利用。智库的构建与健全能在遵循科学规律的前提下，有效地对农村自然资源的开发与利用进行必要的专业与技术指导，从而避免家庭农场对资源资源开发利用中的随意性，大大提升自然资源的生态价值。其三，完善长效的监管机制，强化家庭农场对自然资源开发利用的监督。在乡村振兴战略实施过程中，对农村自然资源的开发利用，往往由于权力、资金缺乏系统而全面的监管，导致产生诸多不和谐现象。因此，家庭农场对自然资源进行开发利用中需要对各方利益进行必要的监管，既要对其中的具体参与者、执行者及利益相关者进行有效的过程监督，也要对开发利用的结果监督，确保对自然资源开发利用达到应有的预期效果（陈志鹏，2018）。

（4）搭建土地流转服务平台是土地资源活起来的根本。土地流转的服务平台是推动农村土地承包经营权流转的关键，通过服务平台中确权制度、工作方式与服务体系的完善，鼓励农户积极参与土地流转，是家庭农场规模化生产的必要保障。首先，完善土地确权制度改革。目前由于确权制度尚未全面展开，农村家庭拥有的土地价值未能呈现，家庭在金融服务中由于抵押物的缺失导致的贷款困难等。因此，要进一步推进农村土地确权制度改革、让沉寂的农村土地资源活起来，进入交易平台，是农村土地流转的基本前提。其次，创新土地流转中的工作方式和服务体系。由于在农村土地流转过程中工作方式、方法的不得当，以及过程中的服务没到位，农村土地流转中的合同不规范、成本过高、纠纷频出等诸多问题。因此，需要不断创新与完善相关服务的方式及体系，以降低土地流转成本，有效调解土地流转纠纷，从而保障土地流转的稳定性和可持续性。最后，要树立标杆示范效应。鼓励土地向示范性家庭农场、专业化合作社及龙头企业等高生产能力与高辐射效应的新型农业经营主体进行集中，让“双高”型新型农业经营主体对相关资源进行优化配置、促进其做大做强，在土地资源利用效率实现最大化，以充分发挥其对周边农户家庭的辐射效应。

10.1.2 以社会资源为支点，注重撬动其他资源

（1）提升构建家庭社会资源能力是社会资源积累的源泉。首先，家庭农场应在拓展家庭外部关系网络时，注重提升关系网络的构建能力。农场主既要充分利用家庭成员的强关系网络获取农场发展所需的支持与帮助，也要用它去撬动拥有更丰富网络关系的组织或个体，从而为家庭农场发展获得更好的资源支持，如，参加一些协会组织，通过农民专业合作社、农场协会，让

更多农场主参与市场活动，与陌生人建立新的合作联系，不断拓展新型社会网络。同时，家庭农场应更好地以传统亲缘、地缘关系为纽带，不断强化“个人信任”。众多研究表明，人际关系中的信任水平对自身资源获取和成长绩效具有重要作用，因此，家庭成员应遵守契约精神，建立自身的“普遍信任”来支撑农场发展。其次，家庭要利用现有的社会资源去提升搜寻和利用资源的能力。多数研究表明，社会资源的数量和质量对资源获取和利用有着积极的正向作用，社会资源越丰富的家庭，对资源的获取、配置与利用程度将越高，同时，社会资源的数量和质量也能决定资源获取的及时性和高效性，能有效促进家庭经营活动的良好绩效。因此，家庭农场可充分利用外部关系网络的交往与互动联系中获取相关信息、资金、技术等稀缺性资源的能力。特别是家庭农场可以通过关系社会资源与供应商、销售商、合作社、农业龙头企业、科研院所等建立联系，并在频繁的交往与互动中获得发展所需的资源。再次，家庭应充分利用既有社会资源进行有效的资源整合。如，家庭农场由于初创期资金匮乏、资金的获取比较困难，而各种关系网络不仅能整合社会资源筹集经营活动所需的资金，也能缩短家庭农场取得资金的时间，降低成本，提高了家庭农场的经营效率。家庭农场对社会资源的利用程度也决定了自身未来的成长方向与发展前景，家庭农场通过不断积累的社会资源作用于家庭经营活动，有助于获取更为可靠的农场经营信息，与相关合作伙伴之间达成有效协议并共享相关创业资源，从而提升家庭农场经营绩效。

（2）搭建公共平台是家庭社会资源积累的有效途径。首先，搭建多元交流平台。政府可以通过当地一些社会组织，积极搭建一些为农场主提供支持的社会平台，如通过相关农业知识及文化普及来加深农民与农业新型经营主体之间的融合，促进农民群体间进行平等、广泛、顺畅的交流，并在交流互动中掌握各类信息，帮助农民提升自身素质，扩大其人际交往范围，从而获得更多的社会信任和支持。其次，搭建系统的“产–学–研–做”平台。充分发挥政府职能，为家庭农村与科研机构、涉农企业等利益相关者之间搭建合作平台，进而扶持合作社建立良好的外部关系网络，让农场主提高与农场有关的信息、知识和经验的沟通频率及分享意愿，积极开展农业知识、技能文化方面的培训活动，使农民实现从“要我学”到“我要学”的意识转变。最后，搭建宣传平台。在典型的熟人农村社会，身边的榜样与标杆更具说服力，更容易为大家所接受与模仿。因此，通过树榜样、立标杆，完善农村的“传、帮、带”制度与宣传平台。通过农民周边的榜样潜移默化地影响提升农村乡邻之间的整体素质，也能更好地激励农场主参与到当地农场及社会的公益活动，提高社会参与能力，进一步提升家庭农场的社会形象与地位。

10.1.3　以经济资源为基础，注重规模适度发展

（1）优化经济资源的配置，做好风险防控。首先，家庭农场投资需要做到“精准”和“适度”。由于受家庭经济资源积累的限制，如何将有限的经济资源与其他资源进行科学合理的配置，做到“精准”和“适度”是家庭农场经营的前提，否则可能会因经济资源不足或错配导致家庭农场经营陷入困境。其次，做好统筹兼顾和风险防范。在家庭农场做到“精准”和“适度”的同时，还须对家庭资源统筹兼顾，周密部署，务求投资与运行不跑偏、不走调；同时，在农场经营中还须做好风险防范和控制，确保投入资金的安全及由于自然灾害等给农场经营造成的损失。

（2）利用自身社会资源，拓展自身融资渠道。由于农业投资大、回报慢等特点，加之自身财力有限，往往融资成为家庭农场农场经营的最大障碍。在实践中，银行贷款较难，即使通过一些途径可以贷款，但手续相对较为繁杂，且贷款的额度十分有限；同时，即使有些家庭农场能从政府获得一些农业补贴，但这与农场投资相比，简直是杯水车薪，这些给家庭农场经营中的筹资渠道造成较大障碍，农场主不得不承受较高利率的民间借贷。因此，农场主应充分发挥社会资源积累的功能，积极主动对接政府部门、社会融资服务机构，拓展自身融资渠道，避免农场经营中因资金缺口带来的损失。

（3）深化农村金融市场改革，缓解家庭农场融资难问题。深化农村金融市场改革，形成完善的金融服务环境是家庭农场稳定发展和经营效率提升的重要条件。为此，建议从以下方面着手：其一，以政府为主导，积极推动农村金融服务市场的改革。进一步加大支农惠农的地方（村镇）农商银行建设，规范其业务范围、服务水平与功能定位，以更好满足农民需要。其二，以市场为主体，多方力量参与，保障资金来源充裕。对农业金融的投入，仅靠政府金融机构可能无法满足实际需求，因此，在规范非官方金融机构在农村金融市场的准入条件基础上，应适度放开非官方和民间资本进入金融互助机构，甚至可以对家庭农场等农村发展项目进行专项支持。

（4）控制经营规模，注重家庭农场的适度发展。大量研究表明，家庭农场的经营规模并无定论，与其发展程度、生产管理经验、资源禀赋状况及所在地的经济水平等因素均有着十分重要的关联，且“适度规模”也一直得到了学界的认可，政府的农业政策也不断向“适度规模”倾斜，这虽然在一定

程度上避免了经营规模的盲目扩大，但家庭农场在发展过程中仍存在非效率投资、资源有效配置缺失、投资不足或过度投资等问题也时有产生，严重造成资源浪费的现象（王丽霞，2018）。因此，家庭农场的适度发展，不仅仅需要考虑规模的适度，更需要考虑生态的适度和技术的适度。首先，家庭农场应依托自身自然资源积累优势的情况下，严格遵循农场产品的优质、优价、生态、环保等理念，形成家庭农场的小生态，以确保农场经营在生态上追求适度发展；再次，家庭农场限于资金的有限性，不宜引进高精尖的设施，由于缺乏自己开发产品和技术的能力，因此，家庭农场应该充分依托自身资源积累在技术上追求适度发展。

10.1.4　以人力资源为关键，注重职业化发展

（1）摒弃传统，追求创新。创新是家庭农场经营永恒的主题。首先，帮助家庭成员树立创新的观念。由于多数农民的文化水平不高、思想观念较为落后，尽管有些家庭成员在多年的生产实践中积累了丰富的经验，但以往生产中迸发的灵感往往没有得到重视，导致家庭生产停滞不前，因此，如何将新的观念，新的技术融入多年的生产实践中，这需要具有创新思维来进行激活，在家庭具有创新观念的驱动下，家庭成员之间相互交流与碰撞，将会激发新的灵感。其次，发挥农村基层组织的力量，组织让家庭成员参与一些系统的培训，以提升家庭的创新能力。农民的知识面相对较窄，且零碎性较强，只有对其进行有效整合，并引导农民进行适当思考，才有利于创新的产生。因此，充分利用农村基层组织的力量，组织农民参加一些专门的培训、讲座等，以更好地系统掌握相关农业知识，解决农场在生产经营中遇到的实际问题，不断提升家庭农场成员的创新能力。再次，强化合作，进行发展模式的创新。由于受限于资源、能力等方面的制约，多数家庭农场进行自主创新的可能性不大，因此，家庭农场的技术、生产、管理等方面的创新更多得依靠其他组织，如当地龙头企业、农业合作社、农业高校与科技院所。家庭农场应根据自身发展实际，通过与这些组织的合作，实现家庭农场经营中技术、管理、生产等经营模式的创新。

（2）构建完善的农民职业培育体系，加强农民职业素质培训。教育是农民人力资本提升的重要途径。首先，要明确培训内容。一是要加大开展现代农业科学技术知识培训，使农民不仅掌握现代农业知识，而且具备现代农业技术的操作能力；二是要开展农业政策法规教育，帮助农民了解各种惠农政

策，同时也增强依法经营的意识；三是要开展农场经营管理教育，提高农民适应市场、开展规范化经营的现代经营管理能力；四是要开展绿色环保教育，提升农民的环保意识、更新生态发展理念。其次，要明确培育主体。鼓励多种主体参与到职业农民培训中来，形成以政府为主导，科研院所、高校、农民合作社、农业企业、协会组织共同参与的局面，发挥不同主体的优势，更好地服务于家庭农场发展。再次，要不断拓宽培训形式系统。可以从农民职业发展的角度建立起包括高等教育、职业教育、继续教育和短期培训等形式系统，满足职业农民培育的不同需求。最后，要健全与完善相关培训制度体系。按照农业现代化的要求，制定农业职业资格准入制度，将职业准入制度与免费农业技术培训和农业补贴结合起来，提升农民对培训参与的主动性与积极性，促进其综合素质能力的提升。

（3）健全农村劳动力的回流（回归）机制，改善农村人力资源结构。乡村劳动力外流是乡村人力资源不足的关键，近年来，虽有部分劳动力已开始向农村回流，但整体仍不够乐观，如何吸引更多劳动力，特别是社会精英回归乡村，是家庭农场获取人力资源的关键。首先，搭建回流（归）平台，引导和支持劳动力有序回流（归）。主要包括两类平台的搭建：一是信息平台的搭建，让更多劳动力知晓家乡劳务信息。地方政府要为回流劳动力的再就业做好引导和支持，在家庭之外构建起完善的社会支持体系，搭建起当地用工单位和劳动者之间的信息平台，尤其要保证农村劳动力市场的开放和规范。二是创业平台搭建，让更多回流（归）的劳动力有用武之地。利用好地方招商引资项目，积极引导在外商人、大学生村官、支农人才与农林类高校的毕业生等投入到农村创新创业浪潮中，进行家庭农场的创业与经营，成为新一代的新型职业农民。其次，完善回流的政策激励，支持回流人员深耕乡村创新创业。切实紧扣浙江省“十四五”现代农业发展规划，做好乡村创业的产业指导性目录，明确乡村产业发展导向和项目准入门槛，鼓励、支持符合要求各类人员向乡村回流，并落实好乡村创新创业的各项政策激励政策。再次，扩大乡村基础设施建设投入，使乡村教育、医疗、交通、通讯、文化设施建设得到不断完善，以尽快实现城乡资源配置均等化，留住中坚农民，吸引大学生、科技人员、农民工等积极投身乡村建设，缓解乡村人力资源缺乏危机。最后，政府应完善现有的社会保障体系，充分实现成回流劳动力的基本保障。各级政府应该依据自身经济社会发展情况，逐步实现农村居民在失业、社保、医疗、养老等方面的基本保障能与城镇居民享有同等的待遇，逐步改善农村居民的生产、生活和生态环境。

10.2 家庭农场内涵式发展——资源获取

10.2.1 以产业链为纽带，拓展产业资源的获取

（1）通过一体化与多元化发展，进行产业链相关资源的整合。首先，家庭农场经营要充分发挥产业链的纽带作用，依托农业类大、中专院校，农业科研院等产业链资源，以合适的合作模式，寻求家庭农场“产、学、研”的横向一体化发展模式，进而整合外部资源；同时，依托家庭农场上下游产业链中的企业（或组织），逐步完善生产资料供应、初级产品生产、食品深加工、销售渠道以及消费等各个环节，不断推进家庭农场“从田间到餐桌”的纵向一体化发展模式。其次，家庭农场应突破地域限制，坚持因地制宜，根据家庭农场所在地区的气候、交通、人文地理，甚至从自身家庭农场所在产业链上的资源禀赋、市场需求等方面进行多元化发展，积极扩展家庭农场的规模；同时，可以考虑与相关产业的家庭农场进行整合，逐渐形成农业合作社、甚至是向农业企业等模式发展，不断壮大家庭农场的发展空间。

（2）强化自身产业资源获取能力的构建。产业资源获取途径主要有三种：一是从产业上下游组织中购买获得；二是通过与其他相关组织的交流中获得；三是通过与产业链中其他组织的联系获得。因此，强化家庭自身产业资源获取能力的构建成为产业资源获取的重要基础。首先，家庭农场主应注重提高自身的管理与谈判技能。家庭成员要深入了解家庭农场及相关产业的相关信息，积极与农场发展中的相关组织进行良性互动，在共赢的基础上寻求合适的价格，运用自身的谈判技能来购买所需的产业资源。其次，积极拓宽自身社会资源范围，形成内部共享氛围。引导家庭成员利用所拥有的社会资源积累获取家庭农场发展所需的资金、技术、产品信息和营销技能等，鼓励家庭成员积极参加相关培训活动以及获取外部的相关知识和技术，并在家庭农场内部交流共享。最后，创新合作模式，稳定家庭农场在产业链中的位置。家庭农场保持竞争优势的不竭动力主要来源于内生的创新创业能力，而创新创业能力提升的前提为知识的获取、吸收和转化，因此，家庭成员应积极与产业链中其他组织产生关系、创新合作模式，形成自身在产业链中的稳定位置，并不断从中获取新的知识、技术和技能等，进而提高家庭成员创新创业能力。

（3）打造好产业平台，服务家庭农场发展。首先，政府应搭建好各种宣

传平台，提高广大农户的创业意识，充分利用各类媒体宣传手段宣传家庭农场的作用、意义、典型经验以及政府的相关扶持政策及制度，提高农民自愿、自觉、自主参与家庭农场创办的积极性。其次，政府应优化产业布局，打造好产业聚集平台。产业链中能提供资源的数量以及对家庭农场创业过程的参与程度是家庭农场比较看重的标准。产业集聚平台构建越完善，家庭农场发展环境越好，从而促进相关资源在产业链上高效率的流动和交换，降低家庭农场交易成本，同时，也促进了产业平台中的成员之间形成较高的信任与高水平的承诺，从而达成资源共享，提升家庭农场的经营绩效。因此，各地应依托地方特色产业、区位、资源等优势，按照“建链、延链、补链、强链”的需求，科学规划与编制好绿色农业招商地图，进行精准招商，积极引进符合需求的农产品深加工、农业龙头、冷链物流等企业，使家庭农场在经营中能找准自身的产业定位，在产业、企业、乡村（家庭农场）三个层面形成良性互动与融合发展，进而形成地方特色的生态有机农产品示范基地、现代产业园区。最后，加快农村基础设施建设，促进城乡有效融合。在城乡产业发展过程中要进一步完善“乡村最后一公里”工程，主要包括交通、物流、水电气、信息化等基础建设的投入与完善，不能让城乡融合堵在“最后一公里”上，确保乡村产业发展的“最后一公里”能真正保障村村路通、物通、信息通、水电气等生产原料的村村通，从而构建起“县—镇—村”三级互通互联的局面，为家庭农场经营提供充分的“后勤保障”，便于解决经营中的后顾之忧。

10.2.2 以政府投入市场运作为手段，注重社会服务功能的完善

（1）健全社会服务体系，创造良好的家庭农场发展环境。首先，组建专门社会服务组织。家庭农场以其自身特有的一些局限，仅靠自身力量很难取得长足发展，相对完善的社会服务体系能有效地帮助家庭农场进行突破。因此，需要在政府主导的基础上，通过市场化力量等多方主体共同来推动社会服务组织的建设，如地方实践中的各类家庭农场协会、专业合作、龙头企业参与等联合性的服务组织所提供的一些服务，大大促进了家庭农场的发展。其次，铲除中间环节，提供农产品的销售服务。实践中很多农场的农产品烂在田埂地头无人问津，也有些农产品经过多层收购后，真正到农民手里的收入少之又少，诸多现象让农业生产面临更大的风险，因此，政府或相关组织可以搭建好线上农产品销售平台、线下农产品展销会，甚至是为家庭农场产

品销售提供必要的销售服务，真正让家庭农场能安心生产、保质生产。最后，全方位完善社会化服务保障制度。除了在社会组织建设和销售服务上做好必要的服务外，政府还应在家庭农场生产经营中全方位完善相关社会化服务保障制度。如政策支持与指导、农地流转、技术及信息、信贷金融、农产品保险等方面的社会化服务保障制度，为家庭农场的发展保驾护航。

（2）加快推进农业生产的数字化管理平台建设，实施对家庭农场的精准性服务。随着互联网在农村的普及，充分利用“互联网+”，开发、建立与完善家庭农场的“全国－省（市）－县（市）－乡镇－村社”多元多级信息综合服务平台（肖娥芳，2017），施行动态的数字化管理。其一，家庭农场可通过该平台了解产品和服务的市场需求、产品渠道与价格、专业技术和知识、生产运营中的日常管理、供应商情况等，从而更好地服务于农场的经营决策，提升农场经营绩效；其二，各级各地政府也可以根据管理需要，能及时、准确地掌握各类家庭农场的运营情况，对家庭农场进行精准式服务；同时，也能对其实行动态的管理与监控，实现对农业管理相关部门的监督和考核。其三，社会化服务组织通过该平台可以更及时便利的了解家庭农场生产经营中的资本、人员、技术、保险、涉农信息等不足，提前为其做好指导咨询服务工作，提升家庭农场对社会化服务的满意度。

（3）进一步优化和完善家庭农场与多元主体之间的互动机制。由于家庭农场的整体实力与农业企业等大型组织存在较大差距，其在发展中需要取得政府、企业、农民、村民自治组织、农民合作组织、地方平台、科研院所、金融机构等各方的支持与帮助，因此，如何形成多元的良性互动机制，政府的主导功能就尤为重要。首先，充分应强化政府的领导。为更好地发挥家庭农场与各方利益相关者之间的互动作用，政府应成立农村创业工作领导小组，进一步明确相关职能部门职责分工，逐项细化措施，逐层分解与压实任务，形成“纵向到底、横向到边、全覆盖、无缝隙”的责任体系，各部门之间加强协调配合，多元主体联动攻坚，自觉融合到“乡村创业”工作格局之中。其次，要充分引导其他经营主体参与。应积极引导其他经营主体参与，构建多元联动的利益共同体，促进生产要素自由便利流动，打造多元合作平台，协同推动乡村创业的新格局。第一，示范为引领。以示范型家庭农场工作的推进为抓手，明确指导思想、基本方针和政策方向，切实加强规范与指导；要明确允许和鼓励家庭农场进入市场化程度较高的农业领域、乡村新业态。第二，农户为主体。以农民福祉为一切工作的立足点，充分尊重农户的经营意愿和自主权；政府应“有所为、有所不为”，要积极介入农户主体作用受限的地方，而少介入或不介入农户主体能发挥作用的地方。第三，乡村集体经济组织为纽带。切实强化乡村集体经济组织建设，大力推进乡村人才队伍建设，突出乡村基层组织功能，重构及优化乡村治理体系，加快构建基层治理风险的短期预警机制和长效防范机制。第四，社会力量参与。以合作共赢为导向，加强资源整合，携手利益相关各方广泛参与。

（4）强化政府服务职能转型，打造高效型服务政府。首先，充分利用社会化服务平台。在加强家庭农场创业的项目、信息、客商、人才等数据库建设的同时，不断完善家庭农场创业的“准入—过程—结果”全程跟踪数据库；打破原本分属不同政府组织、不同区域、不同行业的架构壁垒，利用平台统筹各类数据，协助政府实现数据互通互联、信息资源共享、数据统一管理，并合理布局相关产业，以提升政府职能部门对信息处理、分析、决策制定等工作的效率，真正实现智能管理、精准管理。其次，继续深化“放管服”改革。首先，以“放”是前提，深化“放管服”改革。以“四减少、四放权”为核心，坚持“应减必减、能放则放”的理念，全面梳理业务，优化流程，创新机制，最大限度地减少政府对家庭农场创业中的干预，清理减少家庭农场创业过程中的一些审批事项，放权给市场、放权给社会、放权给其他主体，真正落实简政放权的各项部署；充分发挥社会化服务平台的功能，全链条疏通审批“经脉”，消除“中梗阻”，建立联动服务机制，打造高效政府。

10.3 家庭农场内涵式发展——创业能力

10.3.1 洞悉市场环境变化，提升机会相关能力

（1）重视信息收集，准确识别消费者需求。机会的把握来源于信息的搜集，家庭农场应广泛把握各类信息，准确感知和识别消费者需求。首先，积极通过电视、报纸、自媒体以及互联网等渠道广泛收集与自身家庭农场相关政策制度信息和产品（或服务）的市场需求信息，了解政府对农业方面的一些政策，尤其是家庭农场方面的最新政策与制度。其次，由于农业生产与自然环境的密切关系，家庭农场主还应关注农业灾害方面的信息，对常见病虫害及自然灾害及时预防，将损失降到最低。再次，家庭成员应充分利用自家的社会资源来构建网络关系渠道，以获取更加充分的农业信息。最后，对收集和掌握的信息要学会利用科学的方法对其识别。家庭成员可以通过培训、

脱产或在职学习、交流中提升自己机会识别的一些方法与技能，掌握一般的信息搜集与识别方法，类似问卷法、访谈法、观察法，甚至是一些基本的数据分析方法，以更准确把握消费者的潜在需求。

（2）要学会将需求转换为产品或服务。消费需求识别是产品或服务形成的前提，如果不能精准识别消费者需求，家庭生产出来的产品就很难满足消费者，这将导致产品滞销、甚至是无人问津，因此，一旦把握了消费者需求后，家庭农场应根据自身发展状况有选择地进行开发，有扬弃的继承，开发出适应自家家庭农场的有效产品或服务。随着逆城镇化现象的出现，越来越多人开始逃离城市选择乡村进行短期度假，这给家庭农场发展带来无限商机。如何利用家庭资源禀赋、结合经营实际，开发出独具特色的产品（或服务），能集休闲度假、娱乐观光、体验生活、亲子教育等多功能于一体，有绿色生态有机等亮点的农产品；甚至是采用共建、共种、共用的共享商业模式，从田间到餐桌的快速配送模式等，这些均需要对需求进行有效的转换成产品。

（3）产品开发需要创意。随着经济社会的发展和人们生活水平的提高，消费者对农产品的需求更多追求优质、个性，使得“新、奇、特”农产品有了广阔的市场空间，因此，家庭农产品的开发也需要以美学经济为基础，从个性、创意、时尚、品牌和规模等方面去提升土地产出率、资源利用率、劳动生产率（章继刚，2009）。因此，家庭农场的农产品在开发时务必追求创意，通过创意形成农产品的美学体验，从而增强其市场竞争力，并从中获取农产品的附加价值，达到家庭农场绩效提升的目的，如家庭农场的景观在结合生态的基础上要凸显艺术化，时尚的产品要做到奇异化，卡通式产品要做出趣味化，家居产品要注重实用化，乡土风情要结合故事化（李子蓉等，2016）。

10.3.2 把握资源配置与整合，提升运营管理能力

（1）结合家庭农场特点，进行管理创新。家庭农场作为一种特殊的组织，在学习和借鉴先进组织的管理同时，一定要充分考虑其特殊性，不断探索和创新适合自身的管理模式，提升管理的效率与水平。首先，提高家庭农场主的组织管理能力。农场主往往是家庭的核心成员，其能力与行为对农场发展起着决定性作用，因此，农场主首先需要有一定的组织基本管理能力。基本管理能力主要包括一般的计划、组织、领导和控制，在家庭农场经营中要把握好农场发展方向、资源的优化配置、生产计划的制订与决策等，同时要对

家庭成员进行合理分工，带领家庭成员积极为既定目标努力，当经营中一旦发生偏差，要能立刻进行纠正。其次，要强化沟通协调能力的培养。沟通协调主要包括两个方面：一方面是家庭内部的沟通协调，在家庭决策过程中往往会出现一些不同意见，农场主需要耐心与家庭成员进行沟通，在家庭农场发展的不同阶段，要对相关信息、经验与问题进行交流共享，以形成良好的家庭氛围；另一方面是家庭对外的沟通，农场主作为家庭农场对外的唯一代表，在经营过程中需要与各方利益相关者进行必要的合作与往来，这同样需要农场主具有较强的沟通协调技巧。最后，进行“家庭农场+”的创新，探索农场高质量发展路径。家庭农场发展中，仅靠一己之力，很难突破固有的局限，因此，需要结合技术、环境、资源等的动态变化进行“家庭农场+”的创新。充分利用互联网、社区等载体，采用合作、收购、共享等形式去创新家庭经营模式的新路径，如“+上下游（供应商和批发零售商）”“+社区服务”“+社群”“+直播”等。

（2）树立质量意识，塑造自身品牌。首先，树立质量意识，确保质量标准。产品（或服务）的质量是家庭农场的生命线，要想赢得消费者的口碑与忠诚，农场生产经营必须确保农产品的质量。首先，家庭成员必须将提升产品质量贯穿整个生产经营的各环节。产品绝不能以次充好、以假乱真，家庭成员应严守相关质量标准，真正做到绿色、生态、放心与安全，用产品的优质来赢得顾客的忠诚与偏爱。再次，做好客户关系管理，塑造自身品牌。在产品优质的前提下，对自身客户进行必要的维护与管理，甚至必要时可以进行互动，让客户口碑替自己做宣传，并不断巩固自身农产品的质量优势，从而塑造自身品牌的特色。最后，加强品牌宣传与推广。当自身品牌一旦形成特色，需要为其设计特有的商标，并适当采用广告、促销等形式来提升品牌美誉度和知名度，既有利于在消费者心中形成特有的意识，也有利于于消费者对产品的识别与购买。

（3）在家庭农场特色基础上，注重家庭农场品质的提升。家庭农场品质的提升关键在客户的体验与评价，因此注重品质提升的关键在客户。首先，做好自身特色，持续创新。由于激烈的市场竞争，当下以买方市场为主，消费者的需求也会根据时令、环境与技术等的发展变化而变化，因此，农场的特色需要根据消费者需求的变化，对产品进行创意开发，或适时调整与创新。其次，培育农场的竞争与区隔意识。农场在竞争中要能立于不败之地，必须在产品生产、包装、命名、体验等环节有差异化的竞争意识，在品牌标志、故事与农场景观设置中需要有新奇特的创意，以更好地在消费者心中形成区隔，让农场品质植入消费者意识，不断提升农场品质。再次，实现“创意”与“地域性”的有机融合。由于家庭农场特定的自然资源与当地的风土人情形成了固有的地域性特点，因此，将农场的创意与地域特征进行有机融合，使两者相得益彰，既发挥农产品的区域特色，也凸显了创意优势，进而形成农场特有的品质。最后，健全常态化售后服务跟踪。跟踪自身产品或服务的市场情况及消费者意见，及时采取针对性的改善措施，促使将家庭农场的服务转化为持久的生产力。

10.4　本章小结

本章基于前面的研究结论，主要从资源积累、资源获取和创业能力三个方面对家庭农场内涵式发展提出了相应建议。在资源积累方面，家庭农场在经营中应注重以自然资源为依托，因地制宜选择发展；以社会资源为支点，撬动其他资源积累；以经济资源为基础，适度扩大经营规模；以人力资源为关键，进行职业化发展。在资源获取方面，需要以产业链为纽带，不断拓展产业资源获取；同时，政府应完善市场化运作手段，注重社会服务功能优化。在创业能力方面，家庭农场应洞悉市场环境变化，提升机会相关能力；并要把握资源配置与整合，以提升运营管理能力。

第 11 章

结论与展望

11.1 研究结论

（1）从内涵式发展的视角研究家庭农场的可持续发展是一个崭新的课题。国内外有关家庭农场的研究著述颇丰，具体围绕家庭农场内涵、规模效率、发展影响因素、国内外经验借鉴和发展对策等方面展开。对于家庭农场内涵式发展的视角展开研究甚少，观点较分散，尚未形成系统的理论框架。因此，关于家庭农场的内涵式发展的研究，无论是在理论方面，还是实践方面，都有着十分重要的意义。

（2）家庭农场内涵式发展是一个量变到质变的过程。家庭农场的发展应该包括两个方面：一是数量的扩张；另一个是质量的提升。前者所对应的是外延式发展，而后者所对应就是内涵式发展。从目前浙江省家庭农场的发展情况看，家庭农场的数量得到了快速增长，并已进入提质增效的转型发展阶段，其发展质量存在着诸多问题，包括家庭农场难以突破现有资源约束、资源获取较难、创业能力不强、农场功能难以发挥与品牌效应难以形成等问题。

（3）家庭农场内涵式发展的具体特征描述。首先，在发展目标方面，不是粗放式的规模扩张，而是集约式的提质增效；其次，在发展能力方面，家庭成员应更好地增强创业能力，切实提高相关资源的利用效率，并能实现良好的运行；然后，在发展速度方面，应该在“质”和“效”上有显著提升；最后，终极目标方面，应追求发展性、协调性与持续性的统一，形成一定的品牌和竞争力。

（4）家庭农场经营效率研究结果表明：从效率评价结果来看，浙江省家庭农场的规模效率较好，纯技术效率一般、综合效率偏低，不同经营模式的家庭农场综合效率差异较大；从规模效益来看，浙江省家庭农场中愈七成的农场表现为规模报酬递增，适度增加投入会带来产出更高比例的增加，经营过程中投入不足是导致浙江省家庭农场规模效率偏低的主要原因；从非 DEA 有效的投影分析来看，土地、劳动力、资金投入过少，土地、劳动力、资金投入比例不合理，是导致浙江省家庭农场经营效率偏低和非 DEA 有效的根本原因。

（5）典型案例检视初步验证了本研究的理论模型。在理论模型构建的基础上，利用四个典型家庭农场案例对理论模型进行初步检视，得到了本研究的初步结论：家庭农场应该结合家庭自身资源积累，寻求合适的外部资源获取途径，并进行有效匹配、优化和整合，通过市场机会的把握和有效的运营管理方式，以获取更好的经营绩效。

（6）家庭资源积累、资源获取与经营绩效之间的作用机理。家庭农场资源积累均对经营绩效产生积极的影响，其中家庭自然资源积累对家庭农场经营绩效的影响最大，其次是家庭人力资源积累、社会资源积累和经济资源积累。同时，家庭资源积累对农场产业资源、服务资源获取均会产生积极的影响，特别是家庭自然资源积累对家庭农场资源获取的影响最大，而其他资源积累在产业资源获取和服务资源获取中的影响差异各不相同。无论产业资源还是服务资源获取，在家庭资源积累与农场经营绩效之间发挥部分中介作用；而调节效应不显著。

（7）家庭资源禀赋、创业能力与农场经营绩效的作用机理。家庭资源积累对农场运营管理能力产生显著的正向影响，而经济资源积累对农场机会相关能力呈现出不显著的负向影响，其他均产生显著的正向影响。同时，自然资源积累与人力资源积累的交互对农场运营管理能力具有显著的负向影响，而对农场机会相关能力则具有显著的正向影响；经济资源积累与社会资源积累的交互也同样对农场机会相关能力具有显著的正向影响。家庭资源获取对创业能力产生显著的积极影响，资源获取的交互对创业能力并没有显著影响。家庭创业能力对农场经营绩效产生显著的积极影响，创业能力在家庭资源禀赋与农场经营绩效中除机会相关能力在家庭经济资源积累与农场经营绩效中的中介效应未得到检验外，其他中均存在部分中介作用；创业能力在家庭资源禀赋与农场经营绩效中的调节效应不显著，仅有“家庭运营管理能力在服务资源获取与农场经营绩效关系中存在调节效应”和“家庭机会相关能力在产业资源获取与农场经营绩效关系中存在调节效应”得到验证，而且这两个调节均起到了正向的促进作用。

（8）本研究提出了浙江省家庭农场内涵式发展的措施与政策建议。最后从家庭农场内涵式发展过程中资源积累、资源获取、创业能力等方面从家庭和政府两个方面对家庭农场发展提出了精准性对策建议。

11.2 研究展望

11.2.1 研究的局限

关于家庭资源禀赋、创业能力与农场经营绩效的研究作为新型农业经营主体培育研究的重点内容之一。虽然本研究通过对现有文献的整理、探索性案例分析，构建了家庭农场内涵式发展的理论模型，并运用 SPSS 对收集到的问卷数据进行分析和完善，同时也采用 STATA 对其作用机理进行了较为全面深入的分析，提出了家庭农场内涵式发展的路径及系统的政策建议，但在研究中仍存在不充分不完善之处和未来研究的重点，主要包括：

（1）对家庭农场内涵式发展的影响要素统计有待完善。首先，在样本数据的收集方面。尽管本研究对调查问卷的收集与整理上耗费了大量的时间和精力，尽量保证样本数量和样本的代表性；但存在对样本跟踪不够，没能较好地对其进行动态调整。其次，在变量的测度方面。本研究采用的 7 点量表的主观测量方法对资源积累、资源获取、创业能力和经营绩效等变量进行测量，尽管在研究中对变量的测度进行了信度和效度的检验，但这种主观的评价的方法对数据的可靠性和准确性上产生影响，从而可能对研究的结果产生影响。在未来的研究中，应该使用更加客观的方法对上述的变量进行测量，这样获得的结论就会更具有可靠性。

（2）本研究主要采用截面数据对机理进行检验，缺乏面板数据的动态跟踪。首先，对家庭农场经营效率的探讨，限于数据收集的正确性和样本数，可能对浙江省家庭农场经营效率的研究还不够全面，需要进一步从样本数、经营类型选择等方面选取固定家庭农场进行跟踪，形成面板数据后进行 DEA 分析，以更精准找出浙江省家庭农场经营绩效中存在问题。其次，对家庭农场内涵式发展的机理模型的实证中同样缺乏面板数据的检验，这可能无法使用于动态的家庭农场经营。家庭农场的经营会随着相关政策、市场环境的变化，进行适当调整，甚至会由于外在的自然灾害造成不可预估的重大损失；而静态的截面数据不能完整地反映家庭农场经营的动态发展状况，在一定程度上只能说明家庭农场经营的某一时间节点的状态，因此，对于模型的动态适配性有待后期进一步完善与修订。

11.2.2　后续研究展望

本研究基于内涵式发展的视角来研究家庭农场是一个崭新的课题。本研究虽然从理论和实证两各方面评价了家庭农场内涵式发展影响因素和作用机理开展了一些研究工作，但尚有许多研究工作有待进一步深入：

（1）需进一步完善家庭农场内涵式发展影响要素，本研究在查阅前文的资料数据基础上构建了家庭农场内涵式发展影响要素，但由于外在环境对家庭内涵式发展的影响要素很难把握，同时数据收集较为困难，这可能是后续相关研究需要进一步扩大指标选取范围，更能准确测度影响家庭农场内涵式发展的要素。

（2）需进一步考察扩大样本对家庭农场进行长期跟踪和对比研究。由于调研条件的限制，所获取数据的有限，缺乏对家庭农场内涵式发展的动态考察；同时，在构建影响家庭农场内涵式发展要素时，没有对内涵式发展类家庭农场和非内涵式发展类家庭农场进行模型对比分析。下一步充实样本家庭农场样本，将两类家庭农场分别带入机理模型进行对比分析，以对家庭农场内涵式发展的机理模型做出更好的研究。

参考文献

[1] A. Hoque. Farm Size and Economic－Allocative Efficiency in Bangladesh Agriculture [J]. Applied Economics，1988（10）：1353－1368.

[2] Abdelgawad S G，Zahra S A，Svejenova S，Sapienza H J. Strategic Leadership and Entrepreneurial Capability for Game Change[J]. Journal of Leadership & Organizational Studies，2013，20（4）：394－40.

[3] Ann Grubbström，Helen Sooväli－Sepping. Estonian Family Farms in Transition：a Study of Intangible Assets and Gender Issues in Generational Succession [J]. Journal of Historical Geography，2012（38）：329－339.

[4] Anne Booth，R M Sundrum. Labour Absorption in Agriculture [M]. New York：Oxford University Press，1985：99－100.

[5] Andrea Zimmerniann，Thomas Heckle，Ignacio Perez Andrea Dominguez. Modelling farm structural change forintegrated exante assessment；review of methods and determinants [J]. Environmental Science & Policy，2009（12）：601－618.

[6] Aldrich H E，Renzulli L，Langton N. Passing on Privilege：Resources Provided by Self－employed Parents to Their Self－employed Children [J]. Research in Social Stratification and Mobility，1998：291－317.

[7] Ardichvili A，Cardozo R，Ray S. A theory of entrepreneurial opportunity identification and development [J]. Journal of Business Venturing，2003，18（1）：105－123.

[8] Barney J B. Strategic Factor Markets：Expectations，Luck and Business Strategy [J]. Management Science，1986，42（10）：1231－1241.

[9] Barney J B. Firm Resource and Sustained Competitive Advantage[J]. Journal of Management，1991，17（1）：99－120.

[10] Barney J B，Ketchen D J，Wright M. The Future of Resource－Based Theory Revitalization or Decline？ [J]. Journal of Management，2011，37（5）：1299–1315.

[11] Baker T，Miner A S，Eesley D T. Improvising firms：bricolage，account giving and improvisational competencies in the founding process [J]. Research Policy，2003，32（2）：255–276.

[12] Bardhan P K. Size，Productivity and Returns to Scale：An Analysis of Farm–Level Data in Indian Agriculture [J]. Journal of Political Economy，1973（81）：1370–1386.

[13] Barney J B. Firm Resources and Sustained Competitive Advantage [J]. Advances in Strategic Management，1991，17（1）：3–10.

[14] Berry R A，Cline W R. Agrarian Structure and Productivity in Developing Countries [M]. Baltimore：Johns Hopkins University Press，1979.

[15] Burton R J F，Walford N. Multiple succession and land division on family farms in the South East of England：A counterbalance to agricultural concentration? [J]. Journal of Rural Studies，2005（21）：335–347.

[16] Bourdieu P. The forms of capital[J]. Handbook of Theory & Research of for the Sociology of Education，1986：280–291.

[17] Birley S，Westhead P. Growth and performance contracts between "types" of small firms [J]. Strategic Management Journal，1990，11（7）：535 - 557.

[18] Bird B. Towards a theory of entrepreneurial competency [C] //Katz J A，Brockhaus R H. Advances in Entrepreneurship，Firm Emergence and Growth（vol.2）. Greenwich：Jai Press，1995：51–72.

[19] Bourdieu Pierre. Handbook of theory and research for the sociology of education [M]. New York：Greenwood Press，1986：77–78.

[20] Boxall P. The Strategic HRM Debate and the Resource–Based View of the Firm [J]. Human Resource Management Journal，1996，6（3）：59–75.

[21] Carter M R. Identification of the Inverse Relationship between Farm Size and Productivity：An Empirical Analysis of Peasant Agricultural Production [J]. Oxford Economic Papers，1984（36）：131–145

[22] Chandler G N，Jansen E. The founder's self–assessed competence and venture performance [J]. Journal of Business Venturing，1992，7（3）：223–236.

[23] Chandler G N，Hanks S H. An examination of the substitutability of founders' human and financial capital in emerging businessventures [J]. Journal of Business Venturing，1998，13（5）：353–369.

[24] Colombo M G，Grili L. Founders' human capital and the growth of new technology – based firms：A competence – based view [J]. Research Policy，2005，34（6）：795 – 816.

[25] Cable D. Network ties，reputation，and the financing of new ventures [J]. Management Science，2003，48（3）：364 – 381.

[26] Davidsson P，Honig B. The role of social and human capital among nascent entrepreneurs [J]. Journal of Business Venturing，2003，18（3）：301 – 331.

[27] Duymedjian R，Rüling C C. Towards a Foundation of Bricolage in Organization and Management Theory [J]. Organization Studies，2010，31（2）：133 – 151.

[28] Eckhardt J T，Shane S A. Opportunities and entrepreneurship [J]. Journal of Management，2003，29（3）：333 – 349.

[29] Elizabeth Henderson，Robin Van En. Sharing the Harvest – A Citizen's Guide to Community Supported Agriculture [M]. Chelsea Green Publishing Company，2007：58 – 59.

[30] Feeser H R，Willard G E. Founding strategy and performance：A comparison of high and low growth high tech firms [J]. Strategic Management Journal，1990，11（2）：87 – 98.

[31] Gao L，Sun D，Ma C. The Impact of Farmland Transfers on Agricultural Investment in China：A Perspective of Transaction Cost Economics [J]. China & World Economy，2019，27（1）：93 – 109.

[32] Gortona M，Davidova S. Farm productivity and efficiency in the CEE applicant countries：a synthesis of results [J]. Agricultural Economics，2004，30（1）：1 – 16.

[33] Hall B F，E P LeVeen. Farm Size and Economic Efficiency：The Case of California [J]. American Journal of Agricultural Economics. 1978（11）：589 – 600.

[34] Hanks S H. Measuring the performance of emerging businesses：A validation study [J]. Journal of Business Venturing，2005，8（5）：391 – 408.

[35] Hansen J D，Deitz G D，Tokman M，et al. Cross – national Invariance of the Entrepreneurial Orientation Scale [J]. Journal of Business Venturing，2011，26（1）：61 – 78.

[36] Hayami Y，Ogasawara J. Changes in the Sources of Modern Economic

Growth: Japan Compared with the United States［J］. Journal of the Japanese & International Economies，1999，13（1）：1-21.

［37］Heltberg R. Rural Market Imperfections and the Farm Size-Productivity Relationship：Evidence from Pakistan［J］. World Development，1998，26（10）：807-1826.

［38］Herman E D. 1996. Beyond growth：The economics of sustainable development［M］. Boston：Beacon Press.

［39］Hoque A. Farm size and economic-allocative efficiency in Bangladesh agriculture［J］. Applied Economics，1988，20（10）：1353-1368.

［40］Hoskisson，et al. Strategy in emerging economy［J］. The Academy of Management Journal，2000，43（3）：249-267.

［41］Kemelgor，Bruce H. A comparative analysis of corporate entrepreneurial orientation between selected firms in the Netherlands and the USA［J］. Entrepreneurship & Regional Development，2002，14（1）：67-87.

［42］Lin N，Walter M. Ensel and John C. Vaughn. Social Resources and Strength of Ties：Structural Factors in Occupational Status Attainment［J］. American Sociological Review，1981，46（4）：393-405.

［43］Man W，Lau T. Entrepreneurial competencies of SME owner/managers in the HongKong services sector：A qualitative analysis［J］. Journal of Enterprising Culture，2000，8（3）：235-254.

［44］Man W. Developing a behavior-centered model of entrepreneurial learning［J］. Journal of Small Business and Enterprise Development，2012，19（3）：549-566.

［45］Mitchelmore S，Rowley J. Entrepreneurial competencies：a literature review and development agenda［J］. International Journal of Entrepreneurial Behaviour & Research，2009，16（2）：92-111.

［46］Murphy G B，Trailer J W，Hill R C. Measuring performance in entrepreneurship research［J］. Journal of Business Research，1996，36（1）：15-23.

［47］Patel P，Terjesen S. Complementary effects of network range and tie strength in enhancing transnational venture performance［J］. Strategic Entrepreneurship Journal，2011，5（1）：58-80.

［48］Pfeffer J，Salancik G R. Social Control of Organizations［J］. British Journal of Sociology，1978，23（4）：406－421.

[49] Popkin S L. The rational peasant：the political economy of rural society in Vietnam [J]. Foreign Affairs，1979，41（4）.

[50] Putnam R. Bowling alone，america’s declining of social capital [J]. Journal of Democracy，1995，6（1）：65－78.

[51] Rejeb－Khachlouf N，Mezghani L，Quélin B. Personal net－works and knowledge transfer in inter－organizational net－works[J]. Journal of Small Business and Enterprise Development，2011，18（2）：278－297.

[52] Runyan R C，Ge B，Dong B，et al. Entrepreneurial Orientation in Cross－Cultural Research：Assessing Measurement Invariance in the Construct [J]. Entrepreneurship Theory and Practice，2012，36（4）：0－0.

[53] Shane S，Venkataraman S. The promise of entrepreneurship as a field of research [J]. Academy of Management Review，2000，25（1）：217－226.

[54] Shane S. Prior Knowledge and the Discovery of Entrepreneurial Opportunities [J]. Organization Science，2000，11（4）：448－469.

[55] Shane S，Stuart T. Organizational endowments and the performance of university startups [J]. Management Science，2002（48）：154－170.

[56] St－Jean E，Audet J. The role of mentoring in the learning development of the novice entrepreneur[J]. International Entrepreneurship and Management Journal，2012，8（1）：119－140.

[57] TL Miller，MG Grimes，JS McMullen，et al. Venturing for others with heart and head: how compassion encourages social entrepreneurship[J]. Academy of Management Review，2012，37（4）：616－640.

[58] Wall T D. The romance of human resource management and business performance，and the case for big science [J]. Human Relations，2005，58（4）：429－462.

[59] Wang C L，Ahmed P K. Dynamic capabilities: A review and research agenda [J]. 2007，9（1）：31－51.

[60] Wernerfelt B. A Resource－based Theory of the Firm [J]. Strategic Management Journal，1984，5（2）：171－180.

[61] Zahra S A，Hayton J C，Salvato C. Entrepreneurship in family vs. Non－family firms：A resource－based analysis of the effect of organizational culture [J]. Entrepreneurship Theory & Practice，2004，

28（4）：363－381.
［62］Zahra S A，Abdelgawad S G，Tsang E W K. Emerging multinationals venturing into developed economies：Implications for learning，unlearning，and entrepreneurial capability［J］. Journal of Management Inquiry，2011，20（3）：323－330.
［63］Zhang J，Hamilton E. Entrepreneurship education for owner－managers：The process of trust building for an effective learning community［J］. Journal of Small Business & Entrepreneurship，2010，23（2）：249－270.
［64］［美］约翰．梅勒. 农业经济发展学［M］. 苏军，译，北京：北京农业大学出版社，1990.
［65］［美］迈克尔·P. 托达罗. 第三世界的经济发展［M］. 于同申，等译，北京：中国人民大学出版社，1988.
［66］［英］A. J. 雷纳，D. 科尔曼. 农业经济学前沿问题［M］. 唐忠、孔祥智，译，北京：中国税务出版社，2000：74－75.
［67］［美］西奥多·W. 舒尔茨. 改造传统农业［M］. 梁小民，译，北京：商务印书馆，2000.
［68］埃里克·莱斯. 精益创业：新创企业的成长思维［M］. 吴彤，译. 北京：中信出版社，2012.
［69］马克思. 资本论（第一卷）［M］. 北京：商务印书馆，2004：100－186.
［70］爱德华·张伯伦. 垄断竞争理论［M］. 华夏出版社，2013.
［71］［英］伊迪丝·彭罗斯. 企业成长理论［M］. 赵晓，译. 上海：上海人民出版社，2007.
［72］［美］科斯. 社会成本问题［C］. 上海：上海三联书店，1994.
［73］［美］科斯，等. 财产权利与制度变迁［M］. 上海：上海人民出版社，上海三联书店，1994.
［74］马华，姬超. 中国式家庭农场的发展：理论与实践［M］. 北京：社会科学文献出版社，2015.
［75］［美］道格拉斯·C·诺思. 交易成本、制度和经济史［M］. 杜润平，译. 上海：上海财经大学出版社，1998.
［76］［美］道格拉斯·C·诺思. 理解经济变迁过程［M］. 钟正生，刑华，等译. 北京：中国人民大学出版社. 2008.
［77］林毅夫，蔡昉，李周. 中国的奇迹：发展战略与经济改革［M］. 上海：上海人民出版社，1994.

［78］林南. 社会资本：关于社会结构与行动的理论［M］. 上海人民出版社，2005.
［79］熊波特. 经济发展理论（1934）［M］. 商务印书馆，1990.
［80］边燕杰，丘海雄. 企业的社会资本及其功效［J］. 中国社会科学，2000（2）：87－99.
［81］别敦荣. 论高等教育内涵式发展［J］. 中国高教研究，2018，No.298（06）：10－18.
［82］曹立杰、徐振宇、胡俞越. 家庭农场发展的国际经验及对我国的启示［J］. 商业经济研究，2016（16）：186－187.
［83］陈明鹤. 以适度规模经营引领农业供给侧结构性改革［J］. 党政干部学刊，2016（10）：43－46.
［84］陈骐、王小朋、郑彬. 发展农机社会化服务促进家庭农场发展［J］. 农业经济，2015（1）：22－24.
［85］陈波翀，郝寿义. 自然资源对中国城市化水平的影响研究［J］. 自然资源学报，2005，20（3）：394－399.
［86］陈文沛. 关系网络与创业机会识别：创业学习的多重中介效应［J］. 科学学研究，2016，34（9）：1391－1396
［87］陈永富，曾铮，王玲娜. 家庭农场发展的影响因素分析——基于浙江省13个县、区家庭农场发展现状的调查［J］. 农业经济，2014（1）：3－6.
［88］程郁，罗丹. 信贷约束下农户的创业选择——基于中国农户调查的实证分析［J］. 中国农村经济，2009（11）：25－38.
［89］杜志雄. 家庭农场发展与中国农业生产经营体系建构［J］. 中国发展观察，2018（3－4）：
［90］杜志雄，肖卫东. 家庭农场发展的实际状态与政策支持：观照国际经验［J］. 改革，2014（6）：39－51.
［91］杜志雄. 将家庭农场置于新型农业经营主体的核心来培育［J］. 城乡一体化智库专刊，2019（8）.
［92］党国英. 家庭农场应避免急于求成［N］. 人民日报，北京：2013－02－19（5）.
［93］董保宝，葛宝山. 新企业风险承担与绩效倒U型关系及机会能力的中介作用研究［J］. 南开管理评论，2014，17（4）：56－65.
［94］窦红宾，王正斌. 网络结构、知识资源获取对企业成长绩效的影响——以西安光电子产业集群为例［J］. 研究与发展管理，2012（01）：50－57.

[95] 方世建，黄明辉. 创业新组拼理论溯源、主要内容探析与未来研究展望[J]. 外国经济与管理，2013（10）：2-12.
[96] 方康云. 俄罗斯的家庭农场[J]. 世界农业，2001（12）：23-25.
[97] 傅允生. 资源禀赋与专业化产业区生成[J]. 经济学家，2005（1）：84-90.
[98] 高静，张应良. 农户创业价值实现与环境调节：自资源拼凑理论透视[J]. 改革，2014（1）：87-93.
[99] 高强，刘同山，孔祥智. 家庭农场的制度解析：特征、发生机制与效应[J]. 经济学家，2013，（6）：48-56.
[100] 高勇. 乡村振兴战略下家庭农场的信贷需求特征、意愿及其影响因素研究——基于安徽省郎溪县的问卷调查[J]. 农村金融研究，2019（12）：57-63.
[101] 郜亮亮. 中国种植类家庭农场的土地形成及使用特征——基于全国31省（自治区、直辖市）2014～2018年监测数据[J]. 管理世界，2020（4）：181-195
[102] 关付新. 华北平原种粮家庭农场土地经营规模探究——以粮食大省河南为例[J]. 中国农村经济，2018（10）：。
[103] 郭云涛. 家庭农场的资本、市场与经济效益[J]. 广西民族大学学报：哲学社会科学版，2009，31（2）：56-61.
[104] 郭红东，周惠珺. 先前经验、创业警觉与农民创业机会识别——一个中介效应模型及其启示[J]. 浙江大学学报：人文社会科学版，2013，43（4）：17-27.
[105] 郭正模. 家庭农场经营模式的土地集中与流转机制构建[J]. 党政研究，2013（6）：106-109.
[106] 郭骁. 创业机会属性、创业韧性与企业绩效的实证研究[J]. 印度洋经济体研究，2011（5）：41-45.
[107] 郭熙保. “三化”同步与家庭农场为主体的农业规模化经营[J]. 社会科学研究，2013（3）：14-19.
[108] 郭熙保，冯玲玲. 家庭农场规模的决定因素分析：理论与实证[J]. 中国农村经济，2015（5）：82-95.
[109] 何劲、熊学萍、宋金田. 国外家庭农场模式比较与我国发展路径选择[J]. 经济纵横，2014（8）：103-106.
[110] 侯婧，左停，胡新萍. 生计过程中的农民行动与自然资源——以河北省两村为例[J]. 中国农业大学学报（社会科学版），2011，28（2）：150-156.

[111] 何红光，魏艳辉. 资源禀赋、动态能力与经营绩效——基于浙江 289 个家庭农场的实证分析 [J]. 江西农业学报，2019，31（10）：122－129.
[112] 何秀荣. 加快培育发展家庭农场——《新型农业经营主体和服务主体高质量发展规划（2020－2022 年）》解读 [J]. 中国农业文摘·农业工程，2020（3）：3.
[113] 黄宗智.“家庭农场”是中国农业的发展出路吗？[J]. 开放时代，2014（02）：11+178－196.
[114] 黄平，王科跃，朱海涛. 浙江家庭农场发展现状分析 [J]. 统计科学与实践，2014.3
[115] 黄新建，姜睿清，付传明. 以家庭农场为主体的土地适度规模经营研究 [J]. 求实，2013（6）：94－96.
[116] 胡平，温春龙，潘迪波. 外部网络、内部资源与企业竞争力关系研究 [J]. 科研管理，2013（4）：90－98.
[117] 江维国. 关于家庭农场发展中的金融支持体系构建的研究 [J]. 农村金融研究，2014（2）：75－77.
[118] 江永红，戚名侠. 生成机制、个人禀赋与家庭农场主培育 [J]. 中国人口·资源与环境，2018，28（5）：170－176.
[119] 蒋剑勇，郭红东. 创业氛围、社会网络和农民创业意向 [J]. 中国农村观察，2012，（2）：20－27.
[120] 兰勇，周孟亮，易朝辉. 我国家庭农场金融支持研究 [J]. 农业技术经济，2015（6）：48－56.
[121] 雷晓燕，周月刚. 中国家庭的资产组合选择：健康状况与风险偏好 [J]. 金融研究，2010（1）：31－45.
[122] 李容容、罗小锋、薛龙飞. 种植大户对农业社会化服务组织的选择：营利性组织还是非营利性组织？[J]. 中国农村观察，2015（5）：73－84.
[123] 林嵩，张帏，姜彦福. 创业机会的特征与新创企业的战略选择——基于中国创业企业案例的探索性研究 [J]. 科学学研究，2006，24（2）：268－272.
[124] 刘灵辉. 农地自由流转下家庭农场土地适度规模化研究 [J]. 西北农林科技大学学报（社会科学版），2015（2）：153－160.
[125] 刘灵辉、郑耀群. 家庭农场土地适度规模集中的实现机制研究 [J]. 中州学刊，2016（6）：37－43.
[126] 刘雪梅. 我国家庭农场人力资源开发的途径探索 [J]. 农业经济问题，

2013（10）：103－106.
［127］李振华，赵寒，吴文清. 在孵企业关系社会资本对创新绩效影响——以资源获取为中介变量[J]. 科学学与科学技术管理，2017(06)：146－158.
［128］李旭，李雪. 社会资本对农民专业合作社成长的影响——基于资源获取中介作用的研究［J］. 农业经济问题，2019，469（01）：127－135.
［129］李尚蒲，罗必良，郑茱馨. 预期收益、资产专用性与农地流转：来自广东省的验证［C］//第十一届中国制度经济学年会. 2011.
［130］李向荣. 资源禀赋、公共服务与农民工的回流研究［J］. 华东经济管理，2017（6）.
［131］李莉张，宗毅杜，志雄. 家庭农场融资需求实证研究：意愿、强度与用途——基于 1966 家种植业家庭农场数据［J］. 金融教育研究，2020（3）：3－11.
［132］罗必良，胡新艳. 中国农业经营制度：挑战、转型与创新——长江学者、华南农业大学博士生导师罗必良教授访谈［J］. 社会科学家，2015（5）：3－6.
［133］罗明忠，罗琦. 家庭禀赋对农民创业影响研究［J］. 经济与管理评论，2016（5）：13－19.
［134］吕晨光、杨继瑞、谢菁. 我国农村土地流转的动因分析及实践探索［J］. 经济体制改革，2013（6）：73－77.
［135］马小勇. 家庭禀赋、个人特征与农户劳动力资源配置［J］. 贵州社会科学，2017（10）：148－157.
［136］马鸿佳，董保宝，常冠群. 网络能力与创业能力——基于东北地区新创企业的实证研究［J］. 科学学研究，2010，28（7）：1008－1014.
［137］孟莉娟. 美国、日本、韩国家庭农场发展经验与启示［J］. 世界农业，2015（12）：184－188.
［138］倪国华，蔡昉. 农户究竟需要多大的农地经营规模？——农地经营规模决策图谱研究［J］. 经济研究，2015（3）：159－171.
［139］平瑛，王鹏，徐洁. 资源基础观下家庭农场成长的影响因素研究［J］. 中国农学通报，2015，31（9）：279－285.
［140］秦剑，张玉利. 社会资本对创业企业资源获取的影响效应研究［J］. 当代经济科学，2013，35（2）：96－106.
［141］钱忠好，李友艺. 家庭农场的效率及其决定——基于上海松江 943 户家庭农场 2017 年数据的实证研究［J］. 管理世界，2020（4）：168－181+219.

[142] 沈琼. 现代农业大国发展家庭农场的经验 [J]. 世界农业，2014（6）：10－13.

[143] 苏晓华，王招治. 资源禀赋与高校衍生企业绩效关系研究：以我国高校上市公司为例 [J]. 科学学与科学技术管理，2010，31（6）：137－142.

[144] 苏昕，王可山，张淑敏. 我国家庭农场发展及其规模探讨——基于资源禀赋视角 [J]. 农业经济问题，2014，035（005）：8－14.

[145] 唐靖，姜彦福. 创业能力概念的理论构建及实证检验 [J]. 科学学与科学技术管理，2008（8）：52－57.

[146] 滕明雨，张磊，李敏. 成长经验视角下的中外家庭农场发展研究[J]. 世界农业，2013（12）：138－144.

[147] 田莉. 新技术企业初始资源禀赋与初期绩效关系研究 [J]. 中国科技论坛，2009（9）：52－57.

[148] 王晓敏、邓春景、王雪钢. 国外家庭农场的特点及经验借鉴——基于农业资源禀赋视角 [J]. 世界农业，2016（07）：85－89.

[149] 汪忠，李姣，袁丹. 社会创业者社会资本对机会识别的影响研究[J]. 中国地质大学学报（社会科学版），2017（02）：145－154.

[150] 王倩，蔡莉. 创业机会开发过程及影响因素研究[J]. 学习与探索，2011（3）：191－193.

[151] 卫武. 中国环境下企业政治资源、政治策略和政治绩效及其关系研究 [J]. 管理世界，2006（2）：95－109.

[152] 吴婷婷，余波. 家庭农场发展的金融支持研究一一以江苏省南通市为例 [J]. 当代经济管理，2014（12）：47－51.

[153] 谢雅萍，王国林. 家族性资源、创业行动学习与家族创业能力——乐观的调节作用 [J]. 科研管理，2016，037（002）：98－106.

[154] 谢雅萍，黄美娇. 社会网络、创业学习与创业能力——基于小微企业创业者的实证研究 [J]. 科学学研究，2014（3）：400－409，453.

[155] 徐璋勇，杨贺. 农户信贷行为倾向及其影响因素分析——基于西部 11 省（区）1664 户农户的调查 [J]. 中国软科学，2014（3）：45－56.

[156] 薛亮. 从农业规模经营看中国特色农业现代化道路[J]. 农业经济问题，2008（6）：4－9.

[157] 许庆、尹荣梁、章辉. 规模经济、规模报酬与农业适度规模经营——基于我国粮食生产的实证研究 [J]. 经济研究，2011（3）：59－71.

[158] 许治民. 种植专业户经营规模适度分析 [J]. 安徽农业科学，1994（1）：

85－88.
［159］杨素群. 农业经营适度规模解析［J］. 唯实，1998（3）：25－28.
［160］杨慧莲，李艳，韩旭东，等. 土地细碎化增加"规模农户"农业生产成本了吗？——基于全国 776 个家庭农场和 1166 个专业大户的微观调查［J］. 中国土地科学，2019，33（04）：78－85.
［161］杨大蓉. 基于国外经验的江苏省家庭农场发展策略研究［J］. 世界农业，2014（1）：180－184.
［162］杨汇泉，朱启臻，梁怡. 统一主体与多元主体：农业社会化服务体系组织的权变性建构［J］. 重庆大学学报：社会科学版，2011（2）：51－56.
［163］杨俊. 基于企业家资源禀赋的创业行为过程分析［J］. 外国经济与管理，2004，26（2）：2－6.
［164］杨俊，张玉利，杨晓非，等. 关系强度、关系资源与新企业绩效——基于行为视角的实证研究［J］. 南开管理评论，2009，12（4）：44－54.
［165］杨云彦，石智雷. 中国农村地区的家庭禀赋与外出务工劳动力回流［J］. 人口研究，2012（7）：3－17.
［166］易朝辉，罗志辉，兰勇. 创业拼凑、创业能力与家庭农场创业绩效关系研究［J］. 农业技术经济，2018（10）.
［167］易朝辉 段海霞. 家庭农场创业瓶颈及实现路径——基于湖南省八地区的实地调研［J］. 农业经济问题，2020（2）：126－134.
［168］于会娟，韩立民. 要素禀赋差异、成员异质性与农民专业合作社治理［J］. 山东大学学报：哲学社会科学版，2013（2）：150－154.
［169］余绍忠. 创业资源对创业绩效的影响机制研究：基于环境动态性的调节作用［J］. 科学学与科学技术管理，2013，34（6）：131－139.
［170］喻登科，肖欢，彭静，et al. 性格特质对企业绩效的影响：知识资本的中介与调节作用［J］. 情报杂志，2017（05）：203－211.
［171］俞博，何红光. 不同经营模式家庭农场经营效率分析——基于浙江省的实证研究［J］. 湖北农业科学，2019，58（03）：158－163.
［172］张晓山. 现代农业需走内涵式规模经营道路［J］. 中国发展观察，2007（2）：9－10.
［173］张忠明、钱文荣. 农民土地规模经营意愿影响因素实证研究——基于长江中下游区域的调查分析［J］. 中国土地科学，2008（3）：61－67.
［174］张侠、葛向东、彭补拙. 土地经营适度规模的初步研究［J］. 经济地理，2002（3）：351－355.

［175］张朝华. 资源禀赋、经营类别与家庭农场信贷获得[J]. 财贸研究，2018（1）：76－85.

［176］张红宇，张海阳，李伟毅，李冠佑. 中国特色农业现代化：目标定位与改革创新［J］. 中国农村经济，2015，（1）：4－13.

［177］张玉利，王晓文. 先前经验、学习风格与创业能力的实证研究［J］. 管理科学，2011，24（3）：1－12.

［178］张玉利，杨俊. 企业家创业行为调查［J］. 经济理论与经济管理，2003（9）：61－66.，

［179］张帅梁. 家庭农场的法律属性及市场准入问题研究[J]. 中州学刊，2015（4）：62－66.

［180］赵维清. 家庭农场的内涵及培育机制分析［J］. 农业经济，2014（11）：73－75.

［181］赵阳. 加快培育发展家庭农场 促进全国家庭农场高质量发展［N］. 农民日报，北京：2020－05－09（3）.

［182］郑江平、卓丽环、毕施华等. 上海新型农民带头人的培育途径和培育模式初探［J］. 上海农业学报，2010（3）：112－114.

［183］庄晋财，芮正云，曾纪芬. 双重网络嵌入、创业资源获取对农民工创业能力的影响——基于赣、皖、苏 183 个农民工创业样本的实证分析［J］. 中国农村观察，2014（3）：29－41.

［184］周诚. 对我国农业实行土地规模经营的几点看法［J］. 中国农村观察，1995（1）：41－43.

［185］周忠丽，夏英. 国外“家庭农场”发展探析［J］. 广东农业科学，2014（5）：22－25.

［186］周堂，赖明勇，李靓. 技术与组织管理能力对农业发展的作用机制分析——对我国“农村人力资本陷阱”问题的探讨［J］. 农村经济，2009（4）：121－125.

［187］周娟，姜权权. 家庭农场的土地流转特征及其优势——基于湖北黄陂某村的个案研究[J]. 华中科技大学学报：社会科学版，2015(2)：132－140.

［188］朱博文. 美法日家庭农场发展的经验与启示［J］. 农场经济管理，2004（6）：36－41.

［189］朱启臻. 新型职业农民与家庭农场［J］. 中国农业大学学报（社会科学版），2013（02）：159－161.

［190］朱学新. 法国家庭农场的发展经验及其对我国的启示［J］. 农村经济，

2013（11）：122－126.

［191］朱韵洁，于兰. 人力资本投资与农民收入增长［J］. 华东经济管理，2011（1）：36－39.

［192］陈钦约. 基于社会网络的企业家创业能力和创业绩效研究［D］. 南开大学，2010.

［193］樊英. 职业农民培育问题研究［D］. 湖南农业大学，2014.

［194］郭家栋. 中国家庭农场发展研究［D］. 上海社会科学院，2017.

［195］李潇. 土地规模流转的效应分析［D］. 西南大学，2012.

［196］马鸿佳. 创业环境、资源整合能力与过程对新创企业绩效的影响研究［D］. 吉林大学，2008.

［197］邵桦毅. 我国家庭农场法律制度研究［D］. 西南政法大学，2014.

［198］孙运科. 区域高等教育内涵式发展的实证研究［D］. 北京理工大学，2016.

［199］王鑫. 吉林省农民合作社内涵式发展研究［D］. 吉林农业大学，2017.

［200］吴吟寅. 我国中小企业获取政府资源能力研究［D］. 安徽大学，2016.

［201］肖娥芳. 家庭农场发展：形成机理、影响因素及路径趋势［D］. 华中农业大学，2017.

［202］杨晓. 莱芜市土地流转视域下家庭农场农业经营模式研究［D］. 山东理工大学，2015.

［203］周键. 创业者社会特质、创业能力与创业企业成长机理研究［D］. 山东大学，2017.

附录

家庭农场调查问卷

______区______镇______村　　　　　　　　问卷编号__________

家庭农场经营状况问卷调查

您好！

我是浙江省农民发展研究中心的调查员。我们正在进行一项家庭农场的社会调查，目的是了解家庭农场的资源禀赋、创业能力和经营绩效情况，以及对当前家庭农场发展问题的看法。您的合作对我们了解有关信息和制定三农政策，有十分重要的意义。

问卷中问题的回答，没有优劣之分，请您根据您所面临的实际情况真实回答，在您认为合适的选项上打“√”。对于您的回答，我们将按照《统计法》的规定，严格保密，并且只用于学术分析，请您不要有任何顾虑。同时本次调研的最终结果也将与参与调查的家庭农场共享，促进您的农场不断发展。希望您协助我们完成这次访问，谢谢您的合作。

一、农场主基本情况

1. 姓名：　　　　　性别：□男　□女　　　　　联系电话：
2. 年龄：□25岁及以下　□25至30岁　□30至40岁　□40至50岁　□50岁以上
3. 所学专业：□理科　□工科　□医疗　□经济管理　□文史哲　□农　□其他
4. 文化程度：□小学及以下　□初中　□高中/职高　□大专及以上

二、农场经营基本情况

1. 农场成立的时间：______年______月
2. 农场距离所在城市市区的路程________公里

3. 农场主要经营范围：□纯种植业 □纯畜牧业 □纯渔业 □种养结合 □种养兼休闲
4. 农场主家庭成员数：________人；在农场中从事经营人员数：________人
5. 农场全年雇工人数：________人；季节性雇工人数：________人
6. 农场登记注册形式：□家庭农场+专业合作社模式 □家庭农场+农业龙头企业模式
□家庭农场+专业合作社+农业龙头企业模式 □家庭农场+市场
□其他
7. 农场经营土地面积：________亩
8. 最近一年来经营情况

单位：万元

指标名称	总收入		总支出							纯收入
	经营收入	政府补贴	土地承租	基础设施	农机维修	雇工费用	贷款利息	技术培训	其他	
金额										

以下问题请根据题项实际情况，给出自己的评价，并在相应的分值中划“√”；分值1～7代表从“完全不符合”到“完全符合”。

三、家庭农场资源积累情况

序号	题项	自我评价
1	家庭农场的土地没有出现碎片化现象	1□ 2□ 3□ 4□ 5□ 6□ 7□
2	家庭农场的土地地形、地势得天独厚	1□ 2□ 3□ 4□ 5□ 6□ 7□
3	家庭农场的土地肥力充足，能满足发展需求	1□ 2□ 3□ 4□ 5□ 6□ 7□
4	家庭农场的土地承包期限较为稳定	1□ 2□ 3□ 4□ 5□ 6□ 7□
5	家庭农场的灌溉条件能满足农场发展需求	1□ 2□ 3□ 4□ 5□ 6□ 7□
6	家庭农场所在地的气候宜人，适合农场发展	1□ 2□ 3□ 4□ 5□ 6□ 7□
7	家庭农场周边土地容易转让，适合农场扩张	1□ 2□ 3□ 4□ 5□ 6□ 7□
8	家庭有充裕的资金可供农场发展支配使用	1□ 2□ 3□ 4□ 5□ 6□ 7□
9	家庭年总收入在当地处于较高水平	1□ 2□ 3□ 4□ 5□ 6□ 7□
10	家庭农场拥有充裕的生产性工具设施等	1□ 2□ 3□ 4□ 5□ 6□ 7□
11	家庭生活水平在当地处于较高水平	1□ 2□ 3□ 4□ 5□ 6□ 7□
12	家庭自有土地能满足家庭农场生产需求	1□ 2□ 3□ 4□ 5□ 6□ 7□
13	家庭成员与正式网络成员有紧密的合作关系	1□ 2□ 3□ 4□ 5□ 6□ 7□

续表

序号	题项	自我评价
14	家庭成员在农场所在地的生活时间较长	1□ 2□ 3□ 4□ 5□ 6□ 7□
15	家庭成员与非正式网络成员有密切的往来	1□ 2□ 3□ 4□ 5□ 6□ 7□
16	家庭成员在本地的亲戚数量	1□ 2□ 3□ 4□ 5□ 6□ 7□
17	家庭成员在当地具有较高的威望	1□ 2□ 3□ 4□ 5□ 6□ 7□
18	家庭劳动力能满足农场生产需要	1□ 2□ 3□ 4□ 5□ 6□ 7□
19	临时用工能满足农场需要	1□ 2□ 3□ 4□ 5□ 6□ 7□
20	家庭成员都接受过正规教育	1□ 2□ 3□ 4□ 5□ 6□ 7□
21	家庭成员具有丰富的农场生产经验	1□ 2□ 3□ 4□ 5□ 6□ 7□
22	家庭成员掌握了农场生产必需的技术	1□ 2□ 3□ 4□ 5□ 6□ 7□

四、家庭农场资源获取情况

序号	题项	自我评价
1	当地经济发展速度较快	1□ 2□ 3□ 4□ 5□ 6□ 7□
2	当地容易找到相应农场所需生产资料的供应商企业	1□ 2□ 3□ 4□ 5□ 6□ 7□
3	当地容易找到较好的销售渠道	1□ 2□ 3□ 4□ 5□ 6□ 7□
4	当地相对成熟的合作社、大型的农业公司等	1□ 2□ 3□ 4□ 5□ 6□ 7□
5	当地有相对完善的交通、通讯等基础设施	1□ 2□ 3□ 4□ 5□ 6□ 7□
6	当地有相对完善的水、电、气等生产设施	1□ 2□ 3□ 4□ 5□ 6□ 7□
7	政务平台基本能满足“最多跑一次”	1□ 2□ 3□ 4□ 5□ 6□ 7□
8	政府为家庭农场提供必要的技术和管理类培训、咨询与服务等	1□ 2□ 3□ 4□ 5□ 6□ 7□
9	政府能为家庭农场提供优惠的税费政策	1□ 2□ 3□ 4□ 5□ 6□ 7□
10	政府及职能部门工作人员办事效率高	1□ 2□ 3□ 4□ 5□ 6□ 7□

五、家庭创业能力情况

序号	题项	自我评价
1	能够准确感知和识别到消费者未被满足的需求	1□ 2□ 3□ 4□ 5□ 6□ 7□
2	能够寻找可以给消费者带来有价值的新产品和服务	1□ 2□ 3□ 4□ 5□ 6□ 7□
3	擅长开发新创意	1□ 2□ 3□ 4□ 5□ 6□ 7□
4	能为家庭农场制订合理的定位与长期规划	1□ 2□ 3□ 4□ 5□ 6□ 7□
5	能合理配置和运用家庭农场的各类要素资源	1□ 2□ 3□ 4□ 5□ 6□ 7□
6	能根据农场内外部情况及时调整农场经营目标和经营思路	1□ 2□ 3□ 4□ 5□ 6□ 7□
7	能与政府职能部门建立良好的关系	1□ 2□ 3□ 4□ 5□ 6□ 7□

续表

序号	题项	自我评价
8	能与利益相关者建立长期良好的关系	1□ 2□ 3□ 4□ 5□ 6□ 7□
9	能在农场经营过程中克服各类困难、坚持不懈	1□ 2□ 3□ 4□ 5□ 6□ 7□

六、家庭农场的经营绩效情况

序号	题项	自我评价
1	近年来，家庭农场的投资回报率高	1□ 2□ 3□ 4□ 5□ 6□ 7□
2	近年来，家庭农场销售总额增长快	1□ 2□ 3□ 4□ 5□ 6□ 7□
3	近年来，家庭农场的规模日趋合理	1□ 2□ 3□ 4□ 5□ 6□ 7□
4	与其他家庭农场相比，农场的市场占有率更高	1□ 2□ 3□ 4□ 5□ 6□ 7□
5	近年来，家庭农场固定资产更新速度快	1□ 2□ 3□ 4□ 5□ 6□ 7□
6	近年来，顾客对家庭农场的农产品满意度提升较快	1□ 2□ 3□ 4□ 5□ 6□ 7□

七、家庭农场在经营中最主要的制约因素及发展建议：

问卷结束，谢谢您的合作！